U0513108

聚势创变

乡村振兴战略背景下
"三农"自媒体的传播发展研究

朱怡璇◎著

上海人民出版社

国家社科基金艺术学项目

"融媒体环境下影视艺术青年文化的审美建构及价值导向研究"

（项目编号：20EC199）

甘肃省社科基金项目

"乡村振兴战略背景下'三农'自媒体的传播发展研究"

（项目编号：19YB039）

目　录

序　言

　　"三农"自媒体是指基于个人或团体机构通过社交媒体、小程序、短视频平台、直播平台、电商平台等多个平台发布展示农村生活方式、农业生产状态，展现农民形象的自媒体发布者，有赖于政策支持、平台补贴和"三农"市场蓝海等机遇，"三农"自媒体创业迅速勃兴，在各个传播平台上呈爆发性增长趋势。"三农"类题材短视频、直播带货在互联网上已形成了一个相对独立的内容领域，成为社会关注的热点。"三农"自媒体一方面成为增进城乡交流、近距离了解农村现状的窗口，为疏解网络乡愁，引领农村社会风气提供了民间舆论平台，另一方面还催生了农村"半商半农"的内容创业，有效疏通了农产品销售渠道，带动了地方经济发展，以自身的"流量"变现达到脱贫致富，宣传脱贫攻坚新貌，助力精准扶贫，这是对党提出的乡村振兴战略这一全局性、历史性任务的积极响应，也是通过数字化信息路径助力乡村振兴的有效践行。

　　"三农"自媒体在迎来乡村振兴"风口"机遇，以烈火烹油之势大力发展的同时，在传播中也面临着诸多挑战及值得警惕的倾向与隐患，因此，本书探讨的主要问题为：探求"三农"自媒体的发展机制与传播生态，剖析"三农"自媒体发展中面临的挑战与问题；思考引导与规范"三农"自媒体健康发展、助力未来乡村建设的路径与策略；期望挖掘"三农"自媒体的价值引导力，引领乡村共富，形成现代产业形态，带动农村经济发展，精确把握城乡舆论动态，了解网络文化消费趋向，拓展乡村文明话语空间。

　　本书运用比较分析法与系统分析法相结合、定量与定性混合研究法与个案研究法相结合，从传播学、文化研究、区域经济学的综合学科视角出发，以 SIPS Model 模型分析"三农"自媒体的运营模式、传播路径与绩效价值，结合"技术—文化"诠释方法以及波兹曼的"媒介环境学"学科理论，进行综合性研究。

　　本书突破以往范式，跳出单纯讨论"三农"自媒体内容创作或是电商化经济价值的研究视域，将"三农"自媒体的发展视作复杂的动态过程，牵涉到多维协同的发展生态与创新机制。本书绝不仅仅关注自媒体问题或是电商问题，"头痛医头、脚痛医脚"，而是将其置于未来乡村的创建目标和系统打造中综合考量，分析"三农"自媒体发展的复杂社会生态、经济链条和影响因素，厘清其背后的发展肌理，找出当下发展症结所在，为未来乡村的振兴发展提供理论依据与参考路径。

绪　论

一、研究背景

本书选题源于对"三农"自媒体的兴起这一新媒体领域内现实问题的思考。近年来有赖于政策支持、平台补贴和"三农"市场蓝海等机遇，农村自媒体创业迅速勃兴，"三农"自媒体在各个传播平台上呈现爆发性增长趋势。所谓"三农"即农村、农业、农民，而"三农"自媒体就是指由自媒体人向社交平台提供分享取材于农村，反映农业生产、农民生活的短视频、直播或图文创作，是今日头条、腾讯、阿里巴巴等平台以及西瓜视频、火山小视频等短视频平台近一两年力推的内容类别。

当前"三农"类题材创作在互联网上迅速走红，已形成了一个相对独立的内容领域，成为社会关注的热点。"三农"自媒体一方面成为增进城乡交流、近距离了解农村现状的窗口，为疏解网络乡愁、引领农村社会风气提供了民间舆论平台，另一方面还催生了农村"半商半农"的内容创业，有效疏通了农产品销售渠道，带动了地方经济发展，以自身的"流量"变现脱贫致富，宣传脱贫攻坚新貌，助力精准扶贫，这是对党提出的乡村振兴战略这一全局性、历史性任务的积极响应，也是通过"互联网+"的数字化路径助力乡村振兴的有效践行。

2019年6月1日,《求是》杂志刊发了习近平总书记的重要文章《把乡村振兴战略作为新时代"三农"工作总抓手》。文章指出,农业农村现代化是实施乡村振兴战略的总目标,坚持农业农村优先发展是总方针,产业兴旺、生态宜居、乡风文明、治理有效、生活富裕是总要求,建立健全城乡融合发展体制机制和政策体系是制度保障。《国务院关于积极推进"互联网+"行动的指导意见》更是明确了互联网应当成为引领"三农"发展的重要手段,要借助互联网培养农村致富带头人,吸引年轻人回农村施展才华。随着新媒体应用在农村的普及,自媒体创业开始由社会精英向普通大众延伸,不少来自农村的草根创业者成了"三农"自媒体从业者,用手中的摄像机、智能手机、电脑,拍摄、发布以农村生活为题材的短视频。"三农"类自媒体创作者如广西的"巧妇9妹"、四川的"型男行走乡村"、江苏的"乡村小乔"、黑龙江的"农民王小"、浙江的"酒鬼小莉"、陕西的"景向龙"、贵州的"欢子TV"、云南的"南方小蓉"、内蒙古的"草原印象锡林郭勒"等,都已成为网络视频空间中各省区乡村传播的民间代言人。而来自甘肃陇南的"西北小强""嗨,梁掌柜""山村农人""虎子在西北"、甘肃天水的"西北周周""(农哥哥农副产品)天水的苹果"等"三农"领域自媒体创作者也以纪录农村风土人情、美食美景的内容创作在网上获得了大批粉丝,实现了流量变现,打开了农产品的销售渠道。

各大平台也为"三农"自媒体的发展创造有利条件,腾讯上线"为村"计划、阿里巴巴推出"互联网+'三农'"计划、今日头条启动"'三农'合伙人"计划等,针对原创内容作者的补贴政策层出不穷,除了增加现金奖励,还给予分发推荐上的优先权。今日头条信息平台还联合甘肃、贵州省委网信办,启动了"山货上头条"的扶贫公益项目,通过"三农"自媒体嵌入的直播、短视频、小视频、图文等形式吸引粉丝，为贫困地区农产品电商导入流量，发起"山货上头条"话题，邀请"三农"达人售卖土特产，大批贫困地区农民成了直接获益者。

二、研究问题与研究目标

（一）研究问题

"三农"自媒体的内容创作因其原汁原味的乡村实景、生动有趣的生活体验、朴实无华的农人形象、和谐美好的乡土人情，引发了网友的好奇与乡愁，激发了强烈的社会共鸣，它用流量证明了，优质的"三农"自媒体内容在满足政治与商业需求的同时还拥有强大的群众基础，有其广大的受众及粉丝。同时，对"新农人"正面积极形象的重塑能够打破土味粗鄙的"底层"刻板印象，在新媒体的赋权中弥合主流话语体系与民间话语体系的间隙，带来经济、技术和人文三方面的信息普惠价值，促进城乡话语体系融合，增强农村文化的内生性趋势。

而"三农"自媒体在迎来乡村振兴"风口"机遇，以烈火烹油之势大力发展的同时，在传播中也面临着诸多挑战及值得警惕的倾向与隐患，因此，探求"三农"自媒体的运行机制，剖析"三农"自媒体发展中存在的问题与挑战，探索引导与规范"三农"自媒体健康发展的方法与策略正是我们精确把握城乡舆论动态、了解网络文化消费趋向、拓展乡村文明话语空间的关键所在，也是本书思考和研究的主要问题。

（二）研究目标

1. "三农"自媒体兴起的理论逻辑与现实依据：新媒体的技术赋权使得在传统媒体渠道无法发声的农民拥有了话语空间与表达平台。社会的、技术的、文化的大环境以及乡村振兴战略下的政治定位、市场商业诉求如何促使"三农"自媒体创作的兴起,对相关问题的综合讨论构成了"三农"自媒体的研究起点。

2. "三农"自媒体发展历程的回顾与梳理:"三农"自媒体由兴起到渐成气候再到爆发性增长映射出当前的媒介环境与媒介生态。

3. "三农"自媒体的传播发展在乡村振兴战略中的价值与作用:"三农"自媒体正在创造出一种"乡村振兴"的实现路径,不仅能够助力地方政府进行精准扶贫,还能记录与传播农村传统文化,引领农村社会风气。

4. "三农"自媒体的创作与运营机制:如何使"三农"自媒体的内容摆脱低质同质的创作现状,找到个性的差异化路线,体现中国乡村的田园美学与"乡愁"之情。"三农"自媒体如何进行视频品牌与特色建设,如何与粉丝建立"对话式"社交,如何拓展多元化传播渠道和多种盈利模式。

5. 引导与规范"三农"自媒体的健康发展,助力未来乡村建设:如何加强对"三农"自媒体的组织化管理,引导"三农"自媒体服务乡村文化建设;如何以"三农"自媒体为把手推进地方融媒体建设,助力地方经济的发展与乡村振兴战略的实施。

三、相关文献综述

2017年10月,党的十九大报告中首次提出了乡村振兴战略,指出农业农村农民问题是关系国计民生的根本性问题,必须始终把解决好"三农"问题作为全党工作的重中之重,实施乡村振兴战略。乡村振兴的规划内容中提到,要充分利用电商、"互联网+"等新兴手段,加快农业转型升级。中央一号文件连续多年聚焦农业、农村和农民问题,因此"三农"问题备受社会各界的广泛关注。同时,互联网与数字化产业的飞速发展为这一目标的实现提供了技术条件,快手、今日头条等新媒体平台大力发掘"三农"领域的发展潜能,通过一系列"三农"内容扶植计划催生与促发"三农"自媒体的快速发展。政策的利好、技术的赋能、平台的支持是"三农"自媒体蓬勃发展的原生动力。

随着我国乡村振兴战略的持续推进,"三农"领域的研究空间更为广阔,梳理和分析与课题项目高度相关的"乡村振兴战略"和"三农"自媒体等领域的相关政策、学术研究脉络和研究现状,有助于我们厘清问题,对现状进行总结和反思。

(一)关于"乡村振兴战略"的文献综述

学术研究始于现实问题与理论思考。中央一号文件连续多年聚焦农业、农村和农民问题,因此,"三农"问题和乡村振兴战略必然成为学界关注的热点。

1. 关于乡村振兴战略的相关政策梳理

2017年10月,习近平总书记在党的十九大报告中首次提出乡村振兴战略,将乡村振兴上升为国家战略层面,并特别强调"三农"问题是全党工作的重中之重,这充分说明农业、农村、农民问题是关乎我国国计民生的关键和核心问题。

中共中央、国务院连续发布中央一号文件,对新发展阶段优先发展农业农村、全面推进乡村振兴做出总体部署,为做好当前和今后一个时期"三农"工作指明了方向。2018年中央一号文件公布,对实施乡村振兴战略进行了部署,指出它是实现全体人民共同富裕的必然要求。2018年2月,《乡村振兴战略规划(2018—2022年)》指出,2018年至2022年这5年间,既要在农村实现全面小康,又要为基本实现农业农村新现代化开好局、起好步、打好基础。2019年6月,《关于促进乡村产业振兴的指导意见》在以往政策的基础上进行了集成、延伸、拓展、细化和实化，乡村产业定位更加准确，乡村产业振兴的路径更加清晰，并强调产业振兴是解决农村一切问题的前提。

2021年，在中国共产党成立100周年和世界政党领导人峰会上，习近平总书记指出，我国"创造了中国式现代化新道路"，并将"深入推进中国式现代化"。作为全球最大的传统农业国，我国94%的地区是农村地区，农业、农村和农民问题一直并将长期贯穿我国现代化建设的全过程，实现中国式农业农村现代化是支撑、夯实和推进中国式现代化的重要基础、重要组成和重要内容。2021年2月25日，国务院直属机构国家乡村振兴局正式挂牌，要做好乡村振兴这篇大文章。2021年3月，中共中央、国务院发布了《关于实现巩固拓展脱贫攻坚成果同乡村振兴有效衔接的意见》，提出重点工作。2021年4月29日，十三届全国人大常委会第二十八次会议表决通过《中华人民共和国乡村振兴促进法》。2022年4月，文化和旅游部六部门联合印发《关于推动文化产业赋能乡村振兴的意见》，为文化产业赋能乡村振兴明确了具体路线图。2022年5月，中办、国办印发的《乡村建设行动实施方案》明确了乡村建设行动的路径，确保到2025年乡村建设取得实质性进展。2022年10月，习近平总书记在二十大报告中强调"全面推进乡村振兴"。从十九大的"实施"到二十大的"全面推进"，乡村振兴成效渐显，已成为我国构建新发展格局、推动高质量发展的重要组成部分。

乡村振兴战略要求充分发挥农民在乡村振兴中的主体作用，"三农"自媒体的出现恰好响应了政策的号召。乡村振兴战略为"三农"自媒体的发展提供了政策支持，"三农"自媒体反过来也推动了乡村振兴工作的进展。

总书记在主持十九届中央政治局第八次集体学习时的讲话中再次强调"实现农业大国向农业强国跨越"。从党的十九大到党的二十大，先后提出了三个具有标志性意义的"三农"工作政策范式，即乡村振兴、农业农村现代化和农业强国。现阶段，这三个政策范式都在"三农"工作中发挥着提纲挈领的作用，正确认识三者之间的关系，是做好新时代"三农"工作的基础和前提。

2. 关于"乡村振兴战略"的文献研究及述评

我们对于乡村振兴战略的相关研究进行梳理时会发现，每一时期的研究侧重点都有所不同。

2017 年，随着习近平总书记乡村振兴战略的提出，学界对于乡村振兴的研究集中在"城镇化""城乡融合""乡村旅游"等方面，研究多在探讨农民与农村经济上，此阶段主要是通过讨论相关问题促进农村经济发展，为乡村振兴打好基础。

2018 年是"乡村振兴战略"研究开始爆发式增长的时期，在这一年里，关于乡村振兴战略的研究出现了"生态文明""乡村价值""乡村教育""乡贤文化""县域经济"等关键词，从不同角度多方面讨论可实施乡村振兴战略的具体路径。而在随后的 2018—2020 年两年时间中，"乡村治理""精准扶贫""脱贫攻坚""人才振兴"更是这些研究中的高频词。2018 年出现的"产业融合"及"产业兴旺"等方面的探讨也体现出学界对于产业振兴的思考，以产业振兴带动乡村全面振兴。

自 2020 年起，关于"乡村振兴"的研究主要集中在以下内容领域：

乡村治理：实施乡村振兴战略，能够进行有效的乡村治理是关键，因而这个问题一直以来受到许多学者关注。面对当下数字化发展的需求，以数字技术驱动乡村治理效能提升是数字化时代实现乡村振兴的迫切要求，但实际过程中数字技术与乡村治理之间处于"试图接近但又无法融入"的悬浮化情境，乡村社会在长期"强政府弱社会"的关系结构中所内生出的"政府干，农民看"的失序范式，致使农民的主动性和创造性未能得到有效激发，乡村数字治理效力也大大降低。鉴于此，学者李妮、陈敬敬认为从农民主体性的视域出发，观照乡村数字治理悬浮于农民群体壁垒有三重样态呈现：矛盾悬浮、内生悬浮与离散悬浮，重塑的内核必须是清淤化疾，瞄准工作落实，通过温度下沉、数字下沉与渠道下沉的齐抓共管，破解乡村数字治理悬浮于农民群体的桎梏，实现乡村数字治理从"云端"走向"基层"。① 学者袁宇阳针对当下数字鸿沟下农民数字认知不足、"数字锦标赛"下的"数字政绩"激励、"外生性"数字治理的地方排斥、"数字脱域"下"基层—农民"关系脱嵌等原因，从嵌入性视角出发，认为在数字治理技术供给乡村社会的过程中，还需要合理的认知、行政、文化以及关系的嵌入，以此塑造良好的嵌入性环境，真正实现有效乡村数字治理。②

脱贫攻坚与乡村振兴的有效衔接：2020 年我国实现了脱贫攻坚的全面胜利，但脱贫攻坚不是终点而是新的起点，如何巩固脱贫成果，解决好"三农"问题，学者们从不同视角梳理二者的内生逻辑，对巩固脱贫攻坚与乡村振兴有效衔接的路径方案提出建议和思考。学者刘红峰、刘惠良认为乡村振兴战略在协调城乡要素融合、资源优化、推动区域经济社会帕累托最优的过程中，为政策演化、产业发展、生态文明、乡村治理、吸引人才等方面的长效机制提供了根本保障和路径选择依据。③ 学者

---

① 李妮、陈敬敬：《农民主体性视域下乡村数字治理如何从"云端"走向"基层"》，《四川行政学院学报》2023 年第 6 期。
② 袁宇阳：《嵌入性视角下乡村数字治理的多重困境及其破解路径》，《电子政务》2023 年第 11 期。
③ 刘红峰、刘惠良：《巩固拓展脱贫攻坚成果同乡村振兴有效衔接的内涵·要求与路径研究》，《安徽农业科学》2023 年第 9 期。

刘亚波、杨鹏星认为推动和制定各项工作的科学衔接、不断提升产业质量、激发和培育内生动力才能推动脱贫攻坚成果与乡村振兴有机衔接，进而建立防止脱贫人口返贫的长效机制，为乡村全面振兴的全面实施奠定坚实有力的基础。[①]

城乡融合：城乡融合发展是解决中国城乡发展不均衡、农村发展不充分的根本之策，也是中国特色社会主义乡村振兴的重要支点。学者吴宸梓、白永秀以马克思主义社会再生产四个环节的数字化变革，探讨数字技术在城乡生产、分配、交换和消费四个环节上融入和赋能城乡融合发展的作用机理。在此基础上，从推进城乡产业融合升级、缩小城乡收入差距、盘活城乡商品和要素流通以及促进城乡消费协同升级等方面提出数字技术赋能城乡融合的政策建议，为构建和谐健康的城乡关系和促进城乡融合发展提供理论与实践参考。[②] 学者李海金、戴丹则以县域为重要切入点讨论城乡融合发展路径，认为在政治维度上，县政是最基础的一级基层政权，是应对城乡融合相关政策落地过程中面临的地域差异性境况和多元化需求的基础单元，同时县政处于城乡二元结构的结合点，是城乡治理体系从分治转向合治的关键所在。在经济维度上，县域在国家财政体系中承担基础性支撑作用，是城市反哺乡村的体制通道及城乡经济交融的"牵线人"，是城乡人口双向流动和产业互动融合发展的重要单元，在畅通城乡要素循环、促进城乡经济均衡发展中发挥桥梁作用。[③]

① 刘亚波、杨鹏星：《新发展阶段推动脱贫攻坚成果与乡村振兴有效衔接的现实路径》，《中国集体经济》2023 年第 3 期。
② 吴宸梓、白永秀：《数字技术赋能城乡融合发展的作用机理研究——基于马克思社会再生产理论视角》，《当代经济科学》2023 年第 6 期。
③ 李海金、戴丹：《县域内城乡融合发展：何以可能与何以可为》，《南京农业大学学报》2023 年第 3 期。

乡村建设：伴随着农民现代信息技能的提高，农业农村现代化发展面临转型。学者潘锡泉认为，数字乡村建设能够通过数字基础设施建设的完善、数字化治理等方式促进农村居民生活数字化、农村产业数字化并有效地缩小城乡居民收入差距，助力共同富裕。产业结构升级在数字乡村建设助力共同富裕实践中存在着中介效应，具有进一步强化数字乡村建设对共同富裕实践的正向赋能作用。[①] 吴杨则以杭州市黄公望村为例探讨了未来乡村的文化场景建设，指出"一统三化九场景"的建设体系，其中"三化"指的是人本化、数字化和生态化。"九场景"指的是邻里、文化、产业、风貌、健康、低碳、交通、智慧和治理场景。[②] 这些讨论对于未来乡村的建设、农民生活质量的改善、农村经济的发展以及乡村振兴战略的推进具有重要意义。

乡村旅游：乡村旅游是乡村振兴战略的重要抓手和着力点，对于推动乡村经济高质量发展具有重要的带动作用。学者杨洪以贵州乡村旅游甲级村寨为例探讨了乡村旅游数字化发展路径的优化，指明数字化治理是推动乡村旅游高质量发展的加速器。并以数字创新观念的深化、场景应用的丰富、文化挖掘的深入等优化建议为乡村旅游的高质量发展提供参考。[③] 宋来玉则提出短视频是推动乡村旅游产业数字化的重要媒介，它以视听语言的呈现方式吸引更多叙事主体参与到对乡村文化的主动传播中，促进乡村旅游产业在网络空间的融入与传播。提出可从借势政策、打造品牌、构建场景、技

---

① 潘锡泉：《中国式现代化视域下数字乡村建设助力共同富裕的实现机制——基于产业结构升级的中介效应分析》，《当代经济管理》2023 年第 5 期。
② 吴杨：《未来乡村文化场景建设研究——以杭州市黄公望村为例》，《上海农村经济》2023 年第 6 期。
③ 杨洪：《乡村振兴背景下乡村旅游数字化发展路径的优化——以贵州乡村旅游甲级村寨为例》，《当代农村财经》2023 年第 6 期。

术赋能四个角度优化叙事策略，推动乡村旅游的宣传和高质量发展。①

随着我国乡村振兴战略的持续推进，乡村振兴的研究空间是极为广阔的，特别是对于乡村振兴新兴概念的探讨将会成为未来研究的热点，包括数字乡村、未来乡村、乡风文明、数字乡村治理，等等，而这些新兴概念与"三农"自媒体的传播呈现、技术赋能、运营机制都有密切关系，但目前的研究尚未完善，因而以"三农"自媒体为链接点和切入点，讨论上述新兴概念，探讨数字化未来乡村建设还有很大的研究空间。

（二）关于"三农"自媒体的文献综述

随着广大农村地区互联网普及率的飞速提升，农村数字化建设取得巨大进展，城乡"数字鸿沟"大幅缩小，信息的生产传播方式发生了巨大变化。而近年来，"三农"自媒体以平民化、多样化、个性化、乡土化的内容生产，创新型的叙事表达赢得了大量粉丝和用户，其所蕴含的巨大商业价值也被显现和挖掘出来，"三农"自媒体的传播与运营对于提升农村经济、激发农民乡村振兴的主体性、重振乡土文化等具有重要的价值与推动作用，因而，对相关政策进行梳理，对相关研究进行总结及反思，有助于明晰课题项目的研究问题和学术基点，为后续"三农"自媒体的发展和研究提出切实可行的建议与路径。

1. 关于"自媒体"的相关政策梳理

中国互联网络信息中心（CNNIC）第 51 次《中国互联网络发展状况统计报告》显示，截至 2022 年 12 月，我国网民规模达 10.67 亿，较 2021 年 12 月增长 3549 万，互联网普及率达 75.6%。② 传统媒体不再是人们获

---

① 宋来玉：《乡村旅游短视频叙事策略优化研究》，《农村·农业·农民（A 版）》2023 年第 6 期。
② 中国互联网络信息中心：《CNNIC 发布第 51 次〈中国互联网络发展状况统计报告〉》，http://cnnic.cn/n4/2023/0302/c199-10755.html，2023 年 3 月 2 日。

取信息的唯一途径，自媒体平台凭借快捷、个性化的特点得到了迅速发展，也给传统媒体带来了巨大冲击。

与传统媒体相比，自媒体行业在急速的发展中也容易出现一些急功近利的传播失范行为。所谓网络传播中的失范行为是指网民个体或网络媒介和网络相关组织及管理机构所做的那些不符合某种现有文化目标、价值体系，或社会制度、社会秩序、社会规范、国家法律、社会伦理道德的网络行为。这些失范行为会对舆论环境和网络空间造成负面影响。信息化时代，做好舆论导向工作不仅是维护国家安全利益的应有之义，也是促进自媒体传播生态良性发展的必要环节，更是新时代讲好中国故事的必须。

梳理与自媒体相关的政策规制的发展，可以看到我国是高度重视媒体发展工作的。2014年8月18日，习近平总书记主持召开的中央深改组第四次会议审议通过了《关于推动传统媒体和新兴媒体融合发展的指导意见》，使得我国融媒体发展进入新阶段，规范自媒体的法律法规也相继出台。

2018年11月15日国家互联网信息办公室和公安部联合发布《具有舆论属性或社会动员能力的互联网信息服务安全评估规定》，其中第二条第一款明确指出监管主体包括论坛、博客、聊天室、公众号、短视频等。

2019年1月中国网络视听节目服务协会发布了行业规范《网络短视频平台管理规范》，其中规定，平台上发布的所有视频内容均应经内容审核后方可播出。

2021年2月，国家互联网信息办公室发布新修订的《互联网用户公众账号信息服务管理规定》，针对部分公众账号信息服务平台和生产运营者主体责任落实不到位、自律和他律意识淡漠、缺乏内容审核把关机制等问题，增加了相应监管内容，从内容安全、账号运营和禁止行为三个方面规制公众账号生产运营者行为等。

从 2021 年起，国家网信办持续开展"清朗·网络环境"专项行动，对自媒体传播中色情、暴力、赌博以及低俗等问题予以坚决治理，对影响群众私生活的谣言和虚假信息予以坚决打击。

2022 年 7 月 25 日，最高人民法院召开新闻发布会，发布《关于为加快建设全国统一大市场提供司法服务和保障的意见》及配套典型案例。《意见》提出，依法严厉打击自媒体运营者借助舆论影响力对企业进行敲诈勒索行为，以及恶意诋毁商家商业信誉、商品声誉等不正当竞争行为。

2023 年 3 月，中央网信办开展为期两个月的"清朗·从严政治自媒体'乱象'专项行动：1）坚决打击'自媒体'发布传播谣言信息、有害信息和虚假信息；2）坚决取缔假冒仿冒官方机构、新闻媒体和特定人员的'自媒体'；3）全面整治'自媒体'违规营利行为"。

以上这些政策、规制对于规范自媒体的传播行为，营造良好的媒介环境和媒介生态，促进新媒体的健康发展都起到了重要的积极作用。

2. 关于"自媒体"的国内外研究及述评

国内的自媒体研究，研究内容主要集中在以下方面：一是各种具体形式的自媒体研究，如博客、微博、微信研究等，这是目前国内有关自媒体研究的主要形式，也是最初自媒体研究的方向；二是自媒体的特征研究，这是自媒体研究的重点；三是自媒体引发的影响研究；四是自媒体营销与应用；五是有关自媒体的各种专业研究。

自媒体研究的理论视角也多集中于传播学、媒介社会学、管理学（从社会管理及自媒体营销角度探讨自媒体的传播力）及教育学（将自媒体作为学校思想政治教育的一个载体来研究）。

国外对自媒体的研究从早期主要集中于传播学、政治社会学、媒介管理学等传统研究视角到近两年聚焦于技术观的传播论，探讨传统媒体的改革、融合化创新、数据化生产、新闻报道的创新、人机传播的互动、机器化交流。代表性研究如学者迪亚克波罗斯（Diakopoulos）探讨智能技术在新闻业中的应用类型，[1] 学者卡尔森（Carlson）研究机器学习的未来应用场景，指明大规模个性化推送的算法逻辑。[2] 这些研究都是基于技术—文化诠释研究方法的代表性论述。随着技术的不断发展，自媒体形式不断创新，有关各种形式自媒体的研究也愈加多元化，这些自媒体研究的多维度、多面向以及跨学科、跨文化的研究方法对于本书的"三农"自媒体研究也有很大启发。

3. 关于"三农"自媒体的文献研究及述评

虽然"三农"自媒体迎来了乡村振兴的"风口"机遇，以烈火烹油之势迅猛发展，在现实情境中引发了社会关注，但国内学界对于"三农"自媒体的研究远远没有跟上现实的步伐，研究从数量到质量都显得乏力与单薄，著作与博士学位论文缺乏，现有的学术论文多集中于对以下几类问题的探讨：

一是"三农"自媒体成功个案的分析：马云华、张莉莉、何安良的论文都是以"三农"自媒体品牌"巧妇9妹"为分析个案，从不同侧面探讨"三农"短视频自媒体的发展历程、现实意义及运营状况。

二是"三农"自媒体的传播策略：王红春在《今日头条"三农"短视

---

① Diakopoulos, *Automating the News*: *How Algorithms are Rewriting the Media*, Cambridge: Harvard University Press, 2019, p.100.

② Carlson, "The Robotic Reporter: Automated Journalism and the Redefinition of Labor, Compositional Forms, and Journalistic Authority," *Digital Journalism*, 2015（3）, pp.416—431.

频的传播策略》一文中探讨了今日头条"三农"短视频的传播特质、差异化传播策略和传播中出现的问题。① 张操的论文《从 UGC 到 OGC：传统电视媒体能不能抓住"三农"类短视频风口？》从题材内容、运作模式及其市场三个方面表现比较了"三农"自媒体短视频产品与传统电视媒体的不同，指出"三农"类短视频的火热及其背后 UGC 的生产方式意味着传播方式、市场环境以及盈利模式的改变，传统电视媒体要在内容生产方式和营销模式上不断尝试各种可能，才能在转型发展中提供一个更开阔的空间。他进一步从自媒体内容入手，分析了"三农"自媒体创作内容，发现了其具有双面性。② "三农"自媒体的内容主要是乡土文化，反映农村生活图景，创作主体以农民居多，吕佩通过选取样本进行实证研究得出结论："三农"自媒体在内容的选择上坚持"立足'三农'领域、传递'三农'声音"的原则，让新农村的广阔天地、新农人的靓丽风采成为"三农"自媒体的一张崭新名片。③ 刘楠和周小普认为在农村互联网普及和农村网民增长背景下，农民自媒体 UGC 用户成为主动的视觉生产者，他们在技术赋权下拓展话语权的同时，也在自我主体表达、新"身体叙事"、商业逻辑"异化"之间博弈和调适。④ 董瑜通过对发布内容进行数据采集与内容分析，发现"三农"自媒体类视频具有以下 4 个特点：第一，题材上去除土味标签，展现乡村本色；第二，内容上乡野化特色鲜明；第三，形式上以短视频为主；第四，营销上利用粉丝经济。⑤

---

① 王红春：《今日头条"三农"短视频的传播策略》，《视听》2019 年第 3 期。
② 张操：《从 UGC 到 OGC：传统电视媒体能不能抓住"三农"类短视频风口》，《新闻传播》2018 年第 7 期。
③ 吕佩：《三农自媒体的"走红"路径与价值研究》，《农村经济与科技》2019 年第 9 期。
④ 刘楠、周小普：《自我、异化与行动者网络：农民自媒体视觉生产的文化主体性》，《现代传播》2019 年第 7 期。
⑤ 董瑜：《"三农"自媒体在乡村振兴战略中的价值反思——基于"使用与满足"理论》，《新闻知识》2018 年第 12 期。

另外，这种爆发式增长对"三农"自媒体的创作环境并非有利无害，很多问题逐渐显现出来。越来越多地用户加入自媒体的创作，内容质量参差不齐，同质化严重，创作人员专业度不够，而且平台的管理监督以及卫生的检验与监管不到位，伴随着不良的价值导向。常民强和常怡明在《乡村振兴视域下农村自媒体传播的进路》中谈到，随着大众不断加入自媒体大军，农村自媒体的健康发展可能会遭遇新的瓶颈——无论是内容生产、平台监管，还是其盈利模式都存在着亟待解决的问题。① 任爱熙也提到，乡村自媒体从业者大多没有相关专业技能和经验，其内容产品大多"重内核"而"轻形式"。② 安汝颖在《农村自媒体对"三农"发展的影响》中谈到农村自媒体存在的问题，很多普通农村人文化水平偏低，农村自媒体专业人才匮乏，同时为了追求流量，向资本靠拢，农村自媒体内容生成杂乱，缺乏创新性，而且农村自媒体传播政策不完善，对信息全局把控不够。③ 韩少卿也提出自媒体发展中存在内容生态畸形、人才资源匮乏、经济模式单一以及为了博取关注去触碰道德法律的底线等问题。④

三是"三农"自媒体所面临的发展机遇及传播困境：韩少卿以山东"自媒体村"为分析个案，总结了农村自媒体的发展概况、发展机遇及发展中存在的问题。⑤ 韩春秒则在《农村自媒体传播的隐患与规范》一文中分析了农村自媒体人的发展概况，指出了其网络行为逻辑与潜在隐患。⑥

四是关于"三农"自媒体的应用研究：涉及农业推广，农村自媒体平

---

① 常民强、常怡明：《乡村振兴视域下农村自媒体传播的进路》，《青年记者》2020 年第 2 期。
② 任爱熙：《挖掘乡村自媒体，提升乡村振兴推动力》，《新闻爱好者》2020 年第 7 期。
③ 安汝颖：《农村自媒体对"三农"发展的影响》，《青年记者》2019 年第 23 期。
④ 韩少卿：《农村自媒体发展的机遇与问题研究——以山东"自媒体村"为例》，《传媒论坛》2018 年第 12 期。
⑤ 同上。
⑥ 韩春秒：《农村自媒体传播的隐患与规范》，《青年记者》2019 年第 10 期。

台的出现和应用对农村地区的发展产生了积极的影响，同时在营销方面依托电商直播，在电商平台推广农产品，缓解了农产品的滞销问题，为脱贫攻坚注入新活力。王绍阳在《试析农村自媒体对"三农"发展的影响》中谈到了农村自媒体对于"三农"发展的积极影响，自媒体的宣传推广加快了农业现代化发展进程，同时促使大众对农村经济建设形成全新的认识，对于农产品销售方面的自媒体营销模式产生积极的影响，而且催生了一大批依托网络获取收入的新型农民，能在一定程度上补充农民收入的短板，在培育新型农民的同时加快乡村振兴发展进程。[①] 安汝颖提出农村自媒体促进农业新发展，展示了农村的新面貌，为农民提供了新的就业方式，助力脱贫。[②] 李晓夏和赵秀凤提出，直播助农是乡村振兴和网络扶贫融合发展的农村电商新模式，以直播带货＋电商平台销售的形式，通过网红经济和粉丝效应给农村带来新的发展机遇。[③]

五是"三农"自媒体对乡村旅游的促进与引领："三农"自媒体的内容大多展示农村的美景美食、风土人情等，引起了都市居民的好奇心理，因此吸引了很多人来农村旅游，推动了农村旅游经济的发展。王金璐和农朝幸在《"三农"短视频自媒体引领的乡村旅游开发路径探讨》中运用推—拉理论研究"三农"短视频自媒体对乡村旅游开发的作用及其引领机理，结合 EECM-ISC 模型对影响因素进行实证分析，提出了借助短视频自媒体引领乡村旅游开发的策略。[④]

---

① 王绍阳：《试析农村自媒体对"三农"发展的影响》，《山西农经》2020 年第 15 期。
② 安汝颖：《农村自媒体对"三农"发展的影响》，《青年记者》2019 年第 23 期。
③ 李晓夏、赵秀凤：《数字赋能与乡村人才振兴——"数商兴农"背景下新农人培育循环体建设研究》，《成人教育》2023 年第 9 期。
④ 王金璐、农朝幸：《"三农"短视频自媒体引领的乡村旅游开发路径探讨》，《农村经济与科技》2019 年第 15 期。

六是"三农"自媒体对个人 IP 和区域品牌的塑造:"三农"自媒体塑造了很多网红品牌 IP,李子柒就是一个显著的代表。媒体网红的影响力表征的是一个品牌的效益,王金璐和农朝幸在研究中提到了广西著名的"三农"短视频 IP"巧妇 9 妹","9 妹"自 2017 年开始磕磕绊绊录制了第一个短视频,拥有了超过三百万的粉丝,其在粉丝的呼吁下创办的农家乐于 2019 年正式开业。① 董瑜提到自媒体以短视频为主要形式,打造团队特色品牌,比如"乡野丫头""付老师种植技术团队"每个短视频播放中的右下角都会有代表主人公的卡通形象和独特的文字标识出现,形成了独具特色的品牌传播。② 除了这种网红 IP 的品牌效应,还有各地根据特色形成的一些产品品牌,来宣传本地的一些特色农产品,譬如"武都花椒""成县核桃",以及陇南政府带头宣传,在微博上有很高热度的"核桃书记""苹果县长",丰富了地方的品牌价值。

多元传播网络的互动以及多元媒体的助力传播为"三农"自媒体发展创造了美好的前景,也为社会各界提供了能深入关注当代"三农"现状的窗口,例如"三农"自媒体达人利用自身 KOL 的影响力通过"三农"自媒体直播带货促进农产品销售,通过视频内容介绍田园风光促进乡村旅游业的发展,也能将"三农"发展面临的困难和制约及时向外界传达,引发政府和社会各界人士的共同参与和解决,因此"三农"自媒体为"三农"经济的发展和促进开辟了新的途径。

但是学界对于"三农"自媒体的关注度仍不够高,很多学者研究"三

---

① 王金璐、农朝幸:《"三农"短视频自媒体引领的乡村旅游开发路径探讨》,《农村经济与科技》2019 年第 15 期。
② 董瑜:《"三农"自媒体在乡村振兴战略中的价值反思——基于"使用与满足"理论》,《新闻知识》2018 年第 12 期。

农"自媒体的创作内容和受众的情感认同,少数学者去梳理"三农"自媒体的发展路径,还有一部分学者从传播学的角度进行受众研究和内容分析,如果能够进一步研究分析由于"三农"自媒体的爆红而带来的电商直播的营销手段和模式,意识到在信息传播格局的新变革中"三农"自媒体终将走向 MCN 化,向更专业化和集约化发展,分析进一步利用自媒体的优势拓宽农业经济发展的形式和方法,这将更大地促进"三农"经济的发展,助力脱贫攻坚。

现有的学术研究呈现出零散化、单一化和研究视域集中等特点,基于个案分析的内容较多,对"三农"自媒体的发展历程、传播策略、运营机制及未来的发展方向阐述不够深入,对"三农"自媒体产生的以情感联结的劳动实践探讨不足,没有形成系统化的学理研究,而这些正是本研究的努力方向。

四、研究思路与方法

(一)研究思路

本书的研究主要遵循"问题导入—问题分析—理论阐释—框架构建—案例分析—对策建议"的研究思路。首先通过对近几年农村自媒体创业迅速勃兴,"三农"自媒体在各个传播平台上呈爆发性增长趋势这一现象进行分析,导入研究的问题。接着对"三农"自媒体的概念进行学理性的辨析和讨论。之后,通过对调研问卷的 spss 分析和对半结构深度访谈的 NVivo 分析,对"三农"自媒体兴起的理论逻辑、现实依据及研究对象进行探讨,阐释"'三农'自媒体缘何兴起"这一问题,探求这一现象出现的原因以及"三农"自媒体的传播发展与乡村振兴战略的呼应关系。接着,通过比较分析传统的农业传播与自媒体在"三农"传播中的应用，梳理"三农"自媒体的发展历程，以"'三农'自媒体如何传播发展"这一问题导向推动逻辑演进、步步深入，通过"三农"自媒体典型案例的分析，探讨"三农"自媒体的创作与运营机制，进一步阐述"三农"自媒体在乡村振兴战略中的价值与作用，反思"三农"自媒体在传播中存在的问题与隐患，并就引导与规范"三农"自媒体健康发展提出方法与对策。

（二）研究方法

本书运用比较分析与系统分析相结合、混合研究与个案研究相结合的方法，从传播学、文化研究的综合学科视角出发，结合技术—文化诠释方法以及波兹曼的"媒介环境学"学科理论，进行综合性研究。

1. 比较分析与系统分析相结合：将"三农"短视频传播渠道、用户粉丝维系、品牌打造以及盈利模式等相互之间的合力形成的信息流、关系流以及用户服务流所构成的有机生态圈视作一个系统，通过对自媒体和社交两大传播平台及用户群体的分析衍生出与之对应的运营操作机制与方法。通过对甘肃陇南的"三农"自媒体与其他地域成功的"三农"自媒体品牌进行比较分析，探讨"三农"自媒体的传播策略、运营模式如何与地域优势、地域文化相结合。

2. 调查研究与个案研究相结合：选取甘肃陇南市的"三农"自媒体品牌为个案分析，通过对陇南等地域政府部门（小组座谈）（深度访谈）、"三农"自媒体创作者（深度访谈）、电商干部（深度访谈）、平台（网络民族志）、粉丝及网友（问卷调查）的调研，了解和分析"三农"自媒体的创作与运营机制、传播渠道与品牌塑造方法，剖析其对于乡村产业、乡村建设的助力作用。

3. 定量研究与定性研究相结合：采用调查问卷定量研究和深度访谈

定性分析相结合的方式对"三农"自媒体的运行机制、创作者的媒体生产进行多维度多切面的分析探察，通过定性和定量两种方式，互相补足确证，进而获得对研究问题更为全面的解释。

五、研究意义

本书将党中央提出的"'互联网+'助力乡村振兴"的指导思想用于现实实践研究，探讨如何借力"三农"自媒体振兴新乡村，创建"田园化""生态化""数智化""融合化""共享化"的未来乡村，塑造新农人，传播优秀农村文化，引领农村社会风气。

（一）理论意义

首先，本书通过梳理"三农"自媒体的发展历程，探讨"三农"自媒体的创作与运营机制，阐述"三农"自媒体在乡村振兴战略中的价值与作用，反思"三农"自媒体在传播中存在的问题与隐患，提出引导和规范"三农"自媒体健康发展的方法与对策，这几个方面的研究既是对自媒体的传播理论进行丰富和拓展，也是对传统媒体传播理论体系和研究框架的补充完善。

其次，本书从传播学、文化研究的综合学科视角出发，结合技术—文化诠释方法以及波兹曼的"媒介环境学"理论视角探讨分析"三农"自媒体的传播与发展，是对跨学科研究方法的丰富和拓展。

最后，以往的研究更多讨论"三农"自媒体的内容创作或是电商化的经济价值，实际上"三农"自媒体的发展是复杂的动态过程，牵涉到多维协同的发展生态与创新机制，本书的研究绝不仅仅关注自媒体问题或是电商问题，"头痛医头、脚痛医脚"，而是综合考量了"三农"自媒体的复杂社会生态和影响因素，厘清其背后的发展肌理，找出症结所在，为未来乡村的振兴发展提供理论依据。

（二）实践意义

首先，基于实地调研及混合式研究方法的运用，形成乡村振兴战略背景下构建的"三农"自媒体传播发展理论框架，这是对新媒体助力乡村振兴实践发展的重要指导。

其次，选取甘肃陇南市的"三农"自媒体品牌为典型案例，完成对"三农"自媒体的创作与运营机制，传播渠道与品牌塑造的实践调研，对推动地方经济，助力乡村建设具有重要的现实指导意义。

再次，针对"三农"自媒体在传播中存在的问题与隐患，提出引导与规范"三农"自媒体健康发展的方法与对策，为地方政府实施乡村振兴战略提供解决思路与参考建议。

最后，在实地调研中研究团队参与到"三农"自媒体的实际创作与运营过程中，拍摄了相关内容的新闻报道、纪录片、短视频，依托项目创作的作品共获 10 个奖项，调研实践团队被《中国青年报》评为优秀视频团队和优秀摄影团队，被共青团中央评为 2023 年共青团服务乡村振兴"笃行计划"全国优秀实践团队，其中创作的短视频《直播间的新农人》荣获甘肃省广播电视局 2022 年度影视剧精品、剧本征集扶持和孵化项目，并荣获"弘扬社会主义核心价值观·共筑中国梦"主题原创网络视听节目优秀作品，推送至国家广电总局参加展播，作品作为视频资料在中央电视台电影频道《今日影评·"两会"特别策划系列节目·"两会"农业农村话题》2023 年 3 月 8 日的节目《农业强国　乡村振兴》中播出。①

---

① 作品播出网址：https://article.xuexi.cn/articles/index.html?art_id=8890079562584718689&source=share&study_style_id=video_default&reco_id=1021a721dc7ac0a88442001f&share_to=wx_single&study_share_enable=1&study_comment_disable=0&ptype=74&item_id=8890079562584718689&pid=21386984602268242。

　　以上调研过程和创作实践、宣传报道真实记录了陇南当地的"三农"自媒体的发展与传播情况，为研究"三农"自媒体的传播发展提供了案例研究的视频资料，同时在央视频、人民网及广电总局评选展播中宣传了甘肃故事与陇南"新农人"形象，助力了甘肃和陇南市的对外宣传。

第一章　研究设计与实证分析

第一节　概念溯源及核心概念界定

一、概念溯源

要对"三农"自媒体这一概念进行界定，首先要从何谓"自媒体"这个概念谈起。"自媒体"这一概念源自何处？国内的学界和业界经常会追溯到 2003 年 7 月由美国新闻学会下属的媒体中心出版的、由谢因·鲍曼（Shayne Bowman）和克里斯·威利斯（Chris Willis）联合撰写的研究报告 "We Media：How Audience are Shaping the Future of News and Information"。时任该研究中心的联合主任戴尔·帕斯金（Dale Peskin）在为这份报告撰写的序言中指出，We Media 这一"参与式新闻"推动了新闻生产模式从"自上而下"的广播式向"自下而上"的交互式转变，会成为媒体生态"新闻业的下一波浪潮"。美国科技专栏记者吉尔默（Gillmor）认为 We Media 的新闻生产模式是个"去中心化"的过程。他将自己对于 We Media 的思考写进专著《共享媒体：民治民享的草根新闻》中。①通过 We Media 概念出处的梳理，我们可以看到在西方，We Media 这个概念是指向新闻业的，讨论的"参与式新闻""互动新闻"都在强调新闻变迁如何促进、深化民主。

在中文语境中，We Media 通常被看作"自媒体"的英文名称。实际上，从 We Media 到进入中文语境后的自媒体经历了从新闻业态的"去勾连"到语义内涵的变化。学者於红梅依据福柯的知识考古路径，讨论了从 We Media 到"自媒体"这一概念在引介过程中所产生的中西含义的变化，以此印证中西方自媒体发展路径和实践话语的不同。②於红梅从 2016 年国内有关自媒体的三份行业 / 商业报告入手，根据腾讯发布的《芒种过后是秋收：中国自媒体商业化报告（2016）》、自媒体版权经济管理机构克劳锐发布的《2016 中国自媒体行业白皮书》及由"We Media 自媒体联盟"和"Talking Data 移动数据研究中心"合作的《自媒体行业统计报告》，其中"自媒体"的定义与 We Media 的含义与语境均有很大差异。三份报告都指明"自媒体"是与媒体机构不同的"类媒体"，虽仍旧是"媒体"，以内容创作为核心，但"新闻"已基本隐去。另外，三份报告除对自媒体发展的总结或分期历程的梳理，呈现的多是产业化、商业化运营中所面临的流量变现、盈利模式、增强消费者黏性、打造社群经济等以外，报告中都提及"We Media 自媒体联盟"是当时中国最大的自媒体联盟，在其官网（http://wemedia.cn/）中写明其主要经营内容包括为客户（如阿里巴巴、腾讯、百度、特斯拉等企业）提供自媒体传播和一站式线上线下整合营销

---

① Gillmor, *We the Media*：*Grassroots*，*Journalism by the People*，*for the People*，Sebastopol，CA：Reilly Media，2006，p.34.
② 於红梅：《从"We Media"到"自媒体"——对一个概念的知识考古》,《新闻记者》2017 年第 12 期。

服务。"自媒体"话语概念在中国语境中与西方 We Media 源自新闻、关于新闻的新闻元话语脱钩，生成与商业主义的话语形构。

学者於红梅认为，自媒体在中国指代的是以新信息技术为基础的新兴且可开发的领域，它所激发的媒体实践形塑着新一轮的资本组合、市场分割以及话语权力的再分配。在这个话语形构中，We Media 概念所含的以"受众"自居的个人或团体生产、发布、扩散内容的创作传播模式不仅成为产业兴奋点，而且与创业经营相勾连，在"商业主义"话语的"统合"下不断膨胀。从 We Media 到自媒体，不仅是关联"场景"的转换，更是在独特场景下的意义再创造。在其中，淡化的是理性话语、平等对话、多种声音、共同参与、民主生活等元素，凸显的是创业、经营、盈利、增值和资本运营等元素。①

对"自媒体"概念的溯源及对 We Media 和"自媒体"在东西方语境下含义的对比、梳理，能够帮助我们更好地理解自媒体在中国的发展现状，自媒体在国内的发展已与西方的 We Media 大有不同。中国的自媒体创作是具有商业主义根性的，除了由"自"发轫，展现自主自由的参与式文化外，自媒体是将内容创作与产业、与市场结合，在整合营销传播的核心理念下通过内容创作迎合受众市场需求，进而获得市场价值的。

可见，自媒体是指个人或团体通过新媒体平台（包括社交媒体及其小程序、短视频平台、电商平台等）发布多种形式的信息，吸引用户和粉丝关注，并进行市场化运营的内容发布者。

---

① 於红梅：《从"We Media"到"自媒体"——对一个概念的知识考古》,《新闻记者》2017 年第 12 期。

二、核心概念界定

随着互联网技术的发展以及各类媒介平台的出现，"去中心化"和传播环节的下沉使得普通民众也可以通过自媒体创作传播自己想要传递的内容。以反映"农业、农村、农民"生活方式和生产状态的"三农"自媒体应运而生。

当前，学术界关于"三农"自媒体并没有一个公认的权威定义。一些学者从不同角度对"三农"自媒体进行了界定。董瑜提出"三农"自媒体指的是社会公众借助一定的媒体平台或传播技术，生产和传播"农业、农村和农民"的有关内容。"三农"自媒体的创作者可以是土生土长的农村人，也可以是对"三农"问题有一定了解或深入农村、亲近农民的城市创作者。其内容大多展示农村的美景美食、风土人情等，使用文字、图片和视频的形式在自媒体平台进行传播。① 张梅珍、段聪慧则通过对自媒体社群"逻辑思维"的观察和研究，强调自媒体应当首先具备独特的人格魅力，并且要在全网多平台分发内容。② 郭婉君、于春生指出通过政策支持和媒体宣传，"乡村振兴""脱贫攻坚"等官方话语不仅赋予了乡村自媒体的内容生产宏大意义和乡村价值，也为自媒体平台的资本介入提供了合法性和方向性。③

从内容定位来看，一切与农业农村相关的内容均可以作为"三农"自

---

① 董瑜：《"三农"自媒体在乡村振兴战略中的价值反思——基于"使用与满足"理论》，《新闻知识》2018 年第 12 期。

② 张梅珍、段聪慧：《新媒体时代社群经济的特点探析——以"逻辑思维"为例》，《新媒体研究》2018 年第 4 期。

③ 郭婉君、于春生：《创造"新农人"：三农网红的媒介形象生产实践》，《内蒙古社会科学》2024 年第 6 期。

媒体的题材，但不可狭义地将"三农"理解为只与农村相关或是生产主体一定为农民个人，而是应当理解为一种与"三农"广泛链接的内容状态。当前有不少县域品牌或合作社团体也有自己的自媒体平台，通过短视频、社交媒体、小程序、直播平台及各类电商平台发布"三农"内容，这些生产虽属于机构，但同样具备人格属性。因而，本书研究中的"三农"自媒体是指个人或团体机构通过社交媒体、小程序、短视频平台、直播平台、电商平台等多个平台发布展示农村生活方式、农业生产状态，展现农民形象的内容传播方式。

"三农"自媒体的内容创作核心是能够真实还原乡村面貌，呈现乡村形象，以乡土人情满足或激发用户对乡村情境、田园生活的想象，这类内容呈现出山水乡村、田园农耕、村居野趣的生活图景，生态环境、生活方式显著地区别于城市生活，原生态的质朴内容、充满烟火气的乡居生活吸引着受众的目光。

结合自媒体的发展脉络及属性，针对"三农"自媒体这一研究的核心概念，还需说明以下几点问题：

1）"三农"自媒体按照不同标准来进行划分，会有不同类型：按照传播主体来进行划分，分为由"个人"进行内容创作和运营的 UGC 内容与由"团体机构"来进行内容创作和运营的 PGC 内容（这里的"团体机构"多为企事业单位或 MCN 机构）；按照传播内容来进行划分，则可根据内容主题划分为：以展示农业面貌为主题，以展示农村日常生活为主题，以展示美食野味为主题，以展示技能分享为主题，以剧情段子为主题的"三农"自媒体；还可根据内容场景来进行划分，可分为：以社交型为主导的"三农"自媒体，以电商型为主导的"三农"自媒体和以咨询型为主导的"三农"自媒体；按照"传播渠道"来进行划分时，则存在特殊性，因为当前

"三农"自媒体出于扩大传播力并持续发展的需要,往往进行跨平台传播,在不同平台上以同一个账号或不同账号来输出形式不同、侧重点不同的内容,如在微信、微博中以图文内容发布为主,在短视频平台上以创意短视频和直播为主,在电商平台上则进行直播带货等。

2) 理解"三农"自媒体不应从单一类型或狭义角度去理解,不管是个人运营还是由 MCN 机构或企业运营的"三农"自媒体,都具备人格属性,应更多从"三农"自媒体的 IP 塑造、传播力和形成的"社群经济"这一角度去理解,而不是将其固化和局限在某一类型,实际上"三农"自媒体的跨平台传播几乎是每个账号必备的运营方式,一个账号也许因为某一平台扶持力度大,而在该平台开了账号,但为了能够生存发展、吸引更多粉丝关注,会在多个不同性质的平台上发布内容进行引流,扩大传播力和影响力,进而扩大其商业价值,得以在市场化环境中存活下去、持续发展,因而我们可以看到当前"短视频+电商""直播+电商"往往成为"三农"自媒体进行内容创作的主流方式。"三农"自媒体通过这种方式找到操作便捷、成本低、潜力大、覆盖面广的变现方式;政府与企业也看到其市场空间和影响力,投入更多资源扶持,"三农"自媒体的发展因此得到了正向的反馈闭环,实现了快速发展。

第二节　研究设计

一、混合式研究方法及其争议

传统意义上,定量研究属于实证主义的范畴,定性研究属于阐释主义的范畴,二者在认识论与本体论层面有相冲突的一面,研究范式也不同。当需要找寻内部的"因果逻辑"时,两种方法存在核心争议点:"因果解释"究竟是分析"某一因素造成的影响"更重要,还是"导致某一结果的原因"更重要。定量研究关注前者,期望对影响事件的因素进行剖析,而定性研究是基于直觉意义上的"因果阐释",则更关注后者。

然而面对实际的分析,方法的使用并不是单一不变的,而是针对复杂情况选用具有更多流动性与灵活性的多种适用方法来解决。定量研究与定性研究两种思维模式并非大相径庭,而是存在某种程度上的异路同归,两者之间是可以相互补充、相生相成的。综合使用定性数据和定量数据两种收集方式,能够相互补充两种研究分析各自的盲区,更深入地剖析问题,为理解研究事件提供了一种新的可能。学者布莱曼(Bryman)认为:"研究者选择采用定性和定量相结合的方法,主要出于三种目的:一是'强化',即通过两种方式进行数据收集,从而强化研究发现;二是'三角互证',即通过定性和定量两种方式,对结论进行确证;三是'完整',即综合使用两种数据收集方法,从而获得更为全面的解释。"[1] 对于本研究而言,单纯使用定量或定性研究都难以对"三农"自媒体的运行机制、创作者的媒体生产进行完整的解释,在定量分析中无法涉及的研究变量,研究团队尝试通过定性分析进行补充回应。

学者伯格曼(Bergman)认为:"在研究的操作化过程中,混合研究方法强调的是混合不同的数据收集和分析方法。"[2] 具体到本研究中,定量研究使得我们从整体上了解"三农"自媒体创作者的媒介使用模式及运营机

---

[1] A. Bryman, *Why Do Researchers Integrate Quantitative and Qualitative Research*, London: SAGE Publications, 2008, p.91.

[2] M. M. Bergman, *The Straw Men of the Qualitation-quantitative Divide and Their Influence on Mixed Methods Research*, London: SAGE Publications, 2008, pp.14—15.

制，而对于具体创作者的创作心态、遇到的发展困境与问题，无法进行全面的辨识。因此研究团队对 10 位"三农"自媒体创作者进行了深度访谈，通过定性的研究方法对这一议题进行补充回应。

二、关于研究对象的说明及数据收集与分析方式

本书采用定量研究和定性研究相结合的方式，通过问卷调查和半结构深度访谈对"三农"自媒体的运营机制和面临的发展困境进行解释分析，两种方法的混合使用，有助于我们从多个维度及视角深化研究，探察问题。

定量研究以问卷调研的方式展开，于 2021 年 7 月—9 月及 2022 年 7 月—9 月针对"三农"自媒体创作者及"三农"自媒体的用户进行两次线上问卷发放，本次数据主要来源于 2022 年针对"三农"自媒体创作者的线上问卷数据统计，收到问卷 232 份，其中有效问卷为 228 份，从有效问卷的调研数据和结果中分析和探索影响"三农"自媒体发展的复合因素。

"三农"自媒体创作者衡量标准按照从事"三农"自媒体创作已达半年以上，同时单个平台的粉丝数在 100 人以上。从事"三农"自媒体创作已达半年以上说明已经进行了持续一段时间的"三农"自媒体的创作工作，不是仅仅试水或浅尝辄止，会有一些行业体验与经验感受。另外单个平台的粉丝数在 100 人以上，是因为对于短内容来说，需要满足 100 个粉丝，平台才能开通收益功能。以这两个条件进行筛选，获得有效问卷 228 份。

另外，定性研究以半结构深度访谈的方式进行数据收集，通过对访谈资料的分析，进一步探察"三农"自媒体的发展机制和存在问题。研究获

取数据的方式为 2022 年 7 月在甘肃陇南市实地调研期间,遵循"最大差异的信息饱和"原则来选取研究对象。

选择甘肃陇南市进行实地调研,一方面因为甘肃省陇南市早在 2016 年就因当地的"电商"发展成为"全国电商扶贫示范市",另一方面,当地的电商发展正是由"三农"自媒体为发展起点的,因而陇南市是"三农"自媒体在甘肃省同类自媒体中发展最早,在全国有影响力的"三农"自媒体达人最多,"三农"自媒体带动乡村产业、乡村振兴发展最明显的地域。

当地电商局、宣传部及融媒体中心推荐了典型的"三农"自媒体创作者及电商干部参与自媒体运营的 11 位受访者,其中 6 位受访者进行了面对面访谈,5 位受访者因疫情原因无法进行面对面访谈,由微信及电话、线上访谈为主要方式,研究团队将受访者访谈录音转为文本进行分析。定量数据分析采用 SPSS24 软件,定性数据分析采用 NVivo12 软件完成。

第三节 关于"三农"自媒体的调查问卷分析

一、信度和效度分析

(一)信度分析

Reliability Statistics

Cronbach's Alpha	N of Items
0.910	211

对 Cronbach's α 系数(或折半系数)进行分析,目前没有统一的标准,但根据多数学者的观点,一般 Cronb α 系数(或折半系数)在 0.9 以

上，则该测验或量表的信度甚佳；0.8—0.9 之间表示信度不错；0.7—0.8 之间则表示信度可以接受；0.6—0.7 之间表示信度一般；0.5—0.6 之间表示信度不太理想；如果在 0.5 以下就要考虑重新编排问卷。从本次调研结果来看，问卷的信度系数为 0.910，说明问卷的信度甚佳。课题组对统计表进行进一步分析，查看哪些题目的存在导致了整体信度的下降，信度如果"修正后的项与总计相关性"值低于 0.3，或者"删除项后的 α 系数"值明显高于 α 系数，此时可考虑将该题目剔除。由于题目数量较多，删除项后的明细不再显示在文中。

（二）效度分析

KMO and Bartlett's Test

Kaiser-Meyer-Olkin Measure of Sampling Adequacy.		0.812
Bartlett's Test of Sphericity	Approx. Chi-Square	38969.069
	df	22155
	Sig.	0.000

对于 KMO 检验，0.9 上非常合适做因子分析；0.8—0.9 之间比较适合；0.7—0.8 之间适合；0.6—0.7 之间尚可；0.5—0.6 之间表示差；0.5 下应该放弃，通过 KMO 值检验说明了题项变量之间是存在相关性的，符合因子分析要求。

对于巴特利特（Bartlett）的检验，若显著性小于 0.05，则拒绝原假设，说明可以做因子分析；若不拒绝原假设，说明这些变量可能独立提供一些信息，不适合做因子分析。KMO 检验的结果显示，KMO 的值为 0.812，同时，巴特利特球形检验的结果显示，显著性 P 值为 0.000***[①]，水平上呈现显著性，拒绝原假设，各变量间具有相关性，因子分析有效，程度适合。

---

① 注：*** 代表 1% 的显著性水平，全书同。

二、问卷基本情况—描述性统计

为获得"三农"自媒体创作者对于创作传播行为的一手数据，本研究采用现场问卷调查和网络问卷调查的形式，获取"三农"自媒体创作者关于创作的关注点、"三农"自媒体发展现状、"三农"自媒体发展存在的问题、"三农"自媒体发展解决措施 4 个维度共 33 个测量题项等相关研究数据及其人口统计特征数据（调研问卷见附录 1）。本研究首先选取小样本进行预测试，分析量表的基本结构和题项的合理性，根据信息反馈进行正式调研，获取大样本调研数据，用以检验概念模型和变量间的假设关系，研究运用 SPSS 统计方法进行分析，通过探索性因子分析和验证性因子分析，对量表进行信度和效度检验。测量题项的因子载荷介于 0.638—0.899 之间，Cronbach's 系数为 0.910，组合信度介于 0.745—0.890 之间，具有良好的信度和效度。

（一）受访者人口统计学信息

受访者人口统计学信息结合附录 1 调研问卷的发放情况进行分析统计，按占比高低排序（见下表），符合检验规范。

名　　称	选　项	频数	百分比（%）	累计百分比（%）
您的性别为	女	127	55.947	55.947
	男	100	44.053	100.000
您的年龄区间是	19—29 岁	115	50.661	50.661
	40—49 岁	48	21.145	71.806
	30—39 岁	38	16.740	88.546
	50—60 岁	22	9.692	98.238
	18 岁及以下	2	0.881	99.119
	60 岁以上	2	0.881	100.000

（续表）

名　　　称	选　　项	频数	百分比（%）	累计百分比（%）
您的受教育程度为	本科/专科	132	58.150	58.150
	高中	41	18.062	76.211
	初中及以下	28	12.335	88.546
	硕士及以上	26	11.454	100.000
您从事的职业为	学生	61	26.872	26.872
	事业单位	47	20.705	47.577
	其他	40	17.621	65.198
	农民	40	17.621	82.819
	企业人员	26	11.454	94.273
	行政机关	8	3.524	97.797
	退休人员	5	2.203	100.000
您目前的月收入为	无固定收入	78	34.361	34.361
	2001—4000 元	50	22.026	56.388
	4001—6000 元	43	18.943	75.330
	2000 元及以下	35	15.419	90.749
	8000 元以上	17	7.489	98.238
	6001—8000 元	4	1.762	100.000
您的常住地位于	甘肃—陇南市—徽县	87	38.326	38.326
	甘肃—平凉市—庄浪县	35	15.419	53.744
	甘肃—兰州市—安宁区	15	6.608	60.352
	陕西—西安市—未央区	6	2.643	62.996
	甘肃—兰州市—城关区	6	2.643	65.639
	陕西—西安市—长安区	6	2.643	68.282
	黑龙江—黑河市—嫩江县	5	2.203	70.485
	甘肃—平凉市—崆峒区	4	1.762	72.247
	甘肃—兰州市—七里河区	4	1.762	74.009
	甘肃—天水市—秦安县	3	1.322	75.330

（续表）

名　　　称	选　项	频数	百分比（%）	累计百分比（%）
您的常住地位于	甘肃—定西市—渭源县	3	1.322	76.652
	河北—唐山市—路北区	2	0.881	77.533
	甘肃—陇南市—宕昌县	2	0.881	78.414
	甘肃—兰州市—西固区	2	0.881	79.295
	陕西—西安市—莲湖区	2	0.881	80.176
	黑龙江—哈尔滨市—南岗区	2	0.881	81.057
	山东—济南市—长清区	1	0.441	81.498
	北京—北京市—朝阳区	1	0.441	81.938
	陕西—宝鸡市—金台区	1	0.441	82.379
	甘肃—陇南市—成县	1	0.441	82.819
	其　他	39	17.181	100.000

（二）进行"三农"自媒体创作的关注点

附录 1-1　您开始进行"三农"自媒体创作的契机是什么？

多选题题项	N（计数）	响应率（%）	普及率（%）	X^2	P
您开始进行"三农"自媒体创作的契机是什么（看到身边的人从事该行业，自己也想尝试）	100	22.700	44.100		
您开始进行"三农"自媒体创作的契机是什么（受到政府相关政策鼓舞，决心从事该行业）	57	13.000	25.100	58.25	0.000***
您开始进行"三农"自媒体创作的契机是什么（为了实现销售、宣传等目的主动寻求机遇）	64	14.500	28.200		

（续表）

多选题题项	N（计数）	响应率（%）	普及率（%）	X²	P
您开始进行"三农"自媒体创作的契机是什么（在网络上看到同类作品，自己很有兴趣，想模仿创作）	74	16.800	32.600	58.25	0.000***
您开始进行"三农"自媒体创作的契机是什么（想记录个人生活，展现新乡村风貌）	145	33.000	63.900		
总　计	440	100.000	193.833		

注：***、**、* 分别代表 1%、5%、10% 的显著性水平

上表为多重响应频率分析表，展示了选项的频率分布情况，包括个案数、响应率及普及率、显著性 P 值等。响应率为多选题（X）各选项的全部选择项比例情况，例如一个多选题由 10 人回答，但是收获了 36 个选项，其中 a 选项有 8 个，a 的响应率 =8/36。普及率为有效样本下的各选项的选择比例，例如一个多选题由 10 人回答，其中 a 选项有 8 个，a 的普及率 =8/10。两者（响应率与普及率）都重点对比较高项进行分析。多重响应频率分析表显示，以上分析项的卡方拟合优度检验的显著性 P 值为 0.000***，水平上呈现显著性，拒绝原假设，意味着各项的选择比例比较呈现显著性差异，分布不均匀。

附录 1-3　您经常使用哪些 App 或平台进行"三农"自媒体的内容传播?

多重响应频率分析表

多选题题项	N（计数）	响应率（%）	普及率（%）	X²	P
您经常使用哪些 App 或平台进行"三农"自媒体的内容传播（抖音）	196	35.700	86.300	630.124	0.000***

（续表）

多选题题项	N（计数）	响应率（%）	普及率（%）	X²	P
您经常使用哪些 App 或平台进行"三农"自媒体的内容传播（快手）	116	21.100	51.100		
您经常使用进行"三农"自媒体的内容传播（腾讯微视）	24	4.400	10.600		
您经常使用哪些 App 或平台进行"三农"自媒体的内容传播（今日头条）	45	8.200	19.800		
您经常使用哪些 App 或平台进行"三农"自媒体的内容传播（西瓜视频）	25	4.600	11.000		
您经常使用哪些 App 或平台进行"三农"自媒体的内容传播（拼多多［多多视频］）	25	4.600	11.000		
您经常使用哪些 App 或平台进行"三农"自媒体的内容传播（哔哩哔哩弹幕视频网）	30	5.500	13.200	630.124	0.000***
您经常使用哪些 App 或平台进行"三农"自媒体的内容传播（京东直播）	9	1.600	4.000		
您经常使用哪些 App 或平台进行"三农"自媒体的内容传播（其他）	31	5.600	13.700		
您经常使用哪些 App 或平台进行"三农"自媒体的内容传播（新浪微博［微博直播］）	20	3.600	8.800		
您经常使用哪些 App 或平台进行"三农"自媒体的内容传播（淘宝［逛逛社区］）	28	5.100	12.300		
总　计	549	100.000	241.850		

注：***、**、* 分别代表 1%、5%、10% 的显著性水平

多重响应频率分析表显示，以上分析项的卡方拟合优度检验的显著性 P 值为 0.000***，水平上呈现显著性，拒绝原假设，意味着各项的选择比例比较呈现显著性差异，分布不均匀。

附录 1-6　您选择"三农"自媒体内容传播的平台时，更注重平台的哪些特性？

多选题题项	N（计数）	响应率（%）	普及率（%）	X²	P
您选择"三农"自媒体内容传播的平台时，更注重平台的哪些特性（购物车、在线下单功能）	140	23.600	61.700		
您选择"三农"自媒体内容传播的平台时，更注重平台的哪些特性（在线聊天互动功能）	93	15.700	41.000		
您选择"三农"自媒体内容传播的平台时，更注重平台的哪些特性（同类型内容大数据推荐功能）	77	13.000	33.900		
您选择"三农"自媒体内容传播的平台时，更注重平台的哪些特性（一键直播、便携直播功能）	71	12.000	31.300		
您选择"三农"自媒体内容传播的平台时，更注重平台的哪些特性（快捷编辑、一键上传功能）	64	10.800	28.200	95.568	0.000***
您选择"三农"自媒体内容传播的平台时，更注重平台的哪些特性（订阅和开播提醒功能）	45	7.600	19.800		
您选择"三农"自媒体内容传播的平台时，更注重平台的哪些特性（观众属性分析功能）	64	10.800	28.200		
您选择"三农"自媒体内容传播的平台时，更注重平台的哪些特性（其他）	38	6.400	16.700		
总　计	592	100.000	260.793		

注：***、**、* 分别代表 1%、5%、10% 的显著性水平

多重响应频率分析表显示，以上分析项的卡方拟合优度检验的显著性P值为0.000***，水平上呈现显著性，拒绝原假设，意味着各项的选择比例比较呈现显著性差异，分布不均匀。

附录 1-8 您是通过什么渠道学习视频拍摄与剪辑的相关技术的？

多选题题项	N（计数）	响应率（%）	普及率（%）	X²	P
您是通过什么渠道学习视频拍摄与剪辑的相关技术的（通过网络平台达人分享自学）	117	22.800	51.500		
您是通过什么渠道学习视频拍摄与剪辑的相关技术的（通过网络教程自学）	130	25.300	57.300		
您是通过什么渠道学习视频拍摄与剪辑的相关技术的（通过线下课程自学）	45	8.800	19.800		
您是通过什么渠道学习视频拍摄与剪辑的相关技术的（曾在高等学校学习相关专业）	51	9.900	22.500		
您是通过什么渠道学习视频拍摄与剪辑的相关技术的（朋友或家人相互教学）	61	11.900	26.900	161.23	0.000***
您是通过什么渠道学习视频拍摄与剪辑的相关技术的（在与同行交流的过程中学习）	49	9.600	21.600		
您是通过什么渠道学习视频拍摄与剪辑的相关技术的（通过政府或电商局官方培训学习）	23	4.500	10.100		
您是通过什么渠道学习视频拍摄与剪辑的相关技术的（其他）	37	7.200	16.300		
总　计	513	100.000	225.991		

注：***、**、* 分别代表1%、5%、10%的显著性水平

多重响应频率分析表显示，以上分析项的卡方拟合优度检验的显著性P值为0.000***，水平上呈现显著性，拒绝原假设，意味着各项的选择比

例比较呈现显著性差异，分布不均匀。

附录 1-17　您是否了解自己粉丝的年龄段、性别比例、所在地区等数据？

名　称	选　项	频数	百分比（％）	累计百分比（％）
您是否了解自己粉丝的年龄段、性别比例、所在地区等数据？	一般了解	96	42.291	42.291
	较少了解	56	24.670	66.960
	不了解	35	15.419	82.379
	很了解	27	11.894	94.273
	不知道如何了解	13	5.727	100.000
合　计		227	100.000	100.000

"您是否了解自己粉丝的年龄段、性别比例、所在地区等数据？"的频数分析结果显示：一般了解频数为 96，所占百分比 42.291%；较少了解频数为 56，所占百分比 24.670%；不了解频数为 35，所占百分比 15.419%；很了解频数为 27，所占百分比 11.894%；不知道如何了解频数为 13，所占百分比 5.727%。其中一般了解（42.291%）最高，不知道如何了解（5.727%）最低。

（三）"三农"自媒体发展现状

附录 1-9　您平均一天进行"三农"自媒体内容创作所耗费的时间为

名　称	选　项	频数	百分比（％）	累计百分比（％）
您平均一天进行"三农"自媒体内容创作所耗费的时间为	30 分钟及以内	94	41.410	41.410
	31 分钟—1 小时	62	27.313	68.722
	1—2 小时	39	17.181	85.903
	2—3 小时	17	7.489	93.392
	4 小时以上	11	4.846	98.238
	3—4 小时	4	1.762	100.000
合　计		227	100.000	100.000

"您平均一天进行'三农'自媒体内容创作的时间"的频数分析结果显示：30分钟以内频数为94，所占百分比41.410%；31分钟—1小时频数为62，所占百分比27.313%；1—2小时频数为39，所占百分比17.181%；2—3小时频数为17，所占百分比7.489%；4小时以上频数为11，所占百分比4.846%；3—4小时频数为4，所占百分比1.762%。其中30分钟及以内（41.410%）最高，3—4小时（1.762%）最低。

附录1-10　您的"三农"自媒体内容的更新频率为

名　称	选　项	频数	百分比（%）	累计百分比（%）
您的"三农"自媒体内容的更新频率为	一周1—3次	69	30.396	30.396
	其他	62	27.313	57.709
	每周一次	44	19.383	77.093
	每天直播或更新	33	14.537	91.630
	半月一次	10	4.405	96.035
	每个月一次	9	3.965	100.000
合　计		227	100.000	100.000

"您的'三农'自媒体内容的更新频率"的频数分析结果显示：一周1—3次频数为69，所占百分比30.396%；其他频数为62，所占百分比27.313%；每周一次频数为44，所占百分比19.383%；每天直播或更新数为33，所占百分比14.537%；半月一次频数为10，所占百分比4.405%；每个月一次频数为9，所占百分比3.965%。其中一周1—3次（30.396%）最高，每个月一次（3.965%）最低。

附录 1-12　您在进行自媒体内容创作时是否会主动将家乡的新变化和新政策融汇其中？

名　　称	选　项	频数	百分比（%）	累计百分比（%）
您在自媒体内容时是否会主动将家乡的新变化和新政策融汇其中？	较多情况下会	77	33.921	33.921
	一定会	65	28.634	62.555
	偶尔会	50	22.026	84.581
	无法确定	26	11.454	96.035
	几乎不会	9	3.965	100.000
合　计		227	100.000	100.000

"您在'三农'自媒体内容的时是否会主动将家乡的新变化和新政策融汇其中"的频数分析结果显示：较多情况下会频数为 77，所占百分比 33.921%；一定会频数为 65，所占百分比 28.634%；偶尔会频数为 50，所占百分比 22.026%；无法确定频数为 26，所占百分比 11.454%；几乎不会频数为 9，所占百分比 3.965%。

其中较多情况下会（33.921%）最高，几乎不会（3.965%）最低。

附录 1-13　您觉得"三农"自媒体的传播目的是什么？

多选题题项	N（计数）	响应率（%）	普及率（%）	X^2	P
您觉得"三农"自媒体的传播目的是什么（销售本地相关农产品）	131	18.400	57.700	141.017	0.000***
您觉得"三农"自媒体的传播目的是什么（推广本地农产品品牌）	125	17.600	55.100		
您觉得"三农"自媒体的传播目的是什么（展现农产品产地宜人景色）	112	15.800	49.300		

（续表）

多选题题项	N（计数）	响应率（％）	普及率（％）	X^2	P
您觉得"三农"自媒体的传播目的是什么（借用乡村题材讲故事）	84	11.800	37.000		
您觉得"三农"自媒体的传播目的是什么（记录"新农人"生活，展现乡风乡貌）	118	16.600	52.000		
您觉得"三农"自媒体的传播目的是什么（展示和传播地方传统文化和非遗技艺）	90	12.700	39.600	141.017	0.000***
您觉得"三农"自媒体的传播目的是什么（博人眼球，吸引城市受众）	23	3.200	10.100		
您觉得"三农"自媒体内容创作的目的是什么（其他）	28	3.900	12.300		
总　计	711	100.000	313.216		

注：***、**、* 分别代表 1%、5%、10% 的显著性水平

多重响应频率分析表显示，以上分析项的卡方拟合优度检验的显著性 P 值为 0.000***，水平上呈现显著性，拒绝原假设，意味着各项的选择比例比较呈现显著性差异，分布不均匀。

附录 1-14　您觉得"三农"自媒体依靠什么吸引观众？

多选题题项	N（计数）	响应率（％）	普及率（％）	X^2	P
您觉得"三农"自媒体依靠什么吸引观众（优质的农产品广告植入内容）	129	20.200	56.800		
您觉得"三农"自媒体依靠什么吸引观众（可靠的品牌推广效果）	133	20.800	58.600	41.712	0.000***
您觉得"三农"自媒体依靠什么吸引观众（农产品代言人的讲述）	89	13.900	39.200		

（续表）

多选题题项	N（计数）	响应率（%）	普及率（%）	X²	P
您觉得"三农"自媒体依靠什么吸引观众（生动感人的新时代乡村故事）	134	21.000	59.000	41.712	0.000***
您觉得"三农"自媒体依靠什么吸引观众（优美的画面、声音效果）	90	14.100	39.600		
您觉得"三农"自媒体依靠什么吸引观众（猎奇的乡村事物和故事）	63	9.900	27.800		
总 计	638	100.000	281.057		

注：***、**、* 分别代表1%、5%、10%的显著性水平

多重响应频率分析表显示，以上分析项的卡方拟合优度检验的显著性P值为0.000***，水平上呈现显著性，拒绝原假设，意味着各项的选择比例比较呈现显著性差异，分布不均匀。

附录1-15 您认为能够涨粉的"三农"自媒体的内容类型一般是

多选题题项	N（计数）	响应率（%）	普及率（%）	X²	P
您认为能够涨粉的"三农"自媒体的内容类型一般是（知识科普类）	127	20.700	55.900	106.274	0.000***
您认为能够涨粉的"三农"自媒体的内容类型一般是（日常分享类）	141	23.000	62.100		
您认为能够涨粉的"三农"自媒体的内容类型一般是（田野美食类）	147	23.900	64.800		
您认为能够涨粉的"三农"自媒体的内容类型一般是（产品展示类）	94	15.300	41.400		
您认为能够涨粉的"三农"自媒体的内容类型一般是（情景喜剧类）	82	13.400	36.100		
您认为能够涨粉的"三农"自媒体的内容类型一般是（其他）	23	3.700	10.100		
总 计	614	100.000	270.485		

注：***、**、* 分别代表1%、5%、10%的显著性水平

多重响应频率分析表显示，以上分析项的卡方拟合优度检验的显著性 P 值为 0.000***，水平上呈现显著性，拒绝原假设，意味着各项的选择比例比较呈现显著性差异，分布不均匀。

附录 1-16　您主要是通过哪种方式进行"三农"自媒体的内容变现的？

多选题题项	N（计数）	响应率（%）	普及率（%）	X^2	P
您主要是通过哪种方式进行"三农"自媒体的内容变现的(直播带货)	113	23.700	49.800		
您主要是通过哪种方式进行"三农"自媒体的内容变现的(微信朋友圈、视频号分享产品)	135	28.300	59.500		
您主要是通过哪种方式进行"三农"自媒体的内容变现的(短视频创作广告植入)	81	17.000	35.700		
您主要是通过哪种方式进行"三农"自媒体的内容变现(与线下购物平台合作)	69	14.500	30.400	97.302	0.000***
您主要是通过哪种方式进行"三农"自媒体的内容变现(广告代言)	29	6.100	12.800		
您主要是通过哪种方式进行"三农"自媒体的内容变现(其他)	50	10.500	22.000		
总　计	477	100.000	210.132		

注：***、**、* 分别代表 1%、5%、10% 的显著性水平

多重响应频率分析表显示，以上分析项的卡方拟合优度检验的显著性 P 值为 0.000***，水平上呈现显著性，拒绝原假设，意味着各项的选择比例比较呈现显著性差异，分布不均匀。

附录 1-18　您是否会根据粉丝数据和观众评论进而调整创作内容呢?

名　称	选　项	频数	百分比（%）	累计百分比（%）
您是否会根据粉丝数据和观众评论进而调整创作内容呢?	基本会	91	40.088	40.088
	一定会	56	24.670	64.758
	一般	43	18.943	83.700
	基本不会	27	11.894	95.595
	一定不会	10	4.405	100.000
合　计		227	100.000	100.000

"您是否会根据粉丝数据和观众评论进而调整创作内容呢?"的频数分析结果显示：基本会频数为 91，所占百分比 40.088%；一定会频数为 56，所占百分比 24.670%；一般频数为 43，所占百分比 18.943%；基本不会频数为 27，所占百分比 11.894%；一定不会频数为 10，所占百分比 4.405%。其中基本会（40.088%）最高，一定不会（4.405%）最低。

附录 1-19　您认为利用"三农"自媒体的内容创作进行农产品销售的好处有哪些?

多选题题项	N（计数）	响应率（%）	普及率（%）	X^2	P
您认为利用"三农"自媒体的内容创作进行农产品销售的好处有哪些（拓宽农产品销售渠道）	159	29.800	70.000		
您认为利用"三农"自媒体的内容创作进行农产品销售的好处有哪些（减少中间商差价环节）	143	26.800	63.000	94.139	0.000***
您认为利用"三农"自媒体的内容创作进行农产品销售的好处有哪些（个性化讲解带来良好的体验感）	109	20.500	48.000		

（续表）

多选题题项	N（计数）	响应率（%）	普及率（%）	X²	P
您认为利用"三农"自媒体的内容创作进行农产品销售的好处有哪些（扩大店铺宣传力度）	91	17.100	40.100	94.139	0.000***
您认为利用"三农"自媒体的内容创作进行农产品销售的好处有哪些（其他）	31	5.800	13.700		
总　计	533	100.000	234.802		

注：***、**、*分别代表1%、5%、10%的显著性水平

　　多重响应频率分析表显示，以上分析项的卡方拟合优度检验的显著性P值为0.000***，水平上呈现显著性，拒绝原假设，意味着各项的选择比例比较呈现显著性差异，分布不均匀。

　　附录1-20　网络平台都曾经提供过哪些方式的相关培训？

多选题题项	N（计数）	响应率（%）	普及率（%）	X²	P
网络平台曾经提供过哪些方式的相关培训（视频剪辑技术培训）	137	26.200	60.400	53.883	0.000***
网络平台曾经提供过哪些方式的相关培训（视频创作灵感培训）	104	19.900	45.800		
网络平台曾经提供过哪些方式的相关培训（剧本创意写作培训）	78	14.900	34.400		
网络平台曾经提供过哪些方式的相关培训（视频流量吸粉培训）	82	15.700	36.100		
网络平台曾经提供过哪些方式的相关培训（自媒体达人成功经验分享）	76	14.500	33.500		
网络平台曾经提供过哪些方式的相关培训（其他）	46	8.800	20.300		
总　计	523	100.000	230.396		

注：***、**、*分别代表1%、5%、10%的显著性水平

多重响应频率分析表显示，以上分析项的卡方拟合优度检验的显著性 P 值为 0.000***，水平上呈现显著性，拒绝原假设，意味着各项的选择比例比较呈现显著性差异，分布不均匀。

附录 1-21　网络平台曾经提供过哪些方式的活动为您进行引流？

多选题题项	N（计数）	响应率（%）	普及率（%）	X^2	P
网络平台曾经提供过哪些方式的活动为您进行引流（流量优惠服务）	101	17.600	44.500		
网络平台曾经提供过哪些方式的活动为您进行引流（免费流量赠送）	90	15.700	39.600		
网络平台曾经提供过哪些方式的活动为您进行引流（乡村自媒体平台宣传）	115	20.100	50.700		
网络平台曾经提供过哪些方式的活动为您进行引流（平台专属农人计划）	87	15.200	38.300		
网络平台曾经提供过哪些方式的活动为您进行引流（高流量直播的帮扶引流）	60	10.500	26.400	90.693	0.000***
网络平台曾经提供过哪些方式的活动为您进行引流（首页推荐）	41	7.200	18.100		
网络平台曾经提供过哪些方式的活动为您进行引流（其他）	44	7.700	19.400		
网络平台曾经提供过哪些方式的活动为您进行引流（广告推荐）	35	6.100	15.400		
总　计	573	100.000	252.423		

注：***、**、* 分别代表 1%、5%、10% 的显著性水平

多重响应频率分析表显示，以上分析项的卡方拟合优度检验的显著性 P 值为 0.000***，水平上呈现显著性，拒绝原假设，意味着各项的选择比例比较呈现显著性差异，分布不均匀。

附录 1-22　您参与了哪些电商产业的工作？

多选题题项	N（计数）	响应率（%）	普及率（%）	X²	P
您参与了哪些电商产业的工作（开网店）	73	14.700	32.200		
您参与了哪些电商产业的工作（网络直播）	101	20.400	44.500		
您参与了哪些电商产业的工作（在电商户/企业等打工）	64	12.900	28.200		
您参与了哪些电商产业的工作（参加电商中心）	53	10.700	23.300		
您参与了哪些电商产业的工作（参加电商培训）	61	12.300	26.900	93.137	0.000***
您参与了哪些电商产业的工作（产品包装/物流等平台工作）	34	6.900	15.000		
您参与了哪些电商产业的工作（未参与）	64	12.900	28.200		
您参与了哪些电商产业的工作（申请电商专项贷款）	24	4.800	10.600		
您参与了哪些电商产业的工作（为电商户/企业提供产品）	22	4.400	9.700		
总　计	496	100.000	218.502		

注：***、**、* 分别代表 1%、5%、10% 的显著性水平

多重响应频率分析表显示，以上分析项的卡方拟合优度检验的显著性 P 值为 0.000***，水平上呈现显著性，拒绝原假设，意味着各项的选择比例比较呈现显著性差异，分布不均匀。

附录 1-23 您目前的营销模式是什么？

多选题题项	N（计数）	响应率（%）	普及率（%）	X²	P
您目前的营销模式是什么（自产自销）	105	30.200	46.300		
您目前的营销模式是什么（代理农产品进行分销）	105	30.200	46.300		
您目前的营销模式是什么（参与电商中心统一销售）	66	19.000	29.100	15.103	0.002***
您目前的营销模式是什么（其他）	72	20.700	31.700		
总 计	348	100.000	153.304		

注：***、**、* 分别代表 1%、5%、10% 的显著性水平

多重响应频率分析表显示，以上分析项的卡方拟合优度检验的显著性 P 值为 0.002***，水平上呈现显著性，拒绝原假设，意味着各项的选择比例比较呈现显著性差异，分布不均匀。

附录 1-24 您是否会参加网络平台提供的培训机会或活动？

名 称	选 项	频数	百分比（%）	累计百分比（%）
您是否会参加网络平台提供的培训机会或活动？	偶尔会	92	40.529	40.529
	可能会	47	20.705	61.233
	经常会	40	17.621	78.855
	基本不会	28	12.335	91.189
	从来不会	20	8.811	100.000
合 计		227	100.000	100.000

"您是否会参加网络平台提供的培训机会或活动？"的频数分析结果显

示：偶尔会频数为92，所占百分比40.529%；可能会频数为47，所占百分比20.705%；经常会频数为40，所占百分比17.621%；基本不会频数为28，所占百分比12.335%；从来不会频数为20，所占百分比8.811%。其中偶尔会（40.529%）最高，从来不会（8.811%）最低。

附录1-28　您通过"三农"自媒体的内容创作获得的利润收入占您每月总收入的百分比约为多少？

名　称	选　项	频数	百分比（%）	累计百分比（%）
您通过"三农"自媒体的内容创作获得的利润收入占您每月总收入的百分比约为多少？	无法估算	64	28.194	28.194
	10%以下	58	25.551	53.744
	11%—25%	52	22.907	76.652
	26%—50%	34	14.978	91.630
	51%—75%	14	6.167	97.797
	91%以上	3	1.322	99.119
	76%—90%	2	0.881	100.000
合　计		227	100.000	100.000

"您通过'三农'自媒体的内容创作获得的利润收入占您每月总收入的百分比约为多少？"的频数分析结果显示：无法估算频数为64，所占百分比28.194%；10%以下频数为58，所占百分比25.551%；11%—25%频数为52，所占百分比22.907%；6%—50%频数为34，所占百分比14.978%；51%—75%频数为14，所占百分比6.167%；91%以上频数为3，所占百分比1.322%；76%—90%频数为2，所占百分比0.881%。其中无法估算（28.194%）最高，76%—90%（0.881%）最低。

（四）"三农"自媒体发展存在问题

附录 1-27　您认为"三农"自媒体存在哪些问题？

多选题题项	N（计数）	响应率（％）	普及率（％）	X²	P
您认为"三农"自媒体存在哪些问题（缺乏文化内蕴，格调不高）	116	13.600	51.100		
您认为"三农"自媒体存在哪些问题（内容缺乏创意，千篇一律）	119	13.900	52.400		
您认为"三农"自媒体存在哪些问题（对地方传统文化传播不足）	112	13.100	49.300		
您认为"三农"自媒体存在哪些问题（带货模式单一）	108	12.600	47.600		
您认为"三农"自媒体存在哪些问题（广告植入生硬）	96	11.200	42.300		
您认为"三农"自媒体存在哪些问题（缺乏售后服务意识）	89	10.400	39.200	92.417	0.000***
您认为"三农"自媒体存在哪些问题（销售术语缺乏）	64	7.500	28.200		
您认为"三农"自媒体存在哪些问题（故事核心俗套）	51	6.000	22.500		
您认为"三农"自媒体存在哪些问题（声画质量较差）	38	4.400	16.700		
您认为"三农"自媒体存在哪些问题（直播风格不突出）	61	7.100	26.900		
总　计	854	100.000	376.211		

注：***、**、* 分别代表 1%、5%、10% 的显著性水平

多重响应频率分析表显示，以上分析项的卡方拟合优度检验的显著性 P 值为 0.000***，水平上呈现显著性，拒绝原假设，意味着各项的选择比例比较呈现显著性差异，分布不均匀。

附录 1-32 您认为 "三农" 自媒体内容创作的成功与地域特色的关联程度如何?

名　称	选　项	频数	百分比（%）	累计百分比（%）
您认为 "三农" 自媒体内容创作的成功与地域特色的关联程度如何?	关系较大	82	36.123	36.123
	关系很大	75	33.040	69.163
	关系一般	45	19.824	88.987
	关系较小	14	6.167	95.154
	没有关系	11	4.846	100.000
合　计		227	100.000	100.000

"您认为'三农'自媒体内容创作的成功与地域特色的关联程度如何?"的频数分析结果显示：关系较大频数为 82，所占百分比 36.123%；关系很大频数为 75，所占百分比 33.040%；关系一般频数为 45，所占百分比 19.824%；关系较小频数为 14，所占百分比 6.167%；没有关系频数为 11，所占百分比 4.846%。其中关系较大（36.123%）最高，没有关系（4.846%）最低。

附录 1-35 您家发展 / 进行电商曾遇到哪些问题?

多选题题项	N（计数）	响应率（%）	普及率（%）	X^2	P
您家发展 / 进行电商曾遇到哪些问题（网络服务受限）	96	11.200	42.300		
您家发展 / 进行电商曾遇到哪些问题（电商技能缺乏）	114	13.300	50.200	166.141	0.000***
您家发展 / 进行电商曾遇到哪些问题（电商创业资金缺乏）	111	12.900	48.900		

（续表）

多选题题项	N（计数）	响应率（%）	普及率（%）	X²	P
您家发展/进行电商曾遇到哪些问题（电商经营设备不全）	96	11.200	42.300		
您家发展/进行电商曾遇到哪些问题（销售产品单一）	93	10.800	41.000		
您家发展/进行电商曾遇到哪些问题（农产品销路难）	89	10.400	39.200		
您家发展/进行电商曾遇到哪些问题（包装/物流等服务欠缺）	65	7.600	28.600		
您家发展/进行电商曾遇到哪些问题（农产品种植品质不高）	29	3.400	12.800	166.141	0.000***
您家发展/进行电商曾遇到哪些问题（其他）	29	3.400	12.800		
您家发展/进行电商曾遇到哪些问题（缺乏农产品价格信息）	63	7.300	27.800		
您家发展/进行电商曾遇到哪些问题（农产品无知名度）	52	6.100	22.900		
您家发展/进行电商曾遇到哪些问题（电商/农业等政策不了解）	22	2.600	9.700		
总　计	859	100.000	378.414		

注：***、**、*分别代表1%、5%、10%的显著性水平

　　多重响应频率分析表显示，以上分析项的卡方拟合优度检验的显著性P值为0.000***，水平上呈现显著性，拒绝原假设，意味着各项的选择比例比较呈现显著性差异，分布不均匀。

附录 1-40　您在进行"三农"自媒体内容创作和传播时遇到的难点和阻碍是什么？

多选题题项	N（计数）	响应率（%）	普及率（%）	X^2	P
您在进行"三农"自媒体内容创作和传播时遇到的难点和阻碍是什么（缺乏创意，内容重复无新意）	124	17.800	54.600		
您在进行"三农"自媒体内容创作和传播时遇到的难点和阻碍是什么（文案创作或表达能力受限）	117	16.800	51.500		
您在进行"三农"自媒体内容创作和传播时遇到的难点和阻碍是什么（内容创作缺乏文化意蕴）	103	14.800	45.400		
您在进行"三农"自媒体内容创作和传播时遇到的难点和阻碍是什么（传统文化或非遗手工技艺网友关注度不高）	68	9.800	30.000		
您在进行"三农"自媒体内容创作和传播时遇到的难点和阻碍是什么（流量有限）	87	12.500	38.300	112.863	0.000***
您在进行"三农"自媒体内容创作和传播时遇到的难点和阻碍是什么（视频制作能力和手段贫乏）	67	9.600	29.500		
您在进行"三农"自媒体内容创作和传播时遇到的难点和阻碍是什么（缺乏个人风格与特色）	59	8.500	26.000		
您在进行"三农"自媒体内容创作和传播时遇到的难点和阻碍是什么（同类内容竞争激烈）	42	6.000	18.500		
您在进行"三农"自媒体内容创作和传播时遇到的难点和阻碍是什么（其他）	28	4.000	12.300		
总　计	695	100.000	306.167		

注：***、**、* 分别代表 1%、5%、10% 的显著性水平

多重响应频率分析表显示，以上分析项的卡方拟合优度检验的显著性P值为 0.000***，水平上呈现显著性，拒绝原假设，意味着各项的选择比例比较呈现显著性差异，分布不均匀。

（五）"三农"自媒体发展解决措施

附录 1-25 您曾经使用过并运用于"三农"自媒体的新兴技术手段有哪些？

多选题题项	N（计数）	响应率（%）	普及率（%）	X²	P
您曾经使用过并运用于"三农"自媒体的新兴技术手段有哪些（VR 技术，如：蚂蚁森林、芭芭农场）	80	22.500	35.200		
您曾经使用过并运用于"三农"自媒体的新兴技术手段有哪些（AR 技术场景融合，如：电商平台体验服装试穿；5G+AR 乡村游览体验）	69	19.400	30.400		
您曾经使用过并运用于"三农"自媒体的新兴技术手段有哪些（AR 文创产品）	58	16.300	25.600	4.845	0.304
您曾经使用过并运用于"三农"自媒体的新兴技术手段有哪些（其他数字视听技术）	68	19.200	30.000		
您曾经使用过并运用于"三农"自媒体的新兴技术手段有哪些（我不了解这些新兴技术）	80	22.500	35.200		
总　计	355	100.000	156.388		

注：***、**、* 分别代表 1%、5%、10% 的显著性水平

多重响应频率分析表显示，以上分析项的卡方拟合优度检验的显著性P值为 0.304，水平上不呈现显著性，接受原假设，意味着各项的选择比例比较均匀，没有显著性差异。

附录1-26　农村电商的出现使得线下销售逐渐转变为线上直播带货，您周围的村民是否受到了相应政策的影响？

名　称	选　项	频数	百分比（%）	累计百分比（%）
农村电商的出现使得线下销售逐渐转变为线上直播带货，您周围的村民是否受到了相应政策的影响？	影响较大	80	35.242	35.242
	一般	66	29.075	64.317
	影响很大	56	24.670	88.987
	影响较小	14	6.167	95.154
	影响很小	11	4.846	100.000
合　计		227	100.000	100.000

　　"农村电商的出现使得线下销售逐渐转变为线上直播带货，您周围的村民是否受到了相应政策的影响？"的频数分析结果显示：影响较大频数为80，所占百分比35.242%；一般频数为66，所占百分比29.075%；影响很大频数为56，所占百分比24.670%；影响较小频数为14，所占百分比6.167%；影响很小频数为11，所占百分比4.846%。其中影响较大（35.242%）最高，影响很小（4.846%）最低。

　　附录1-29　您在"三农"自媒体内容创作与传播的过程中遇到问题时会如何解决？

多选题题项	N（计数）	响应率（%）	普及率（%）	X^2	P
您在"三农"自媒体内容创作与传播过程中遇到问题时会如何解决（寻求朋友、家人的帮助）	122	21.700	53.700	34.754	0.000***
您在"三农"自媒体内容创作与传播过程中遇到问题时会如何解决（寻求同行、同事的帮助）	125	22.300	55.100		

（续表）

多选题题项	N（计数）	响应率（%）	普及率（%）	X²	P
您在"三农"自媒体内容创作与传播过程中遇到问题时会如何解决（在网络回答社区提问）	84	15.000	37.000		
您在"三农"自媒体内容创作与传播过程中遇到问题时会如何解决（向本地的电商中心相关部门寻求帮助）	68	12.100	30.000		
您在"三农"自媒体内容创作与传播过程中遇到问题时会如何解决（自行查阅网上资料）	95	16.900	41.900	34.754	0.000***
您在"三农"自媒体内容创作与传播过程中遇到问题时会如何解决（与平台工作人员沟通，寻求帮助）	67	11.900	29.500		
总　　计	561	100.000	247.137		

注：***、**、* 分别代表 1%、5%、10% 的显著性水平

多重响应频率分析表显示，以上分析项的卡方拟合优度检验的显著性 P 值为 0.000***，水平上呈现显著性，拒绝原假设，意味着各项的选择比例比较呈现显著性差异，分布不均匀。

附录 1-30　您认为"三农"自媒体的发展还需要哪些支持才能加以完善？

多选题题项	N（计数）	响应率（%）	普及率（%）	X²	P
您认为"三农"自媒体的发展还需要哪些支持才能加以完善（政策引领）	139	20.400	61.200	78.856	0.000***
您认为"三农"自媒体的发展还需要哪些支持才能加以完善（技能培训）	147	21.600	64.800		

（续表）

多选题题项	N （计数）	响应率 （％）	普及率 （％）	X²	P
您认为"三农"自媒体的发展还需要哪些支持才能加以完善（团队建设）	131	19.200	57.700		
您认为"三农"自媒体的发展还需要哪些支持才能加以完善（媒体宣传）	130	19.100	57.300		
您认为"三农"自媒体的发展还需要哪些支持才能加以完善（平台鼓励）	102	15.000	44.900	78.856	0.000***
您认为"三农"自媒体的发展还需要哪些支持才能加以完善（其他）	33	4.800	14.500		
总　计	682	100.000	300.441		

注：***、**、* 分别代表 1%、5%、10% 的显著性水平

　　多重响应频率分析表显示，以上分析项的卡方拟合优度检验的显著性 P 值为 0.000***，水平上呈现显著性，拒绝原假设，意味着各项的选择比例比较呈现显著性差异，分布不均匀。

　　附录 1-31　您认为"三农"自媒体的创作能带来哪些价值？

多选题题项	N （计数）	响应率 （％）	普及率 （％）	X²	P
您认为"三农"自媒体的创作能带来哪些价值（帮助农村农民增加收入、实现经济增长）	157	24.000	69.200		
您认为"三农"自媒体的创作能带来哪些价值（让更多人关注"三农"［农村、农业、农民］）	159	24.300	70.000	130.927	0.000***
您认为"三农"自媒体的创作能带来哪些价值（展示新农村的美好风光，给农村发展带来机会）	144	22.000	63.400		

（续表）

多选题题项	N （计数）	响应率 （%）	普及率 （%）	X²	P
您认为"三农"自媒体的创作能带来哪些价值（扩大农村电商发展的新方式）	99	15.100	43.600		
您认为"三农"自媒体的创作能带来哪些价值（紧跟社会潮流，增加娱乐新形式）	67	10.200	29.500	130.927	0.000***
您认为"三农"自媒体的创作能带来哪些价值（其他）	29	4.400	12.800		
总　计	655	100.000	288.546		

注：***、**、* 分别代表 1%、5%、10% 的显著性水平

多重响应频率分析表显示，以上分析项的卡方拟合优度检验的显著性 P 值为 0.000***，水平上呈现显著性，拒绝原假设，意味着各项的选择比例比较呈现显著性差异，分布不均匀。

附录 1-33　您是否了解电商扶贫相关政策或措施？

名　称	选　项	频数	百分比（%）	累计百分比（%）
您是否了解电商扶贫相关政策或措施？	知道一些	110	48.458	48.458
	听说过，不太了解	61	26.872	75.330
	不了解	23	10.132	85.463
	很熟悉	22	9.692	95.154
	从没听说过	11	4.846	100.000
合　计		227	100.000	100.000

"您是否了解电商扶贫相关政策或措施？"的频数分析结果显示：知道一些频数为 110，所占百分比 48.458%；听说过，不太了解频数为 61，所

占百分比 26.872%；不了解频数为 23，所占百分比 10.132%；很熟悉频数为 22，所占百分比 9.692%；从没听说过频数为 11，所占百分比 4.846%。其中知道一些（48.458%）最高，从没听说过（4.846%）最低。

附录 1-34　您通过哪些渠道了解电商扶贫相关政策或措施？

多选题题项	N（计数）	响应率（%）	普及率（%）	X²	P
您通过哪些渠道了解电商扶贫相关政策或措施（村干部入户宣传）	100	17.600	44.100		
您通过哪些渠道了解电商扶贫相关政策或措施（通过宣传栏或喇叭宣传）	93	16.400	41.000		
您通过哪些渠道了解电商扶贫相关政策或措施（微信、QQ 等工作群通知）	123	21.700	54.200		
您通过哪些渠道了解电商扶贫相关政策或措施（电商企业或合作社等宣传）	91	16.000	40.100	64.021	0.000***
您通过哪些渠道了解电商扶贫相关政策或措施（亲戚朋友等交流）	62	10.900	27.300		
您通过哪些渠道了解电商扶贫相关政策或措施（自己上网搜索）	65	11.400	28.600		
您通过哪些渠道了解电商扶贫相关政策或措施（其他）	34	6.000	15.000		
总　计	568	100.000	250.220		

注：***、**、* 分别代表 1%、5%、10% 的显著性水平

多重响应频率分析表显示，以上分析项的卡方拟合优度检验的显著性 P 值为 0.000***，水平上呈现显著性，拒绝原假设，意味着各项的选择比例比较呈现显著性差异，分布不均匀。

附录 1-36 政府提供了哪些政策或帮扶措施？

多选题题项	N（计数）	响应率（%）	普及率（%）	X²	P
政府提供了哪些政策或帮扶措施（实施宽带入户）	104	14.900	45.800		
政府提供了哪些政策或帮扶措施（提供电商专项贷款）	91	13.100	40.100		
政府提供了哪些政策或帮扶措施（提供直播等需要的设备）	60	8.600	26.400		
政府提供了哪些政策或帮扶措施（提供供货渠道）	87	12.500	38.300		
政府提供了哪些政策或帮扶措施（宣传电商/农业新政策）	52	7.500	22.900		
政府提供了哪些政策或帮扶措施（提供销售渠道）	66	9.500	29.100	43.904	0.000***
政府提供了哪些政策或帮扶措施（提供包装/物流等服务）	61	8.800	26.900		
政府提供了哪些政策或帮扶措施（开展产品特色宣传）	71	10.200	31.300		
政府提供了哪些政策或帮扶措施（提供作物种植等技术指导）	57	8.200	25.100		
政府提供了哪些政策或帮扶措施（其他）	48	6.900	21.100		
总　计	697	100.000	307.048		

注：***、**、* 分别代表 1%、5%、10% 的显著性水平

多重响应频率分析表显示，以上分析项的卡方拟合优度检验的显著性 P 值为 0.000***，水平上呈现显著性，拒绝原假设，意味着各项的选择比例比较呈现显著性差异，分布不均匀。

附录1-37　您觉得电商扶贫政策或措施等对自家发展的帮助大吗?

名　称	选　项	频数	百分比(%)	累计百分比(%)
您对政府提供的电商扶贫政策或措施等帮助满意吗?	比较满意	84	37.004	37.004
	一般	80	35.242	72.247
	非常满意	48	21.145	93.392
	不太满意	8	3.524	96.916
	很不满意	7	3.084	100.000
合　计		227	100.000	100.000

"您对政府提供的电商扶贫政策或措施等帮助满意吗?"的频数分析结果显示:比较满意频数为84,所占百分比37.004%;一般频数为80,所占百分比35.242%;非常满意频数为48,所占百分比21.145%;不太满意频数为8,所占百分比3.524%;很不满意频数为7,所占百分比3.084%。其中比较满意(37.004%)最高,很不满意(3.084%)最低。

附录1-39　您希望未来得到政府哪些方面的支持或帮助?

多选题题项	N(计数)	响应率(%)	普及率(%)	X²	P
您希望未来得到政府哪些方面的支持或帮助(与平台合作增加自媒体技术及知识培训)	125	12.900	55.100		
您希望未来得到政府哪些方面的支持或帮助(加强通信网络建设)	95	9.800	41.900		
您希望未来得到政府哪些方面的支持或帮助(加强网络技术应用普及率)	101	10.400	44.500	351.212	0.000***
您希望未来得到政府哪些方面的支持或帮助(增加视频制作剪辑的相关培训)	96	9.900	42.300		
您希望未来得到政府哪些方面的支持或帮助(进行文案创意、脚本创作等方面的培训)	96	9.900	42.300		

（续表）

多选题题项	N（计数）	响应率（%）	普及率（%）	X²	P
您希望未来得到政府哪些方面的支持或帮助（增加电商扶贫资金补助）	43	4.400	18.900		
您希望未来得到政府哪些方面的支持或帮助（增加电子商务知识培训）	89	9.200	39.200		
您希望未来得到政府哪些方面的支持或帮助（完善现代物流体系建设）	60	6.200	26.400		
您希望未来得到政府哪些方面的支持或帮助（促进电商经营的技术创新与改革）	22	2.300	9.700		
您希望未来得到政府哪些方面的支持或帮助（将农产品或非遗手工融入乡村旅游发展）	41	4.200	18.100		
您希望未来得到政府哪些方面的支持或帮助（加强复合型电商人才培养）	48	5.000	21.100		
您希望未来得到政府哪些方面的支持或帮助（加强农产品品牌建设和质量监控）	29	3.000	12.800	351.212	0.000***
您希望未来得到政府哪些方面的支持或帮助（提供作物种植等技术指导）	25	2.600	11.000		
您希望未来得到政府哪些方面的支持或帮助（扩大电商政策宣传力度和普及面）	29	3.000	12.800		
您希望未来得到政府哪些方面的支持或帮助（提供农产品市场相关信息）	25	2.600	11.000		
您希望未来得到政府哪些方面的支持或帮助（电商发展用途及前景宣传）	23	2.400	10.100		
您希望未来得到政府哪些方面的支持或帮助（其他）	20	2.100	8.800		
总　计	967	100.000	425.991		

注：***、**、*分别代表1%、5%、10%的显著性水平

多重响应频率分析表显示，以上分析项的卡方拟合优度检验的显著性P值为0.000***，水平上呈现显著性，拒绝原假设，意味着各项的选择比例比较呈现显著性差异，分布不均匀。

附录1-41 您觉得在自媒体模式全面升级的当下，"三农"自媒体创作应该在哪些方面进行提升？

多选题题项	N（计数）	响应率（%）	普及率（%）	X²	P
您觉得在自媒体模式全面升级的当下，"三农"自媒体创作应该在哪些方面进行提升（强化文化底蕴和内涵，输出正能量）	127	14.200	55.900		
您觉得在自媒体模式全面升级的当下，"三农"自媒体创作应该在哪些方面进行提升（风格化内容）	107	11.900	47.100		
您觉得在自媒体模式全面升级的当下，"三农"自媒体创作应该在哪些方面进行提升（内容创意）	107	11.900	47.100		
您觉得在自媒体模式全面升级的当下，"三农"自媒体创作应该在哪些方面进行提升（发展和传播地方传统文化或非遗技艺）	95	10.600	41.900	174.786	0.000***
您觉得在自媒体模式全面升级的当下，"三农"自媒体创作应该在哪些方面进行提升（乡村形象打造）	110	12.300	48.500		
您觉得在自媒体模式全面升级的当下，"三农"自媒体创作应该在哪些方面进行提升（带货模式）	75	8.400	33.000		
您觉得在自媒体模式全面升级的当下，"三农"自媒体创作应该在哪些方面进行提升（农产品介绍）	65	7.300	28.600		

（续表）

多选题题项	N（计数）	响应率（%）	普及率（%）	X²	P
您觉得在自媒体模式全面升级的当下，"三农"自媒体创作应该在哪些方面进行提升（基于"自媒体达人——网友"信任度之上的信任电商模式）	68	7.600	30.000		
您觉得在自媒体模式全面升级的当下，"三农"自媒体创作应该在哪些方面进行提升（视频音画质量）	35	3.900	15.400		
您觉得在自媒体模式全面升级的当下，"三农"自媒体创作应该在哪些方面进行提升（基于"自媒体达人——粉丝"兴趣品味之上的兴趣电商模式）	41	4.600	18.100	174.786	0.000***
您觉得在自媒体模式全面升级的当下，"三农"自媒体创作应该在哪些方面进行提升（价值观传递）	44	4.900	19.400		
您觉得在自媒体模式全面升级的当下，"三农"自媒体创作应该在哪些方面进行提升（其他）	22	2.500	9.700		
总　计	896	100.000	394.714		

注：***、**、* 分别代表 1%、5%、10% 的显著性水平

多重响应频率分析表显示，以上分析项的卡方拟合优度检验的显著性 P 值为 0.000***，水平上呈现显著性，拒绝原假设，意味着各项的选择比例比较呈现显著性差异，分布不均匀。从排序来看，选择强化文化底蕴和内涵，输出正能量的频次最多，说明"三农"自媒体创作应该再文化底蕴和内涵上下功夫。

第四节 半结构深度访谈与 NVivo 定性分析

一、访谈情况

本次访谈对于 11 位不同学历、不同年龄层的受访者进行实证定性分析。

11 位受访者中 6 人是在实地调研中进行访谈的，5 人主要采取线上访谈的形式，加之后续的补充访谈，通过电话或者微信等线上方式进行追访，有效保证访谈资料的全面性和连续性。由于部分信息涉及隐私，研究者须首先明确告知受访者身份，以及通过访谈所获取的信息仅用于学术研究和调研报告的撰写，不做商业化用途，从而降低访谈对象的不适与压力，使其表达内心真实想法，表露尽可能多的信息。在正式访谈过程中，笔者以访谈提纲为参考进行提问，掌握访谈的大致方向，为受访者提供一种思路，采取半结构化访谈的方式，在访谈过程中根据实际情况灵活提问，在遇到有价值信息时适时进行追问，不断地充实访谈材料并进行记录，挖掘出深层次内容。在访谈结束时，笔者会询问是否还有需要补充的内容，从访谈对象的角度出发引导其思索相关的经历、想法，或者是在接受过本次访谈后收获到的所思所想，这些不由提问者引导而是受访者自发性阐述的内容也较有研究价值。

表 1-1 受访者情况

编号	身　份	姓名	性别	电商名	备　注
MG1	"三农"自媒体创作者	关训兵	男	易小关	畜牧兽医专业

（续表）

编号	身 份	姓 名	性别	电商名	备 注
MS2	"三农"自媒体创作者	邵子斌	男	甘肃大斌	甘肃省商务厅颁发了"全省电商扶贫运营人员"奖状；2019年庄浪县县委颁发了"电商优秀运营人员"奖励，并成功入驻天猫
MY3	电商干部	杨科长	男	—	陇南市徽县电商中心
FL4	"三农"自媒体创作者	梁倩娟	女	陇南电商平台；"嗨，梁掌柜"（快手ID）	全国人大代表
MH5	"三农"自媒体创作者	翰卿	男	翰卿家乡在甘肃	"95后"返乡新农人
FZ6	"三农"自媒体创作者	张加成	男	甘肃果农张大爷（抖音ID） 果农张大爷（快手ID） 礼县香果满园（淘宝直播ID）	65岁线上直播售卖苹果的新农人
FB7	"三农"自媒体创作者	包子姐姐	女	"阿娟在农村"（抖音ID）	农村生活方式分享
FH8	"三农"自媒体创作者	HuiHui在美国	女	"HuiHui在美国"（抖音ID） "爱在母亲河畔"（微博ID）	助农日记、旅行日记、天水花椒、记录真实生活、日常vlog
MM9	"三农"自媒体创作者	马老师	男	"红军点心"	红军点心的非遗传承人
MG10	"三农"自媒体创作者	甘小胖	男	"甘小胖农产品"（抖音ID） "甘肃胖娃娃在助农"（抖音ID）	五位同学联合创业的自媒体
MS11	"三农"自媒体创作者	尚育康	男	山村鸡司令	贵妃种养殖农民专业合作社理事长；"网红鸡司令"

二、资料整理

本书研究采用质性研究分析软件 NVivo 12 对所收集的资料进行整理和分析。首先建立访谈记录文档,将访谈录音分别转录成电子文档,然后在 NVivo 12 软件中建立设计要素项目,将文档资料依次导入 NVivo 12 软件,基于扎根理论对其进行分析和归纳,进而形成初步的理论框架。

(一)开放式编码

在开放性编码中,询问受访者对"三农"自媒体的发展有什么看法和建议主要包含概念化和范畴化的分析步骤。首先,需要从原始资料文本中摘取相应标签,将同属性标签合并后,整合出可完整表达此属性的初级概念;其后,再通过挖掘概念间内在关系,提炼初级范畴。本研究中的开放式编码将所收集的原始资料导入 NVivo 12,不带任何条框的预设概念及约束,将原始材料逐字逐句进行编码处理,开放式编码过程如下表所示:

表 1-2 开放式编码及过程

序号	概　念	范　畴
1	初衷和契机	家庭原因,生活原因,帮助老乡,产品供大于求,社会责任感,生病原因,帮助祖辈
2	遇到的主要困难	资金方面,竞争力,技巧缺失,平台规则,信息传播,新冠疫情
3	吸引观众的主要方法	家乡情怀、好奇、信任度、粉丝接受度、特色、服务、需求
4	如何开展自己的直播	
5	政府的扶持政策	
6	"三农"自媒体发展的作用	

（二）主轴编码

第二步开始主轴编码，为寻求概念范畴间的内在线索，使开放编码阶段"打破""碾碎"的资料得以类聚类，即进一步的概念化和抽象，使之形成若干主范畴。通过对开放式编码得到的范畴进行进一步比较与挖掘，对其关系不断进行识别与质疑，最终提炼为 4 个具有内在意义的主范畴，分别是注重内容优化关注受众需求、加强乡村文化建设，提高传播主体文化素养、媒体平台加强管理，引导乡村田园视频风气、相关机构完善法律法规，促进乡村电商良性发展。

主轴编码过程如表所示：

表 1-3　主轴编码过程

序号	编 码 维 度
1	初衷和契机
2	遇到的主要困难
3	吸引观众的主要方法
4	如何开展自己的直播
5	政府的扶持政策
6	"三农"自媒体发展的作用

（三）选择性编码和检验

选择性编码的主要目的在于通过不断的比较，最终从主范畴中挖掘出核心范畴，并对核心范畴与各主副范畴之间的内在联系进行深入分析，以此建立起能涵盖所有概念类属和范畴维度的立体网络关系，并以"故事线"的形式描绘其间的联结关系，最后形成模型。为保证研究的可信度，本研究将随机抽取 20% 的访谈所收集的原始资料留作饱和度检验。当研究收集的资料全部都能归入之前编码的概念，不再出现新的概念与范畴，则可以结束编码工作并认为研究趋于饱和。本次理论饱和检验通过对事先预留的 20% 份访谈初始语句进行编码，不再出现新的类属，概念范畴层次结构趋于稳固，层次结构不再出现变化，由此结束编码，并认为影响因素模型已经达到理论饱和状态。

三、NVivo 12 & ROST 定性分析结果

（一）初衷和契机

1. 关键词

序号	关键词	词频
1	家庭原因	15
2	生活原因	15
3	帮助老乡	14
4	农产品供大于求	13
5	社会责任感	13
6	生病原因	12
7	帮助祖辈	11
8	手艺传承	8
9	家里卖货	7
10	创业挣钱	6
11	快速变现	5
12	解决困难	3

从自媒体创立的初衷和契机来看，受访者的原因不尽相同，但从规律来看主要分为帮助祖辈，解决家中实际困难、补贴家用，传承家中手艺以及帮助老乡这几个方面。

2. 词云

　　从词云来看，可得到以下结论：一是科技改变生活，生活改变商业。科技是社会组织的底座，而社会组织形式又决定着商业活动的形式，刀耕火种对应着农牧时代，蒸汽机的机械化技术对应着工业文明，电气科技对应着资本文明的时代。科技的改变会带来生活方式的改变，生活方式改变导致商业模式的变革，在科技进化如此之快的今天，商业活动的方式必然也随之发生着快速变化。新的科技创新直接改变商业结构与逻辑，只有跟随科技的快速发展融入全新的商业模式才能带动经济产业发展。二是区块链去中心化的大趋势。在中心化时代，主流媒体、主流渠道的数量有限，随着区块链技术的成熟、物联网的应用、泛在网的不断升级，去中心化已成为大势所趋，每一个个体就可以成为一个中心。三是商业模式发生了改变。在信息爆炸和产品丰富的经济社会中，最重要的资源既不是传统意义上的货币资本，也不是信息本身，而是大众的注意力。谁占有了大众的注

意力资源，谁就具有获取发展先机和具备经济势能的可能性。大众的消费习惯发生了巨大变化，注意力及意识空间对人们消费决策的影响力越来越大，自媒体成为企业打通人们现实空间和意识空间的渠道与法宝。四是财富分配模式发生改变。当每家公司、每个个体都具有了发言权和发声渠道时，"信息"声音开始变得嘈杂，尤其是去中心化后的个体或公司发声的目的就是通过自媒体的方式，用最低的成本告诉这个世界，你是谁、你的用户是谁，你可以为他创造什么价值。

（二）遇到的主要困难

1. 关键词

序号	关键词	词频
1	资金方面	13
2	竞争力特别大	12
3	创作方面	12
4	带货技巧	11
5	运营技巧	11
6	平台规则	10
7	信息传播	9

2. 词云

从"三农"自媒体来看，困难主要集中在以下方面：一是优质内容的生产与创意。对于农村创业者，做自媒体最大的困难就是如何把自己的内容转化为自媒体的公共传播。对于所有的自媒体人来说，内容的不断输出是运营自媒体的必备技能，而对于农村创业者来讲，要持续不断地更新与输出内容是充满挑战的。当前农村的基础设施及网络基建已有一定程度的改善，但对于信息传播来讲还是有一定程度的滞后。二是粉丝和变现问

题。首先创作优质的内容，输出自己垂直专业领域不可替代的内容。持续地输出，持之以恒地坚持输出，粉丝就会应"多看效应"关注内容，熟悉传播者，进而成为粉丝。当粉丝积累到一定程度就会具备变现势能。三是了解平台规则。不同的平台具有自身的传播特性与媒介生态，选择适合的平台，了解自媒体平台的特性，才可结合自身的创作内容找到适配的用户群体及生态势能。

（三）吸引观众的主要方法

1. 关键词

序号	关键词	词频
1	家乡情怀	12
2	好奇	11
3	信任度	11
4	粉丝们接受度	11

（续表）

序号	关键词	词频
5	特色	11
6	服务	10
7	需求	9

2. 词云

　　全球经济低迷，形势不稳定，大量中小企业倒闭、破产，很多人陷入失业、负债风波。维稳、自保成为普通民众的生活信条。传统经济在数字化发展态势下不得不退出时代舞台，新经济带来新的发展机遇。很多"新农人"意识到了媒体传播及电商直播带来的经济势能，想利用自媒体的发展创造影响力，进而能够进行变现或实现农产品及相关产业销售渠道的打开与拓展。然而在实际操作过程中却发现困难重重，效果没有想象中好，

关键在于粉丝与产品不匹配，吸引来的不是精准客户，所以无人购买。以自媒体的内容和情感联结形成社群，将合适的产品卖给合适的人，这是能使自媒体内容转化为市场落地的关键。粉丝多会让自媒体直播人气爆棚，但这不是自媒体发展的核心目的。产品是基础，在做好产品的同时，也要与粉丝建立心理链接，打破长期以来广大主播和商户打价格战的局面。市场客户已经麻木和漠然于产品的低价和快节奏销售模式。主播与粉丝之间需要做情感深化，赋予产品超乎商品价值外的新情感价值，这样才能获得用户的长期关注与信任。大部分"新农人"通过自媒体的内容分享吸引了粉丝，进而进行直播带货，维护与用户之间的关系，建立与用户的情感联结，保持自媒体内容的高质量输出，这样才能做好用户的留存。

（四）如何开展自己的内容创作及内容变现

1. 关键词

序号	关键词	词频
1	售后和选品	16
2	产业化	16
3	供应链	14
4	诚实守信	13
5	产品质量	13
6	服务态度	12
7	多平台	11
8	生活气息	8
9	文案质量	7
10	目标群体	6
11	合作社	5
12	多元化	3

2. 词云

"首先是要质量，做直播带货的，而且带的是农产品，所以质量非常重要。我们在选品的时候就很严格，后期又非常注重产品的包装，要把好东西送到客户手里，就我们的售后也很好，只要客户觉得不满意买的（东西）不好，我们都是可以退的。还有就是要加大宣传，好东西也得卖得出去才行。再一个我们准备在包装箱上面印上我们自己的公司名字和图标，这样看起来更规范一点。"（MS11）

农产品的售卖要真正扩大市场，需要形成产业化的竞争模式。自媒体的内容创作与发布，包括依托自媒体而进行的直播，需要有较好的直播文案和内容创意才能长久地吸引粉丝。最具代表性的是 2022 年 9 月 3 日，直播电商平台"东方甄选"首次走进贵州，在西江千户苗寨开启

"多彩贵州行"直播活动，为全国观众带来一场兼具民族文化和西南好物的直播盛宴，近百款贵州特色农品好物齐聚东方甄选直播间，持续吸引超十万网友在线观看。贵州直播开场仅 2 分钟，东方甄选便升至抖音人气榜、带货榜第一。在全天的直播中，东方甄选销售了超过 7800 万元的优质产品，其中贵州以及附近地区农产品占比超过六成。直播间全天总观看人次接近 4000 万,百余款商品销售一空。主播董宇辉的文案吸引了大量的粉丝。

（五）政府的扶持政策

1. 关键词

序号	关键词	词频
1	短视频	16
2	做好服务	16
3	大数据分析	14
4	发展方向	13
5	建立 QQ 群	13
6	陪同妈妈建设团队	12
7	关心跟关爱	11
8	网络技巧扶持	8
9	知名院校团队	7

2. 词云

文化产业村振兴的有效机制基本建立，汇聚和培育一批积极参与文化产业赋能乡村振兴的企业、机构和人才，推动实施一批具有较强带动作用的文化产业赋能乡村振兴的重点项目，形成一批具有市场竞争力的特色文化产业品牌，建成一批特色鲜明、优势突出的文化产业特色乡镇、特色村

落，推出若干具有国际影响力的文化产业赋能乡村振兴的典型范例。优秀传统乡土文化得到有效激活，乡村文化业态丰富发展，乡村人文资源和自然资源得到有效保护和利用。乡村产业有机融合，文化产业对乡村经济社会发展的综合带动作用更加显著，对乡村文化振兴的支撑作用更加突出。引导创意设计企业、平台、工作室及设计师向乡村拓展业务、落地经营，为乡村集体经济组织和各类企业、农民合作社、农户等提供创意设计服务。鼓励创意设计、规划建筑、园林景观等单位积极参与乡村建设，建设各具特色的美丽乡村、美丽庭院，创造宜业宜居宜乐宜游的良好环境。鼓励高校艺术、设计类专业结合教学、科研和社会实践，为乡村建设提供创意设计支持。大力发展创意农业，加强农产品包装、设计和营销，提升农业品牌知名度和农产品文化附加值。鼓励发展特色农业，挖掘特色种植业、林业、畜牧业等文化内涵。

（六）"三农"自媒体发展的作用

1. 关键词

序号	关键词	词频
1	脱贫攻坚	15
2	拉近距离	15
3	转变生产经营方式	14
4	农业转型升级	13
5	实时画面感强	13
6	体验性更强	12
7	信任度更高	11
8	宣传成本较低	8
9	受众范围较广	7

2. 词云

农产品利用自媒体发布内容所吸引的流量带动直播带货有诸多优势：

直播带货让农产品搭上互联网平台，拉近了农民与市场的距离，使农村各类特色农产品卖得更远，卖得更好，也为决战决胜脱贫攻坚助一臂之力。同时，直播带货倒逼农民转变生产经营方式，有助于加速传统农业转型升级。

首先，直播带货实时画面感强，大棚、果园、田间地头摇身变成直播间，消费者能直观看到农产品的原产地种植状况，直播所展示的产品比起平面图片更加真实，实时冲击力远超静态展示和事后浏览。而与主播实现互动对话，更能了解产品特点，体验性更强，信任度更高。其次，直播带货高效方便快捷。视频直播在展示产品的同时，附带购物链接，消费者只需动动手，即可直接下单，心动的农产品通过物流就可以配送到家。运用产地直供、线上直销的电商新模式，小农户能够有效对接上亿互联网用户，足不出户销售自家农产品。再次，自媒体关于农村生活、新农业景象的展示无疑可为直播带货带来成本较低的隐性宣传。许多特色农产品因市场供需信息不对称，往往是"养在深闺无人识"，互联网信息时代，"酒香不怕巷子深"已成往事，直播带货作为一种有效的宣传手段，与投放广告相比，其运营成本较低，受众范围较广，不受时间、场地空间限制，逐渐成为农产品销售的重要手段。

利用自媒体内容进行生活方式分享，传播相关的"三农"生活，一是要注重内容优化，关注受众需求。参与式文化传播让农民不再是无声的"背景墙"，然而提高"新农人"的媒介素养，理解相关权利和义务是加强乡村文化建设、提高传播主体文化素养的关键。网络传播权掌握在传播主体手中，传播主体的文化素养决定传播内容的价值内涵。二是各级政府要做好自媒体的"引导＋服务"工作。各级政府要重视大众传媒盛行下参与式文化的显性传播效果，积极开展乡村文化建设实践，结合当地村落特点，让农民了解当地文化的传播价值和产业价值。对新媒介环境下优质内容与用户的精准配对需要有清晰和准确的认知。对于一些内容优质、用户反馈良好的农村 IP，当地政府要积极帮助他们构建更多农村示范网红案例，并为新人提供足够的选择和借鉴，搭建学习和沟通、交流和合作的平台和机会。对价值观导向不良、内容"三俗"的自媒体传播者，当地政府要采取整治、管理和教育措施，防止不良内容破坏地方形象。三是加强媒体平台管理，规范农村自媒体创作路径，营造良好的创作氛围。媒体平台为创作者提供了参与式文化传播的舞台，创作者也为媒体平台带来了巨大的流量收益。但媒体平台在享受文化产业红利的同时，也应增强社会责任感，不应以流量作为评判作品好坏的唯一标准，而应注重平台风气的培育。参与式文化的传播会给平台带来丰富的内容，但一些偏离主流文化、粗鄙"三俗"的不良内容也会因参与者过分追逐时尚流行及热点而滋生。因此，媒体平台要承担起流量引导及平台"把关人"的角色，通过必要的技术手段及流量池分配进行把控，加强管理和引导，积极培育符合平台理念的优秀 IP 或作品，树立自身特色。四是完善法律法规，以健康的自媒体内容创作环境带动和促进农村电子商务的蓬勃发展。作为新兴的自媒体行业，相关法律法规尚不完善，导致出现一些危害公共利益的不良现象。一些不诚信的经营方式危害受众利益，但因缺乏监管和相关规章制度而野蛮发展。完善监管和相关制度、维护电子商务与买家利益平衡，才能促进农村电子商务产业和营商环境的健康发展。

第二章 "三农"自媒体发展机制与发展现状研究

　　费孝通先生在《乡土中国》中指出:"中国社会是乡土性的。"[①] 中国人对故土家乡有着深厚的"恋地情结",当社会的高速发展使城乡关系格局永久性地改变,"液态的现代性"给人们带来一种新的游牧生活方式,"漂泊""脱域"使城市化进程中的人们"生活在别处",故土、乡野成了现代人的"原乡记忆"。人们对于乡村生活的想象与认知常常受到艺术作品和媒体表达的影响。"乡土"与农业、农村、农民息息相关,它是根植于中国人血液中的文化基因,而乡村题材一直是各类文艺创作的重要品类。从《诗经》中关于"四时"农事的悠远吟唱到散文诗歌中的"世外桃源""悯农感怀",从文学作品回望的"乡愁故土"到影视剧呈现的"平凡世界",文艺创作中的"乡村""乡土"呼应着时代与社会的变迁。

[①] 费孝通:《乡土中国》,上海人民出版社 2013 年版,第 6 页。

第一节　"三农"自媒体的演进历程与发展机制

传统媒体时代，农村是被"俯瞰"的报道对象，农民是传播格局中弱势的"失语者"。在改革开放的现代化进程中，城乡差距逐步拉大，劳动力资源流向城镇，传统社会的乡土结构遭受着巨大震荡与变化。处于偏远边缘位置的乡村与缺少优质社会资源的农民在"城市中心主义"的传播视点下成为被塑造和建构的话语对象。"贫穷""落后"成为前网络时代媒体中的农村面貌，"民工""盲流"是农民群体最主要的形象标签。城市与乡村成为先进与落后的代名词，被边缘化的"农村"和乡土文化成为以他者眼光裁取和建构的事件想象与媒介形象，这也形成了城市民众对"三农"的刻板印象。

随着乡村振兴战略的提出，5G 互联网和新媒体技术的广泛应用，农村网民已成为一个数量庞大的用户群体。自媒体的出现使底层空间显现，农民群体有了发声和展演的场域。自我意识的提升使农村网民不再成为被动的观看者，越来越多的农民网友加入"三农"自媒体的队伍，成为"三农"自媒体的创作者，以他们的第一视角和亲身经历描摹着乡村生活的现实图景。"传统媒体感兴趣的是重大事实赖以存在的乡村重大空间，社会化媒体则转向了日常生活空间，尤其是那些被主流话语漠视的、忽略的、推向远处的日常空间形态。"[1] "三农"自媒体兴起后，农村丰富的自然物产资源、四季时令变化、农耕劳作日常、民俗人情、野味美食……身边的场景、人物、角落，充满烟火气息与田园野趣的乡间元素，正在成为越来越多"三农"自媒体创作者的素材来源与创意内容，乡村空间在自媒体场

---

[1]　刘涛：《短视频、乡村空间生产与艰难的阶层流动》，《教育传媒研究》2018 年第 6 期。

域中被重构,田园文化与想象正在重建。

在"自我表达"与"小叙事"受到追捧与关注的自媒体空间中,乡村文化从传统媒体的沉重形象中解脱,以解压、治愈、充满人情味和故土怀想的面貌呈现出别样的文化意涵,甚至有些田园意象带有了某种前现代的古典意味与"慢时空"的浪漫气息,在音视频的滤镜光环下成为加速社会中疲于奔命的现代人臆想的"另一种生活方式",能够助人逃离"内卷",治愈心灵。在这个注意力经济时代,目光与注视背后潜藏着经济利益与商业价值。

"三农"自媒体占据政策优势、技术加持、主流媒体背书的优越条件,必然会吸引资本的助力和平台的支持,在各项资源的整合加成和市场推动下获得了飞速的发展。"三农"自媒体不仅成为乡村产业全链条发展中的重要一环,更成为乡村文化的"传声筒"和"放大镜",对打造美好乡村形象,推动数字化农村建设,实现农业现代化,助力乡村振兴起到重要作用。

一、"三农"自媒体的演进历程与发展图景

从 20 世纪 80 年代第一代移动通信技术(1G)的发明到 2019 年 5G 商用的开启,移动互联网历经了五代、跨越三十余年的迭代更新,成为推动中国社会发展的技术动力和加速器。5G 高速率、低延迟、大容量的显著优势催生了万物互联的传播形态,使得"互联网+"成为可能。新技术以高效迅捷之势渗透各行各业,给我国经济发展和新农村建设带来前所未有的挑战和机遇。2019 年 5 月,《数字乡村发展战略纲要》发布,这意味着借助农村数字经济的发展,"互联网+现代农业"的深度融合会带来农村数字化转型的全新业态与面貌,移动互联网成为助力乡村振兴的新

赛道。"三农"自媒体的发展正有赖于网络技术的兴盛及顶层设计的支持，在数字化技术的推动下一路衍生成长，直至今日呈现出巨大的市场潜力。空前活跃的创意生产和营销景观为农村经济发展注入了新能量。

"三农"自媒体的发展经历了一个创作主体由"自发"到"自觉"的阶段，自媒体的形态迁衍也由播客、微博、微信到各家短视频平台等不同场域，从探索尝试到竞相发展，大致可以划分为以下几个阶段：一是初步探索的实践积累期；二是平台助力的迅速成长期；三是监管趋严的调整过渡期；四是正向价值引领、平台竞争激烈的全面发展期。

（一）初步探索的实践积累期

"自媒体"一词诞生初期指代的主要媒介形式便是博客、微博等网络日志，最有代表性的平台有美国的 Facebook、Twitter，2000 年中国互联网处于门户网站时期，博客进入中国，新浪、搜狐等门户网站纷纷入局博客阵营。博客（Blog）即网络日志，带有鲜明的个体表达气质和评论社交属性，兼具公域价值和私域流量，属于网络时代个体公开表达的图文日记。2008 年，博客进入全盛时期，新浪博客、搜狐博客、QQ 空间、人人网等成为当时中国最主要的博客平台。"三农"博客是新浪博客平台"三农"自媒体的典型代表，以图文分享乡村美景、进行农技推广是其主要内容形式，从 2007 年进驻博客运营至今常年根植于博客领域，积累了稳定的博客领域用户，在博客圈层中崭露头角，以"三农"资讯传递价值与"三农"声音。受制于当时的技术条件，博客在形式上普遍以文字内容或"图片＋文字"的形式呈现，而博客时期的"三农"自媒体多以分享"三农"资讯为目的，由于形式单一其潜在的经济价值尚未被发掘。直至 2014 年，新浪博客开通了"打赏功能"，网民可以通过"打赏金"的形式表达对自己心仪的"三农"自媒体内容创作的支持，其经济价值才得以彰显。博客打赏变现使"三农"自媒体的内容创作可以获取现实的经济收益，成为"三农"自媒体商业运营的起点。

2009 年新浪试水微博，"三农"自媒体有了更广阔的发展空间。微博即微型博客，字数限制在 140 字以内，以图片、视频、链接等多种形式进行内容分享。2011 年新浪微博的日活跃用户达到 6000 万，巨大流量给"三农"自媒体的发展也带来了契机。"这就是新农人""刘五一""'三农'百态""朱毅"等一批影响力大、传播力强的"三农"认证大 V 成了"三农"领域的 KOL（Key opinion leader，关键意见领袖）。在一批 KOL 的引领和带动下，"三农"自媒体账号不断增多，"三农"自媒体进入了积累粉丝的稳步发展期。2013 年，以"秒拍"为代表的短视频应用出现，短视频以拍摄成本投入极低、制作简单便捷、碎片化随走随拍、现场感强、传播辐射接受度高的优势赢得了众多创作者的青睐，"三农"自媒体创作在图文基础上出现了大量的短视频创作，"文字＋短视频"成为创作者发布信息的首选方式。微博特有的"短小精悍"加之短视频形象直观的内容形式满足了绝大多数文化程度不高的"三农"自媒体创作者的需求和喜好，无需语言雕琢、长篇大论，简单口语化的陈述加上图片或短视频便充满现场感，满足用户对"三农"信息的需求。值得注意的是，微博突破 140 字的"长微博"功能设置虽然延续了打赏功能，但强传播弱变现的状况并没有打破"三农"自媒体商业运营的局限，没能为转型升级提供更强劲的支持。另外，长微博对文字篇幅的要求并不适合"三农"自媒体的传受双方，因而，除"三农"信息的分享外，微博平台更多成了"三农"自媒体创作者引流的一种方式，成为提升网络知名度和影响力，积累粉丝形成社群的平台"跳板"。于博客起步，在微博实践积累，"三农"自媒体开始全面起航，蓄力进入快速发展时期。

（二）平台助力的迅速成长期

2012 年 5 月，工信部颁布了《互联网行业"十二五发展规划"》，在第一个互联网专题五年计划中明确提出建设"宽带中国"，以推动"新一代信息技术产业"发展为主要任务，推进整体布局，创新应用体系。互联网在这一年得到了飞速发展，一批新兴网站和 App 应用全面上线。其中，今日头条以"三农"头条号、智能算法精准推送、流量分成、头条小店以及"山货上头条"等对"三农"领域的重点扶持项目带动"三农"发展的举措吸引了大批"三农"自媒体的加入，如今"三农"领域已发展成为今日头条最具特色的专题版块，而今日头条也成为"三农"领域的领军平台之一。抖音、快手、秒拍、西瓜视频、企鹅媒体平台、多多视频、一点资讯等网络平台纷纷加入"三农"赛道，以各自的独特优势为"三农"自媒体的发展提供更多样的选择。

而在这一时期，微信等社交媒体延伸出公众号、朋友圈、消息推送等诸多功能，一些"三农"自媒体发挥微信社交传播黏性高的特点进行软文推送和微商营销，实现了商业变现，自媒体的经济价值得以发掘。2016 年农业部发布《"十三五"全国农业农村信息化发展规划》，将"大力培育农业农村电子商务市场主体"列为促进农业经济增长的重要任务，农村信息化建设促进了电子商务的兴起，"三农"自媒体纷纷以各类网络平台和社交媒体为渠道，开掘出一条以分享经济、信任经济为模式的崭新运营路径。

短视频传播及网络直播业的兴起也助力"三农"自媒体形成了更具传播效率与商业属性的运营模式。2017 年，短视频的发展进入爆发期，各类便携的拍摄器材及剪辑工具日渐丰富多元，"小影""剪映""乐秀""美拍"等短视频应用工具以便捷的操作、个性化的设计为"三农"自媒体创作者提供了功能完备、快速高效的短视频制作方式。

自 2014 年起，各大平台纷纷布局网络直播，抖音直播、快手直播、京东直播、映客、一直播等直播平台纷纷成立，以展示、互动、表演等实时在线的娱乐方式或服务方式融合电商、游戏、泛娱乐等多种元素，成为一种崭新的社交传播方式，也催生出各类"主播"和"带货达人"等网络时代新兴职业。"'三农'自媒体 + 网上直播 + 电子商务"的运营模式使农产品降低了营销成本，区域知名度得以提高，切实提高了农民收益，形成完整的产业价值链。2019 年阿里推出"村播"计划，面向全国 27 个省100 个县培育扶持当地的"三农"自媒体创作者成为主播。"'村播'计划启动一年以来，淘宝直播农产品场次达 120 万场，覆盖全国 31 个省市区及 2000 多个县域，带动 5 万多新农人加入其中。"[①] 这一时期在政策的带动和平台的助力下，通过下沉市场与消费上行以"三农"自媒体为链接与社交媒体和电商直播的嵌入，打破了乡村产业壁垒，实现了农村产业结构升级，使二元的城乡经济结构走向一体，促进城乡均衡发展，为乡村振兴带来了切实的推进作用。

（三）监管趋严的调整过渡期

在各网络平台吸引"三农"自媒体创作者入驻初期，对下沉市场的快速渗透和迅速扩张吸引了众多草根短视频创业者的加入，这些创业者大多没有进行过视频制作及媒体传播的专业化培训，更多处于创作的跟风追随状态。自媒体创作准入门槛低虽调动了最大基数的创作者进入，但创作者自身的文化素养、专业技能、知识储备参差不齐，在当时自媒体行业片面追求眼球效应和流量至上的创作环境下，"三农"自媒体中出现了一部分

---

① 刘涛：《短视频、乡村空间生产与艰难的阶层流动》，《教育传媒研究》2018 年第 6 期。

低俗内容，如自虐式吃播、扮丑搞怪、社会摇以及恶俗婚闹等不良民俗和一些封建迷信内容的传播；一些图文、视频内容则以偏概全地表现地方干群关系，以所谓的揭露"黑暗面"营造噱头达到吸引关注的目的，裁剪事实、扭曲真相，激化社会矛盾；一些自媒体创作者缺乏法律素养，在原创难度大、侵权成本低的情况下，盗用复制他人作品，造成"三农"自媒体侵权问题不断。还有一些"三农"自媒体存在虚假宣传的情况，失去了用户对"三农"产品的信任。

面对这些"三农"自媒体创作生态的乱象，政府干预、平台引导势在必行。建立良好的互联网生态环境，既有赖于政府切实有效的顶层制度设计的引导，也要求平台严守社会责任，因势利导，形成正向的创作生产激励。从 2017 年开始政府及相关部门陆续出台了关于互联网监管的相关规定，从《互联网新闻信息服务管理规定》《互联网新闻信息服务许可管理实施细则》到 2019 年 1 月中国网络视听节目服务协会发布的《网络短视频平台管理规范》、2020 年 3 月推行实施的《网络信息内容生态治理规定》对网络信息内容生产者、平台上播出的所有内容的规范措施进行了详细规定。同时展开"净网"专项行动，平台进行了自查自纠，多家短视频平台出台了一系列监管规则，关闭停播多个违规低俗账号，严惩违规用户，对引发巨大社会负面效应和争议的自媒体账号进行封号关闭，切断低俗自媒体背后的经济命脉，让低俗内容的创作者和自媒体决绝生路。这些措施对于低俗、庸俗、媚俗的"三农"自媒体不良信息起到了防范和抵制作用，低俗内容的利益链被切断。平台在强化内容审核的同时担负起了主体责任，不再唯流量至上，不再以流量算法向用户推送"三农"低俗内容。在这一过程中，国家政策的引领、平台的行业自律和监管效应在引导"三农"自媒体输出优质内容、健康有序发展方面起到了重要作用。

（四）正向价值引领、平台竞争激烈的全面发展期

在政府和平台的双向努力下，自媒体及相关行业领域的法律法规在完善，监管力度在强化，"三农"自媒体的创作、营销环境得以改善，行业生态得以净化，盲目的资本也被引流至合规、示范效应好的"三农"自媒体账号。在行业生态日趋健康的环境下，一系列社会效益好、口碑度高、播放量高的"三农"自媒体涌现，"李子柒""蜀中桃子姐""巧妇9妹""康仔农人""浪漫侗家七仙女"等"三农"自媒体大号打造出千姿百态、各具风情而又正面积极的"新农人"形象，而"三农"自媒体对于激活乡村文旅资源，带动乡村产业发展，推动乡村文化创意产业都发挥了正向引领作用。

除了抖音、快手等较早入局的短视频平台外，今日头条、百家号、大鱼号、哔哩哔哩等平台在拓展短视频业务后，以不同的平台特质也吸引到与抖音、快手快节奏、小片段不同的，以舒缓系、治愈系的慢节奏"新农人"故事为叙事基调的创作者。各家平台竞争日趋激烈，"三农"领域优质的创作内容和头部创作者都成了各家平台尽力争取的对象。百家号在2019年就曾因为内容策略的失误，忽视了短视频版块的业务，流失了大批高关注度的"新农人"自媒体，这些自媒体流向了今日头条旗下的西瓜视频。各个平台为吸引"三农"领域优质资源，相继推出了一系列活动，今日头条联合甘肃、贵州省网信办，启动了"山货上头条"的扶贫公益项目，通过"三农"自媒体嵌入的直播、短视频、小视频、图文等形式吸引粉丝，为贫困地区农产品电商导入流量，发起"山货上头条"话题，邀请"三农"达人售卖土特产。快手"三农"与地方政府展开深度合作，在"中国农民丰收节"来临之际推出"庆丰收、共富裕"的短视频＋直播系列活动，并进行"全球农产品直播电商节"的线下联动，以线上线下融合

矩阵推广地区特色产业及农产品。这些活动全方位赋能农村经济，整合了供应链，为"三农"自媒体的强有力发展营造声势、拓展道路，自此"三农"自媒体发展进入正向价值引领、线上线下联动的高速发展期，以"三农"自媒体为链接，城乡关系从二元对峙走向联动共生，"三农"自媒体所塑造的"三农"达人IP的影响力、激发的农业产业的市场潜力以及对乡村文化的重构为数字乡村建设提供了势能。

二、"三农"自媒体的内容形态与符号价值

（一）"三农"自媒体的内容形态

"形态"一词最早出现在我国唐代张彦远的《历代名画记》中，"（冯绍正）尤善鹰鹊鸡雉，尽其形态"，是指"画作中所描摹形象的外貌形状以及所表现出来的神采情趣"。[①] "就当今而言，'形态'一词，主要是指事物的呈现状态，也即事物的组成元素和解构方式。与'类型'概念的相对静态相比，'形态'是一个相对动态的概念，正在形成之中，流动性大，强调求异。"探讨"三农"自媒体的内容形态，有助于我们理解"三农"自媒体所携带的符号价值及其传播逻辑。在内容创作和商业诉求的互动中，"三农"自媒体为乡村振兴提供了一种情感产品的流通范式，在快速变化的媒介环境中其内容形式还在动态的发展过程中。

1. "三农"自媒体的地域分布

从地域类型来看，"三农"自媒体的内容创作带有鲜明的地域特色。当前主流平台"三农"领域的自媒体在创作数量、达人IP和关注度上并没有表现出东西区域的明显差异。与其他类型自媒体多集中于东南沿

---

① 孙宝国：《中国电视节目形态通论》，中国传媒大学出版社2011年版，第1页。

海、苏浙地区不同,经济发达的东南沿海省份的"三农"自媒体不论是数量、关注度还是"三农"达人的影响力都不如西南、西北和中部省份。抖音、快手、西瓜视频、今日头条等主流平台的"三农"领域大V所在省份最多的为河南、山东、吉林、辽宁、四川、湖南、甘肃等地区,"巧妇9妹""农民王小""乡野丫头""西北小强""牛不啦""我的农村365""华农兄弟"等已成为"三农"领域被认证加V的自媒体达人,人均视频播放量累计过千万,并同时跨平台或拥有属于自身IP机构或家庭成员、团队组织的多个关联账号。

2. "三农"自媒体的题材风格

从题材风格来看,正如居伊·德波在《景观社会》中所说的那样:"在现代生产条件无所不在的社会,生活本身展现为景观的庞大聚集,直接存在的一切全都转化为一个表象。"[①] 在"三农"自媒体的镜头注视下,乡村日常、乡土特色成为一种景观呈现,它既可以是蕴含诗意与灵韵的李子柒式的"田园牧歌",也可以是质朴真实、接地气的"张同学"不加修饰的"原生态"展演。随着"三农"自媒体内容进入加速竞争的阶段,内容创作显现出专业化和垂直化特征,在细分领域内创作平台的"标签"分类能够通过算法触达更精准的用户。"三农"自媒体的内容创作大致分为以下主题:

(1)以展示农业面貌为主题:此类作品多以农作物的生产全过程作为题材主要内容,将农作物从耕种储存到生产加工再到包装流通的全过程展示于镜头前或是以"探店"模式引领网友体验生态庄园或农场的采摘乐趣、农家饭美食。当下许多网友包括农村出身的进城务工青年,大多已不

---

① [法]居伊·德波:《景观社会》,张新木译,南京大学出版社2017年版,第31页。

熟悉传统劳作过程，随着科技的进步发展，一些农庄、生态园区的生产方式已形成了高产、优质、低耗的农业生产体系和既可充分利用资源，又可保护环境的农业生态系统，这些在"三农"自媒体的镜头下不仅带有景观展演的吸引力，同时，对于当下追求健康养生理念的用户来说，能看到作物的生产过程、原生态的出品方式，既迎合了人们追求绿色天然有机食材的诉求，也打破了人们对农业"面朝黄土背对天"的低效生产方式的刻板印象。

（2）以展示农村日常生活为主题：自媒体倾向于表达第一视角下的"小叙事"和生活化日常，以亲历者的原生态记录展示生活和情绪，这种内容关注情感交流和自我表达，易彰显个人风格。因而在"三农"自媒体创作中，较多展示乡村生活的日常，分享村野趣事、田园风光、和谐善良的邻里乡亲……用最质朴平实的乡音讲述普通平凡却又质朴醇厚的乡村生活，"我"视角下的乡村自然真实的风情风貌，带有亲近性传播和故事性报道的生趣，这种"纯天然"的质朴气息和面貌以不同于其他类型内容的风格而显得自然清新，接地气又充满人情味儿，令疲累的都市人油然而生对田园生活的向往、对故乡生活的怀念以及对"慢"节奏熟人社会里的精神慰藉的渴盼。

（3）以展示美食野味为主题：农村贴近自然的原始生态，丰富的物产野味是大自然对农村的美好馈赠，这是令久居都市只能在超市、市场购买食材的城市人感到好奇的，因而在"三农"自媒体创作中，有"寻味"的采摘捕捞场面，野味、海产、养殖、捕捞，新鲜有趣的过程、收获的满满喜悦，以及带有奇观性的野食野味、巨大的海鱼和新鲜蹦跳着的水产海货等，这些内容让观众感受到源自山海大地的幸福。另一种则是带有技能展示或家乡特色的美食制作，美食区"第一网红"李子柒以古风美人取材天地、夏耕冬藏、暮雪晨霜、一箪食一瓢饮的传统农耕、手作美食生活展现描摹了一幅远离现代都市喧嚣的"田园诗画",网友在弹幕上评论"此女只应天上有""太精致了吧"等,表达着内心的啧啧惊叹。还有来自东北吉林的"牛二条"、生活在云南的"滇西小哥"以及甘肃陇南的"西北小强",他们常常会拍摄自己或家人在农家厨房做饭的场景,家乡美食的制作饱含浓浓的亲情,东北大乱炖、云南鲜花饼、西北日常菜等含有故土香味的日常美食和家人乡亲的情感展现,都显现着质朴醇厚的乡风乡情,令漂泊在外的游子看到就会泛起淡淡的乡愁,思念故土亲人。

(4)以展示技能分享为主题:互联网的交互性和丰富的信息资源改变了农民接受和分享信息的习惯,他们愿意与外界交流,喜欢主动交换信息,一些农民正在依靠自媒体转变自身的身份,获得"媒体人""创业者""技术专家"等新的职业身份。技能的分享包括农业技术与生活技能。第一种是农业技能分享"互联网+农业技术"的扩散体系使一部分掌握先进农业技术的农民成为自媒体上的"农技专家",与学院派出身的农业研究人员和当地农技推广干部不同,这些以自媒体发声的"农技专家"来自民间,他们真切地参与过农业生产,同时农民的出身使他们更明白广大农民朋友的所思所想和实际需求,所以他们的视频通常围绕农业生产过程中的困惑难题,以图文、短视频的形式答疑解惑,解决增产增收的技术难题。如今日头条的"三农"账号"付老师种植技术团队"就是农技科普类的头部大 V,他们发布的内容切合农民在种植过程中的技术需求,可操作性强,深受广大农民受众的欢迎。因为其内容信息密度大、质量高,被农民网友称赞"干货满满"。也因此,在获得平台流量扶持并吸纳专业的运营团队后,"付老师种植技术团队"还开展了农业科普信息的推广实践和技术培训的知识付费专栏,人民日报和央视也进行了报道。团队通过"三农"自媒体实现了农技创新、农户创业,取得了社会和经济的双重效益。第二种则是生活技能或是兴趣技能的分享。此类内容常常基于生活中一些实际问题,提供"土方法"或实用小窍门,如火山小视频上账号为"生活小窍门"的创作者分享如何用核桃壳治疗脚部出汗或是如何分辨真假蜂蜜等实用又有效的"土方子"。另外一些创作者则在自己擅长的垂类领域里做技能干货的分享,如抖音"吴亚钓鱼"会分享很多垂钓技巧,诸如不同品类的鱼如何配比饵料,钓竿频率怎么进行,怎样雾化,怎样选择渔具等,他经常"打卡"不同水库,声称自己擅长"进攻性钓法",总能钓上体型巨大的鱼,当大鱼出水压弯钩时,网友不仅以"第一视角"感受到垂钓乐趣,还收获了很多垂钓的实用技巧。仅在抖音一家平台,他就获得了453.7万粉丝,视频获赞2057.9万,受到许多垂钓爱好者的追捧。[①]更有一些展示非遗传承、手工技艺的。中国具有深厚的造物文化传统,由此带来了精湛的民间工艺、技艺,著名科技史家白馥兰以"巧"字来形容中国古代传统技艺的特色,而"巧"所呈现出的视觉奇观正符合自媒体媒介天性中所要追求的令人震颤的体验与效果。"90后"余杭纸伞传承人刘伟学经过工艺改良制作的油纸伞既雅致清新又有古风古意,以自媒体短视频引流至他的淘宝店,粉丝转变为买家。其中,年轻人成为购买主力,他们觉得购买的不只是雨具,还是雨天里既时髦又传统的仪式感,这种基于认可的文化消费联结了艺术与生活。

(5)以剧情段子为主题:在"三农"自媒体的内容创作中,以剧情化的内容展现的"小剧场"形式也很吸引网友。不同于专业机构制作的乡村

---

① 该数据截止时间为 2022 年 9 月 20 日。

题材影视剧,"三农"自媒体创作的情节内容并不一定具有连贯性,但基于短视频的表现形式,此类视频抛弃了传统乡村题材剧的平铺直叙或大开大合的矛盾冲突,而是以一种日常流的叙事方式或是反转化的冲突对比展示有趣味、有情感的故事;创作者往往自导自演,因其创作内容和灵感常常来自真实的乡村生活境遇,因而展示出特别的生活气息和独特的观察视角。快手上的"三农"账号"乐弟儿(从心开始)"以反讽恶搞的形式来展现乡村生活中许多诙谐幽默的生活场景,夸张的表情动作、充满乡音的对话、乡土气息浓厚的情节场景,通过"黑色幽默"的诙谐戏谑感将乡村生活的世情百态展现出来。《咱村的水果摊》《咱村的司仪》《咱村的酒蒙子》等作品,以身边小事和人物的趣味化凝练典型的乡村场景,展示出饱满的人物形象,令人忍俊不禁。《灵魂医生》《灵魂司仪》系列则以乡村现实境遇为基底,对一些社会不公现象、落后民俗进行反讽,令人捧腹的同时也令人深思。抖音"叶飞机"则是以一系列土味乡村爱情故事展现了充满趣味又不失温情的老年人的情感世界,《大爷的青春期》《阿公追女神》等情景喜剧都是以他的阿公为主角,以搞笑谐趣、温馨自然的乡村情感故事感染观众。这些作品虽然画风质朴、拍摄环境简陋,但因充满生活气息,有独属于自己的"乡土"味道,获得了网友的喜爱。"三农"自媒体创作者以微情景剧或小剧场的形式表达着他们对生活、对社会现实的观察与思考,以农村青年自我意识的表达铺就属于他们的造梦之路。不容忽视的是,这类搞笑剧场类的内容虽传播度高,但部分创作也映射出搞怪猎奇、言语粗俗、行径怪诞或刻意丑化人物、放大农村不良民俗的问题,特别是延伸出一些刺激性行为博人眼球,如表演生吃癞蛤蟆、一口吞灯泡、裤裆放鞭炮等,这些内容看起来似乎能以猎奇审丑带来流量,长此以往却易被用户摒弃,对于"三农"自媒体的健康发展更是弊大于利。

（二）"三农"自媒体的符号价值

从符号价值来看，"三农"自媒体以多重符号凝聚乡野意象，并在符号中传达乡土意义和内涵价值，如同鲍德里亚指明的那样，在消费主义时代我们所消费的不再是事物的使用价值，而是其商品化后符号所代表的"象征价值"。

1. 场景符号。社交型为主导的"'三农'自媒体＋农产品"，以各社交媒体平台和短视频平台传播"三农"内容，或跨平台形成多元一体的移动社交圈，以传播信息、建立情感链接为主导，形成信任经济或趣缘经济，达成内容消费或迁移至农产品带货，形成农产品营销的商业空间。

电商主导型"'三农'自媒体＋农产品"，以电商平台为主要展示空间，通过图文、短视频广告或直播带货的方式宣传地方农特产品，完成商品信息的展示与传达。这类场景商业属性鲜明，营销目的直接单一，适合对地方农产品有直接消费需求的用户在场景内完成对商品的了解和产品认同。

资讯型"'三农'自媒体＋农产品"，内容往往依托专业团队及拍客资源以新闻事件或资讯信息进行原创报道或新闻评论，如"看我'三农'好故事"发布的《衡水特色农产品之刘老人百年老梨》，"'三农'达人"发布的《全国劳动模范陇南梁倩娟：心系桑梓谋共富，奋斗不息赴振兴》，这些内容营造的媒介场景是用户熟悉的传统媒体时期新闻资讯报道的方式，结构紧凑、信息集中，自媒体搭建起资讯信息的碎片化阅读场景，虽然其商业潜质因严肃的新闻性而削减，点击量与关注度不及社交型、电商型场景，但其专业的内容分享、客观及时的资讯信息报道、融汇传统新闻的场景构建和语体方式形成了自媒体内容专业优质的传播效应，以另一种方式间接参与、塑造了地方形象和农产品品牌建设。

2. 空间符号。亨利·列斐伏尔提出了"空间生产"的观点，他认为："（社会）空间是（社会的）产物。每一个社会和每一种生产模式都会生产出自己的空间，空间不仅是政治的，而且是生产性的。"① 这个观点告诉我们，空间是具有文化意涵和消费价值的，人可以通过空间的建构进行复制性的、生产性的意义营造，这启发我们去理解"三农"自媒体是如何通过空间符号获得文化意义，又如何利用这些文化意义实现其消费价值的。空间在媒介中具有景观展演的意味，因而我们常在"三农"自媒体的图文、视频创作中看到的瓦房、小院、菜园、田地、乡间小路、溪流河水、小桥栈道等都成了空间景观的符号，化为乡村特有的传统村落、自然山水和田园意象的空间意涵。对于"三农"自媒体乡村空间的生产而言，媒介影像的包装与传播是助其生产符号价值的重要推手。素材场景的选择、镜头的裁剪截取、后期的技术手段都可以使空间符号由真实场景链接到内容创意和情感表达，获得文化意义，成为"情景交融"的空间符号元素。"三农"自媒体当中的空间符号元素以新国风风景的面貌呼应着当下乡村振兴的主题，既有"李子柒""安小鹿"般古典式美学的诗情画意，寓情于景，又有"巧妇9妹""华农兄弟"镜头下乡野风景中蕴含的质朴气息与时代风貌。这些寄寓在自媒体展演中的乡风地貌是传统与现代交融的"新国风"面貌，是面向未来的乡恋乡愁。

3. 器具符号。器具是指"三农"自媒体常在场景空间中聚焦展示的工具、农具，这些器物工具往往与内容创作的主题相关联。比如在唤起怀旧乡愁或营造与世隔绝的田园生活时，常常以传统农业时期的器具来凸显原生态气息，如传统农耕工具的使用，锄头、砍刀、扁担、磨具等，当主

---

① Henry Lefebvre, *The Production of Space*, Oxford: Blackwell, 1991, p.23.

角熟练地使用这些传统农具加上乡野场景原始生态的衬托,便更能建构一种区隔于现代城市工业气息的田园意象,弥漫悠然自得、自给自足的劳作美感。另外,"三农"自媒体中呈现器具还会刻意保留"年代感"。随着农村现代化的发展,不少农户家中已经安装了智能家居和电子设备,但"三农"自媒体内容的创作更侧重于对绿色生态、对朴拙旧物的展示,如"蜀中桃子姐"在美食制作过程中坚持使用传统农具和设施,如老灶台、大锅大铲、风箱炉火、实木旧桌等,这些老物大多承载着时光的印痕与磨损痕迹,虽然不如现代化家居时尚美观,但正是因为这些符号建构的反差性,反而能勾起人们对遥远年代的回想,对乡土故园的遥思,质朴纯真的意象更加契合受众心中的乡村形象。

4. 语言符号。"三农"自媒体的语言表达大多基于自媒体传播轻松随意的口语表述,多为创作传播者最自然的语言状态,包括标准语言和地域方言。标准语言即普通话,它的推广运用是乡村社会纳入城市化进程、迈入现代化的表现,"乡村小乔""巧妇9妹"等"三农"自媒体博主都会用自己略带地方口音的普通话进行讲解,与观众、用户交流,这一方面可以扩大"三农"自媒体的受众群,降低城市用户可能因为听不懂方言而造成的信息损耗和兴趣缺失,另一方面也塑造着新时代"新农人"的形象,显现出当下乡村地域的文化知识普及程度和农人媒介素养都得到较大幅度的提升,这能打破城市人群对于农村、农民的刻板印象和传统观念,进而加深城乡之间的交流与互动。而方言口语的运用,则使"三农"自媒体的地域特色得以显现,方言作为原生态的,乡土性、地缘性较强的语言形态,是地域文化的根基,天然地带有凝聚身份的符号特质,传递着村落文化审美情感的共通性。许多博主喜欢用方言来强化身份标签,如"皮皮在农村",她和妈妈用东北方言斗嘴,塑造出幽默诙谐的东北农人形象，提升了画面感染力。方言的运用强化了相同地域出身的观众用户的身份认同感和归属感；而对于外地人而言，方言则是一种对方言所在地域文化的传播，陌生方言带有的新奇性和幽默感能促使观众和用户在接受传播内容的同时了解地域文化及其乡土特性，成为构建地方形象和塑造人物的重要元素符号。

"三农"自媒体通过对场景、空间、器具、语言等符号元素的调用，以内容创意和景观展演的方式勾描乡村图景，展现现代农业、农人的新形象，独辟蹊径地对乡村生活和乡土文化进行重构，以第一视角引领用户体验现代乡村，立足于中国人的乡土文化基因进行情感生产与传播消费。在乡恋乡愁中传递乡情，以此来触发大众的情感消费，这就是"三农"自媒体进行内容创作的生产形态与传播逻辑。

三、"三农"自媒体的内容渠道与变现方式

（一）"三农"自媒体的内容渠道

"三农"自媒体的内容渠道主要为：SNS 平台、算法推荐平台及短视频平台。

1. SNS 平台

美国著名社会心理学家米尔格伦提出了人际交往的"六度分隔"理论，认为世界上任意两个人，中间最多只需六个人就可以建立联系。以此为基础，社交人脉是可以无限扩张，形成社会化网络的。SNS（Social Networking Services）即社会化网络服务，包括社交 App 及社交网站。目前，我国主流的 SNS 平台有 QQ、微信、豆瓣、新浪微博等。这些 SNS 平台能够将相互结识、互动交流的社会成员联结起来，以互联网为基础形成一个巨大的社会化网络系统，通过空间、朋友圈、公众号、社

区、广场、话题群组等多种形式建立各种交流沟通的手段、平台，具有较强的社交属性，并提供相应的社会化应用服务。大多数"三农"自媒体创作者会在初期选择开通新浪微博以图文及短视频来获取用户关注，同时利用微信公众号、小程序及短视频平台形成跨平台的内容输出，并借助微博的广场和超话链接等方式增加曝光度，以积累粉丝、吸引消费者。

2. 算法推荐平台

算法推荐平台是利用算法模型进行数据统计分析，以受众的欣赏偏好推测其感兴趣的内容进行精准推荐，向用户更加快捷高效地推送此类内容，由过去的"人找信息"转变为"信息找人"。国内典型的算法推荐平台有今日头条以及依托于算法推荐基础的短视频平台抖音、快手等。此类平台以算法为核心的运营逻辑基于用户个体的信息、消费偏好，以此制定的个性化内容推荐使信息触达更为精准，为传受双方提供了更便利有效的传播互动渠道。当然，作为一种带有限定和引导用户能动性的结构性力量，算法推荐也引发了诸如隐私泄露、信息茧房、二创侵权、可见性霸权等涉及媒介伦理的一系列问题。当然，与此同时，通过技术和法律双重路径展开的治理工作也在探索、推进，系列法律法规的出台会进一步完善平台应承担的义务和责任，调整用户"应知"的认定因素，实现智能传播中的算法善治。以今日头条为代表的算法推荐平台充分发挥大数据和人工智能的技术优势，组织开展一系列活动，展销农业品牌，举办农技大赛，孵化"三农"IP，进行"三农"自媒体创作者传播技能培训，发起"三农"创作者大会，推出金稻穗计划寻找"'三农'合伙人"，并以资本注入补贴"三农"创作者。疫情期间设立"战役助农"的话题专区发布和获取农产品供需信息，发挥平台算法和数据优势，通过信息精准分发提高农产品供需信息的对接效率，帮助贫困地区农产品找到销路。"今日头条发起的'山货上头条'助农项目，已通过头条、西瓜视频、抖音等平台，帮助累计各地销售农产品超过156万件。"[①]算法推荐平台对于"三农"领域的扶持已全面覆盖"三农"信息普惠、"三农"政策宣传、农产购销、农技培训等各类惠农服务，联动头条号、抖音、快手、西瓜视频、悟空问答等平台，促进"三农"信息精准高效传播，助力"三农"产业转型，突出地方特色，激发创意智造，坚持正确的价值导向，使"三农"自媒体提升和实现了自身价值，推进乡村产业振兴向数字化方向发展。

3. 短视频平台

随着5G等网络基建的迅速发展，短视频以时长精短、传播速度快、互动性强等优势迅速吸引了大量用户，以抖音、快手、西瓜视频、哔哩哔哩等为代表的短视频平台经发展爆发期后深耕垂直细分领域。"短视频平台以记录日常生活形式而成为社会文化生产的基础设施，这种展现日常生活的重复性视频展演实践，成为具有公众文化培育意涵的一种文化技艺，也是一种社会文化情感结构的生成方式。"[②]短视频强调用户的自主创造性，操作简便易上手，各类滤镜特效功能繁多使得记录日常成为一件轻松随意又不失分享价值的事情，较低的准入门槛、短平快的传播互动方式深受农村网友的偏爱，随着越来越多的农民参与网络文化，"三农"领域已成为短视频平台非常重要的垂类内容。"三农"自媒体通过自制短视频鲜明的风格、自然真实的乡土气息吸引了众多粉丝，涌现出一批头部乡村网

---

① 陈海峰：《今日头条、西瓜视频、抖音等"战疫助农"帮农产品找销路》，中国新闻网 https://www.chinanews.com.cn/business/2020/02-19/9096994.shtml，2020年2月19日。
② 曾国华：《重复性创造力与数字时代的情感结构——对短视频展演的"神经影像学"分析》，《新闻与传播研究》2020年第5期。

红，成为"三农"领域的 KOL。短视频平台响应乡村振兴的号召，不断加大对于"三农"自媒体的宣传和流量支持，同时加强对自媒体创作者技能技艺的培养力度，对优质的"三农"自媒体创业者提供扶持。快手推出的"幸福乡村带头人"计划对"三农"短视频创作者中传播效果好、有示范性作用的优质创作者给予流量补贴，同时帮助他们搭建从视频制作到直播到电商营销的一整套内容体系和产业链。技术赋能的直播产业与短视频的结合，成为行业内最热门的传播形态之一。通过优质的视频内容进行引流，利用短视频直观、迅捷、即时反馈的特性创设消费场景，"短视频 +直播"的方式使农产品从产地到生产过程变得透明化，建立于"三农"自媒体 KOL 信誉基础之上的社群组织方式及短视频平台在直播间即时链接电商销售的形式，降低了消费者的搜寻成本，更能在社群氛围和直播间打造场景中促进消费者购买。一个头部"三农"主播或"三农"自媒体创作者不仅能够扩大产品的销售渠道，甚至能够辐射一个村镇甚至更大范围的农产品产业，促进产品的创新迭代。近几年受疫情影响，短视频与直播带货能够提供更多销售场景的结合创设，具有很大的销售潜力。"三农"自媒体达人通过"短视频 + 电商直播"已形成了一条从内容生产到传播营销再到商业变现的内容生态链，并可通过评价反馈机制进行内容迭代、产业升级，在帮助解决农产相关中小企业困难的同时，也开拓了更大的消费市场。

（二）"三农"自媒体的变现方式

中国互联网信息中心发布的第 50 次《中国互联网络发展状况统计报告》中针对网络购物用户的规模及使用率数据统计为："2022 年上半年，网络消费在消费中占比持续提升。其中，食品、日用品等品类的网络消费表现较为突出。网络消费是疫情下驱动消费的重要支撑。2022 年上半年，线上消费在稳定消费中发挥积极作用。数据显示，上半年全国网上零售额6.3万亿元，同比增长3.1%。其中，实物商品网上零售额5.45万亿元，同比增长5.6%，占社会消费品零售总额的比重为25.9%，较去年同期提升2.2个百分点。"①面对如此庞大的市场规模，线上消费的市场潜力还在进一步提升，疫情加速了商业形态的转变，"互联网+"的应用场景广泛深入生活的方方面面。在"三农"领域，"三农"自媒体创作者构筑的乡村空间不仅具备社交化、市场化和结构化的生产状态，同时在信息发布与传播过程中还承担着渠道作用。被吸引的用户成为"三农"自媒体凝聚的粉丝后，在成功的商业模式下就可以转化为具有购买力的消费者角色，并反过来助推"三农"自媒体找到最适应其内容类型的变现方式，通过打造具有差异化特征的个体IP，在持续不断的优质内容和价值观输出中增强用户黏性，实现"粉丝经济"。根据运营方向的不同，"三农"自媒体的主要变现方式有以下5种：平台分成的流量贴现、植入式广告、由线上到线下的引流迁移、电商销售、知识付费或付费咨询。

1. 平台分成的流量贴现

当前各大自媒体平台都已感受到下沉市场潜藏的巨大红利以及"三农"领域广阔的市场空间，快手、抖音、西瓜视频等短视频平台均有"三农"领域的垂类专区，淘宝也有专注于"三农"市场的"农村淘宝"，拼多多则以大量资本投入助农直播间，从技术、流量、培训等各个方面支持"三农"内容的创作与发布。平台的流量贴现主要是为了激励"三农"自媒体优质内容的产出，根据视频的播放量，给予20元/万次左

---

① 中国互联网络信息中心：《CNNIC发布第50次〈中国互联网络发展状况统计报告〉》，https://www.cnnic.cn/n4/2022/0916/c38-10594.html，2022年8月31日。

右的补贴,播放量较高的内容收入少的能有五六百元,多的达到数千元。而一些"三农"头部自媒体创作者多采用跨平台的发布方式,仅凭借播放量就会有高达几十万元的收益。平台为了提高用户的创作热情,往往会不定期地开展各类奖励活动,"三农"创作者可根据自己擅长的领域进行投稿,胜出者不仅会有平台的流量倾斜、各种孵化帮扶措施,还会进行平台宣传、提高曝光量,获得奖金鼓励和更多的商业机会。

2. 植入式广告

植入式广告是以一种自然、隐蔽的方式将产品宣传和服务融入"三农"自媒体的内容创作与创意的广告投放形式。用户在接受内容的过程中自然而然地完成了对产品、服务特性与品质的了解,达到了潜移默化的宣传效果,实现了营销目的。当前受众对于消费引导明确、兜售行为明显的广告带有先天的抵触情绪,而"三农"自媒体创作者与粉丝之间的情感联结和信任基础,使得粉丝群体对于这种基于社交体系、具有情感消费特点的产品更容易产生信赖,植入式广告柔化融入的方式与"三农"内容创作、创作者个人风格相贴合,并且粉丝群体更精准,为农特产品的潜在消费者和关注者,这样的产品营销方式触达率和转化率要远远高于传统广告的硬性推销。因而农特产品商家对于社交化营销的投放意愿不断增强。尤其是"三农"自媒体的头部红人因其粉丝数量多,KOL 的形象信誉好,其内容创作能与产品形成很好的加成效果,如"李子柒"的螺蛳粉、"湘野红姐"的豆干以及"巧妇 9 妹"的皇帝柑都是将内容创意与地域特色、与产品特质结合较好的营销案例,充分发挥了内容的娱乐体验性及互动社交性。红人效应带动的内容生态的营销价值也吸引着农特产品商家做出更多宣传预算投放和倾斜的决策。

3. 由线上到线下的引流迁移

"三农"自媒体的网红效应能够带动线上积累的粉丝流量向线下迁移，用户往往被吸引到视频拍摄地进行体验和旅游。基于社交媒体的社区团长或"三农"自媒体达人可以依托社群在线上营销或发布团购信息，还可以策划相关的主题活动，如采摘体验、农家乐消费、乡村康养等，既推动了乡村旅游，又可以强化品牌美誉度、认知度，线上迁移至线下的交流互动方式加深了情感联结，使粉丝增加情感消费频率，成为忠粉。如甘肃陇南成县的"乡村鸡司令"尚育康在快手上因为以贵妃鸡创意摆字的内容视频而获得大量的播放量和关注度，尚育康将自己的传统鸡舍农场改造为生态农场，不仅养了鸵鸟、火鸡等观赏性动物，还在农场里种植风车茉莉、巨型南瓜，搭建凉亭、葫芦长廊和柴火鸡灶台，使得农场鲜花环绕、环境宜人又趣味横生，融家庭饲养、萌宠喂养、农家乐、采摘体验和柴火鸡美食于一体，他将自己农场改造的过程拍摄为一个系列多个视频，观众亲眼看着他梦想中的生态农场一步步在自己的设计改造和乡民们的努力下得以实现，农场环境变得越来越好，粉丝们不仅在评论里表示期待，更是利用假期时间到他的生态农场亲身体验。据尚育康介绍，农场改造视频不仅吸引了粉丝追随和关注，他的生态农场也带动了当地农家乐和乡村旅游体验项目，生意较之以往至少增加了30%。

4. 电商销售

"内容创作＋电商变现"是常见的"三农"自媒体商业模式，最主要有两种方式：一种是基于"三农"自媒体创作者自营电商变现，另一种是与国内的第三方电商平台进行合作实现变现。"三农"自媒体自营电商变现，是指"三农"自媒体的创作者在自身的内容创作中以各种形式进行相关产品的展示营销，或是将产品的制作生产过程展现出来，或是将产品在使用场景下的品质性能进行呈现，如果内容创意的调性能与产品得到好的融合，并且能将产品的卖点放大，就能充分调动粉丝的购买欲望。具有一定粉丝基数的 KOL 更是因为粉丝数量多、黏性强而具备很强的商业号召力和市场价值。将商品放置到自营的电商平台上销售，对于个人品牌的构建与创设能够起到重要的推动作用，在这一过程中，内容的品质、创意是否独特、自媒体达人的个人魅力大小以及作品是否具有感染力，都取决于"三农"创作者是否了解粉丝用户的需求，能否激发用户的购买意愿，这也是产品呈现能否实现购买转化的决定性因素。当前国内短视频平台中"三农"专区为其中重要的、商业转化率较高的垂类内容，平台鼓励"三农"创作者依托平台内部设立的自营电商进行流量变现，实现盈利，达到平台和"三农"自媒体的互惠互利。另外，"三农"自媒体还可通过短视频平台链接至外部电商平台完成产品销售。创作者往往是两种方式同步进行。比如抖音在用户个人页面上线了"抖音小店"，"三农"自媒体创作者可以以"抖音小店"这种内嵌小程序的方式售卖产品，后来这一入口又升级为"抖音商城"。与抖音基于算法的"兴趣电商"不同，快手则是主打"信任电商"，提升平台保障以及构建主播或红人品牌的信任机制是快手想极力优化的生态机制，使消费者从"信任平台"变为"信任卖家"，因而对于快手更为下沉的市场空间来说，"三农"KOL 的私域流量贡献在快手整体的电商成交所占的比例要远远超过公域。"短视频＋直播＋电商"不论是基于算法数据的"兴趣电商"还是基于社交情感的"信任电商"，都在尽力实现自媒体私域流量的商业转化。近年来，短视频平台正在趁着直播的强劲势头争夺电商领域的市场空间，也都在搭建自营质检的仓储物流，目的就是形成平台自身的电商闭环。西瓜视频为了吸引更多的"三农"自媒体创作者加入电商行列，采取了不抽取或减免佣金的方式鼓励

"三农"创作者在平台内部开设店铺。

"三农"自媒体与第三方电商平台合作，通常是采用以内容创作的形式对商铺产品进行推广或是因自身内容而创设个人品牌，内容创作本身就会为品牌商铺引流，因而可以从销售商品的营业额中抽取佣金或获取分成，如李子柒与 MCN 机构微念开设的"李子柒旗舰店"就是基于李子柒个人品牌的市场号召力及优质的内容创意输出，因而她的每一次内容更新都会为该商铺导流，实现销售。

5. 知识付费或付费咨询

当前农业正在向着智能化、数字化、科学化、规模化方向发展，农民需要由传统农业从业者转型为掌握科学农业知识和现代化技能的"新农人"，然而农业从业者中占据大部分的是世代务农的传统农民，他们受教育程度普遍不高，从事农业生产主要依靠代际传承的耕种经验。当下新兴职业农民面对的不再是传统的小农经济，而是产业升级后的集约化种植方式，小农时代口粮种地关心的是自己吃的问题，而现在上百亩、上千亩的规模种植常常是作为农产品销售的，新兴农民具备商人属性，他们更关心怎么提升农产品的品质、产量来获取更大的收益，因而仅仅依靠过去时代传承的耕种经验是无法形成核心竞争力的，农民们对于获取新技术和农业农资知识有迫切的需求。以前获取这些资讯知识的渠道主要有两个：一是卖农药化肥的商人，他们在推销农药、化肥过程中也会普及相关的农技知识，但这些农技知识往往陈旧单一且这部分人具有明确的销售导向，更多是基于销售的农药化肥品牌所做的推广，很难给农户的个体问题推荐最优解决方案；二是通过乡镇农技员，但一方面乡镇农技员的配比数量较低，另一方面从农业院校毕业的农技员常常没有太多实操经验，不了解农民的实际需求。越来越多"新农人"需要农技、农资或传播营销方面的知识补给与培训教育，而供需之间的巨大缺口正是当前市场的痛点。

2016 年，随着"得到"等知识付费平台的出现，"知识付费"经历了爆发期，引起大家的关注。但农业类内容占比并不高。巨大的需求市场意味着发展的蓝海，"2021 年超过 1.9 亿活跃用户在快手关注农业技术、农业种植及养殖相关短视频，在'三农'原创视频中占比超过 60%。其中，最受欢迎的是农机相关内容；此外，蔬菜、花卉、牛羊、养猪等技术也日益受到关注"。[①]2018 年 10 月，快手上线了"三农"专区的知识付费项目——"快手课堂"，以"三农"知识资讯类内容来分享农技知识，传播"三农"政策以及农机、农资相关内容，以知识传递、信息分享来解决农民在生产劳动中面临的实际问题，实现助农兴农的社会价值。快手账号为"江苏小苹果"的返乡大学生毕业后自学成才，成为苹果种植的技术专家，他从果农转型为课程主播，在直播间和果园中教种植、卖农资，在快手卖出 2 万多份付费课程，指导关注他的苹果种植户增产增收。"闫妈妈街边小吃"则是在"快手课堂"中教人做抚顺小吃和东北街摊小吃，她的"中式拌菜""羊肉馅饺子""东北大饭包"等课程不仅吸引了很多想做摊点生意的打工者，细致的讲解和包学包会的课程效果也吸引了一大批想学习厨艺的网友，快手粉丝超过 25 万，成为快手平台上授课收益较好的"老师"。快手上不仅有这样一批有丰富经验的农人"老师"，更是邀请"三农"领域学者、专家加入"三农"自媒体知识专区，致力于知识输出与经验分享，为专家和普通农人搭建桥梁，使农学理论和田间实践能够结合。河北省石家庄市蔬菜产业协会会长李藏朝在"快手课堂"上进行为菜农答疑解惑的课程直播，每次直播都会有一两千人同时观看。这些农技专家及活跃在农业一线富有经验的"新农人"成为"三农"自媒体达人中农技领域富有号召力的 KOL，

---

① 金江：《〈2021 快手"三农"生态报告〉："三农"兴趣用户超 2.4 亿》，《电商报》2021 年 12 月 26 日。

通过接地气的表达方式仔细讲解、传播最实用的农技，受到新老农人的欢迎。农技传播搭上了新媒体技术和自媒体传播的快车，使专业科学的农业技术变得通俗晓畅、实用有效，令农民听得懂、学得会、用得上。

除了快手、抖音等短视频平台开展"三农"知识付费项目外，还有"蜜蜂TV""天天学农"等平台开展针对农技农资领域的付费咨询和付费课程。"新农宝"推出的垂类平台"蜜蜂TV"为农业知识短视频平台，不仅在微信小程序上线，其面向"新农人"的视频内容和付费课程也同时在梨视频、抖音、优酷等多个视频平台播放。"蜜蜂TV"与200多位农技专家合作，打造农技KOL的IP影响力，形成"柑橘学院""苹果研究所""葡萄科考队""蜜蜂百科""大田作物科学院""蔬果科学院"等农业知识矩阵，不仅以"三农"农技专家的知识课程解决农民面临的农技问题，更以营销场景为入口，提供信息化云服务，为农民提供具体的植保解决方案和制定系统预防方案，期望通过提供全渠道、全场景的服务来拓展"三农"电商更全面的应用场景，满足农民的真实需求。

四、"三农"自媒体的情感消费与运营模式

随着近几年乡村振兴的逐步推进与落实，农业、农村呈现出迈向现代化、数字化发展的崭新面貌。"三农"自媒体的内容生产也经历了一个由"自发"娱乐式的土味实验到"自觉"追寻内容品质、追求媒介认同的新阶段。农业、农村、农民在视频平台与社交媒体中由叙事的客体转变为叙事的主体，彰显着越来越具有自主性的创作意识。新时代的农人们开始追求与主流媒体的价值融合，追求社交领域的身份认同。在自媒体内容生产中，"三农"内容以区别于城市范式的空间生产和景观符号脱颖而出，唤起观众的"原乡记忆"。在快速发展的社会中人们面临着信息超载的现实

处境，注意力已成为稀薄资源，"三农"自媒体的内容创作为用户提供了别样的情绪价值，成功吸引了用户的注意力，将乡村文化新传统和田园野趣的生活方式以视听审美和奇观叙事给予用户和观众"情感按摩"，舒缓焦虑，勾描出愉悦和谐、自然惬意的"现代乡村"的生活图景。

各类视频平台和社交媒体中，"三农"创作者所追求的点击量、关注度、"一键三连"、钱币打赏、热搜话题、弹幕评论、虚拟礼物等各种互动行为，都是以情感联结的方式在技术场中转化为价值层面的认可与需求，"真实""有趣""干货"的创作内容引发的情感共鸣和信息需求成为一种显现出文化价值、技术价值和经济价值的象征资本。如同布迪厄所指明的："各种不同类型的场域存在着不同类型的资本，不同的资本在不同的场中遵循着不同的逻辑发挥作用。"[1] 在情感消费视域下，情感、情绪成为一种可供交易的"商品"，以色列社会学家伊娃·易洛思（Eva Illouz）的研究率先将消费者体验的情感维度与商品生产过程相联系，认为消费者将情感寄予"商品"，在与商品提供的情感、情绪交换中完成情感消费。[2] "三农"自媒体的内容创作亦遵循"情感商品"的价值逻辑，在传受双方的情感互动中由创意内容引发情感共鸣、价值肯定，最终形成由情感物化到实现产品效益与流量变现的消费路径。

信息技术革命改变和颠覆了媒介信息与受众间的关系，也改变着人们的消费行为。在 Web2.0 兴起的前互联网时代，AISAS 模型作为互联网信息传播效果的评估方式可以探究受众媒介的使用习惯，对我们了解

---

① ［法］皮埃尔·布迪厄：《区分——判断力的社会批判》，刘晖译，商务印书馆 2017 年版，第 188 页。
② Eva Illouz（ed.），*Emotions as Commodities：Capitalism，Consumption and Authenticity*，London：Routledge，2017，pp.7—14.

这一时期信息和受众间的互动关系具有重要的方法论意义。AISAS 模型是 2005 年日本电通公司提出的传播效果评估模式，将受众接受与消费互联网信息的过程分为五个阶段，即注意（Attention）—兴趣（Interest）—搜索（Search）—行动（Action）—分享（Share），其中"搜索"（Search）和"分享"（Share）体现着互联网时代信息传播和消费方式的特质，这一模型强调和注重受众的自主性与主动行为的意义。当融媒体时代来临，以社交媒体为代表的新媒体使社会个体和信息传播的关系发生改变，共创共享、"对话"互动成为时代背景。2011 年日本电通在 AISAS 模型的基础上基于社交媒体时代的传播质变更新和发布了 SIPS Model 模型工具，提出了社交媒体时代受众参与信息传播的四个阶段：共鸣（Sympathize）—确认（Identify）—参与（Participate）—共享（Share）—扩散（Spread）。同年，中国 DCCI 互联网数据中心则在 SIPS 模型基础上根据数字时代传播生态下受众轨迹、行为模式、关系网络的共生谱系提出了建设性的消费行为模型，具体分为五个阶段：品牌与用户的相互感知（Sense）—产生兴趣并形成互动（Interest & Interactive）—建立联系并交互沟通（Connect & Communicate）—产生购买（Action）—体验与分享（Share）。"SICAS 模型的核心思想是将受众与当前多触点分布式的信息传播建立起一个动态感知网络（Sense Network），其中的触点既有来自对需求的响应又有对已知信息印象的产生，对话过程随时随地、通过遍布全网的传感器感知受众的需求、取向、去向。"[1] 基于 SIPS 模式基础之上改进和延伸的 SICAS 模型是在数字时代受众接受信息的渠道、方式已发生改变的背景下，基于多触

---

[1] 陈思：《试论传播效果评估工具与方法的演进——AIDMA 到 SIPS 的效果评估发展阶段》，《中国报业》2013 年第 6 期。

点、非线性场景下对受众行为过程方式的一个探究，无论是对当下信息传播还是商业消费都提供了有力参考。

以中国 DCCI 互联网数据中心提出的 SICAS 模型来反观"三农"自媒体的运营模式、传播路径与绩效价值，可以看到"三农"自媒体正是遵循 SICAS 的 Sense—Interest & Interactive—Connect & Communicate—Action—Share 的逻辑路径来实现传受双方基于情感消费的动态感知网络：

（一）Sense："三农"自媒体传受双方的感知与确认

"三农"自媒体是如何在传受双方中形成情感联结，以情感商品的交换价值形成流通和交互机制的，可以由传受双方的供需匹配来进行分析。

研究团队在 2021 年 7 月和 2022 年 7 月分别两次通过问卷星进行了关于"三农"自媒体用户体验的调研，两次调研共收到问卷 454 份，其中有效问卷为 452 份。关于"你为什么喜欢他（她）的作品？"这里的"他（她）"指的是用户关注的"三农"自媒体创作者，87% 的用户在理由中提到了"真实"，63% 的用户提到了"有趣"。

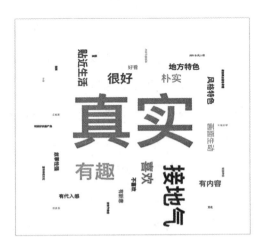

图 2-1 "三农"自媒体用户体验调研问卷第 31 题词云图

由该题调研结果生成的词云图可直观看到,"真实""接地气""有趣""贴近生活"是用户在选择"三农"自媒体创作内容的理由中提到的高频词汇。当下,"三农"自媒体创作已由"自发"走向"自觉",不再是创作者自娱自乐的个体表达,塑造形象、营造氛围、传递价值、提升热度并获得社会效益、经济价值是创作者运营"三农"自媒体的诉求。

在深度访谈中,受访者MG1谈到自己运营"三农"自媒体的想法时说:"刚开始可能会想如果以后可以带货或有广告的收入就好了,但也只是想一下。因为不知道究竟能做成什么样。后来你会发现,你所有的精力、时间都在这件事上,而且也有了粉丝,如果不利用这个挣钱的话,那拍抖音的目的是什么呢?刚开始也许不会这么想,但是后来就会考虑,你为什么要做这些,做这些的动力是什么。人做事情是需要动力的。这件事给我的动力是走在街上有人认出我,和我合影吗?这个对我来说是没什么意义的,我需要生活。你得先把自己活好,然后有力量之后,才有能力使别人过得好,帮助别人。你自己都过得不好,一个月赚个三五千的,连房贷都不够还,还怎么有精力去下乡、卖货、拍视频拍照的?我的视频里有很多给空巢老人送钱送物的内容,那些钱都是我卖货挣的。你做的内容有人喜欢看,有粉丝支持你,同时你能利用这些资源赚到钱,这都是双向满足的事情,我觉得这样就很好。想通过粉丝流量赚钱非常正常,只要做得好不妨碍你做有价值的事。"(访谈,受访者MG1)

优质的"三农"自媒体创作内容以真实朴素的乡村世界、自然本真的生活方式呈现出一种未被工业化侵蚀的拙朴面貌,镜头的滤镜与剪辑并未使其失却乡土特性,而是以自身美善、意趣的表达发掘,达成与外部世界的勾连、互动与想象。与其他自媒体内容的时尚高效、繁华丰盛不同,"三农"自媒体的乡村叙事反而呈现了某种返璞归真之感,自然恬淡、日出而作、日落而息的简单温馨生活能够使情绪压力得到舒缓,在一众自媒体创作内容中呈现出与众不同的视觉冲突与叙事张力,这也是为什么用户不会因为"三农"题材内容创作的简陋、画面场景的质拙而舍弃它,反而认为这是乡土题材本就该具备的"真实"的特质。而创作者只要能满足用户对传统质朴乡村风貌的期待,就可因提供了一种全新的视听体验和对"原乡记忆"的唤醒而受到用户青睐。"三农"自媒体的传受双方因创作内容而建立的情感联结和对位,使双方感知到情感供需的双向互动与匹配方式。

优质"三农"自媒体的创作内容常常在短视频平台内容筛选的"爬坡机制"中因数据反馈好而进入首页滚动的推荐内容区,而这些数据正是来源于对用户浏览、点赞、评论、完播的观看行为的搜集,数据优异者会从随机流量池中进入更大的流量池,进而具备了更高的可见性,这种平台的技术设置和推荐方式形成了一种对创作内容和创作者的选拔机制,也使创作者在通过主题内容与用户达成情感确认后,更加明确今后创作的方向。

(二)Interest & Interactive:以"兴趣""信任"为基础的分享互动机制

除了"爬坡机制"外,抖音、快手等短视频平台的算法推荐也使得"三农"自媒体的内容会被推送给对其更感兴趣的用户。用户在抖音、快手的初期都会经历一个"冷启动"的阶段,通过对用户观看一定数量的视频及观看行为的掌握后,系统会识别该用户的内容偏好与观看行为习惯,并依据此向用户推荐更符合其兴趣的视频内容。这种内容分发的方式增加了用户黏性，使"三农"自媒体内容的观看用户更容易与同类的内容和创作者产生联结，系统推荐的同类内容的增多使得用户会依据兴趣选择自己更喜欢、更信任与青睐的作品。此外，内容筛选的"爬坡机制"鼓励"三农"自媒体的创作者从乡村题材的"日常"中去提取戏剧性元素或是具有让人情动的"亮点一瞬"，这也要求创作者精心设计和安排拍摄内容，考量能与用户达成情感互动的题材和内容，因而不加思考"随手一拍"的内容很难抵达用户视线，而那些拍摄质量较高、内容有特色和创意、情感丰富饱满的作品更容易赢得用户的关注，创作者为了能够吸引粉丝，也需要不断精进拍摄技术，锤炼内容题材。

同时，各类平台利用技术导向尽可能地精准定位用户圈层，同时也鼓励创作者和用户建立圈层社交，"微信＋公众号＋群组＋视频号"的社交基础生态使创作者和用户可形成点对点（好友）、点线点（群组交流）、点网点（公众号传播及评论互动）再到点体点（视频号的社交分享与互动）的链条式社交，频繁、交错地不断建立关系，突破熟人社会的社交边界。微博则是利用流量打造爆款，如今微博已成为一个公共舆论场和大众娱乐平台，在热点事件和爆款内容上，微博往往成为信息溯源地和大众讨论场，同时自媒体在平台上分享产品也会引领消费趋势。"三农"自媒体中的头部网红李子柒微博粉丝超过2700万，2016年因一则美拍视频《桃花酒》的爆火，在微博"内容＋运营"的引流助势下，李子柒的名字频频登上热搜和头条，成为平台上受扶持的优质创作者，以古风美食、田园生活、东方传统文化等一系列优质内容赢得了大量粉丝的追随，成为"山涧田野间生活的造梦者"，她本人也被聘为中国农民丰收节的首位推广大使，以YouTube上1140万的订阅量被《吉尼斯世界纪录大全》收录，成为文化输出的代言人。抖音、快手等短视频平台也在通过不断调整平台功能来强化社交链的打造,鼓励用户通过"点击视频—点赞评论—分享传播"的闭环来形成社交传播,并通过"幸福乡村丰收季"等一系列主题活动以及"直播+短视频"的内容生态吸引兴趣用户,形成由内容品质建立信任的交易体系,打造"三农"领域的个人IP,以品牌化带动农业产业升级。

深度访谈中,受访者谈到自己对"创作者与粉丝的互动关系"的看法时说:"我觉得自己还是更喜欢内容创作,拍拍短视频啊,或者以图文记录一下乡村生活或自己的生活体验啊,更能让我觉得有价值。比如抖音橱窗和直播都可以通过粉丝来进行带货,可以通过自己积累的粉丝来变现,但我觉得两者之间我更希望看到抖音橱窗商品售卖高,因为我觉得抖音橱窗商品是因为粉丝可能通过我的作品更加信任我这个人,了解我这个人,所以通过我的橱窗去购买。作品能拉近和粉丝的距离,通过情感培养让他们知道我是一个怎么样的人,我在什么样的环境下,我和粉丝的情感黏合度会更高,是慢慢拉近距离的,因为信任我、了解产品,才会购买产品。但是直播带货的话,我觉得比较少有情感基础,卖货的目的性太强,有种市场吆喝的感觉,所以我直播带货比较少,感觉直播带货的重点是在那种即时性的互动上,情感培养和积累不高,对于慢热的我来说,我更喜欢和珍惜能和我慢慢相处的朋友。"(访谈,受访者MH5)

高品质的内容创意、鲜明的风格特色使优质的"三农"自媒体创作能够引发大众的兴趣,而真实清新、天然去"雕饰"的乡土特色唤醒的"原乡记忆"又容易使用户产生信任感,平台的"技术驯化"与引导机制促使创作者以用户兴趣为导向创作"三农"题材内容,并持续不断进行内容的品质优化与输出,用户因追随内容与创作者共同搭建社交体系,形成分享、讨论、期待—反馈—满足的互动机制。

（三）Connect ＆ Communicate：**高频互动交流与粉丝内容共创**

除了"李子柒""滇西小哥"等由 PUGC 运营的"三农"自媒体对于画面质感有近乎专业标准的要求,需要耗费较长时间精心策划外,大多数"三农"自媒体创作者比较注重内容更新的频率,对于以"记录"乡村本色为主体的"三农"自媒体创作者来说,保持更新频率,能够最大限度地增加曝光量,可以稳定粉丝群体,吸引其持续关注。许多"三农"自媒体创作者将拍摄和发布内容作为日常工作来执行,保持日更甚至一日两更的频率,可谓"高产"迅速。20 世纪 60 年代,心理学家查荣茨以实验证明人们对于观看次数越多、接触越频繁、越熟悉的人或事越喜爱,这种心理被称为"多看效应"。坚持有规律的高频输出,增加与粉丝的互动,培养粉丝的"约会意识",形成粉丝定期观看或追踪内容的惯性,构建以受众为中心、以满足用户诉求为核心价值的场景化内容,成为自媒体创作的关键。许多创作者不仅会及时回复粉丝评论,还会以粉丝的需求和观看期待来设计、安排创作内容。在现场拍摄或直播过程中,随时与用户和粉丝互动交流,以提问激发观众的兴趣和讨论欲望,及时回应观众的问题与诉求,增加与粉丝的情感交流。我们常常在"三农"自媒体拍摄的视频中听到这样"拉家常"式的对话:"不知道大家有没有见过这种东西……""你们喜欢……吗?"这种对话氛围能营造出与粉丝面对面交流的场景感,增强内容的亲近性,能够吸引到更多的同质粉丝群体。粉丝在评论中提出的需求也会在创作者的回应和内容中得以反馈和体现,诸如"乡村小乔"的粉丝提出想看看当地集市的场景,小乔就会去当地赶大集,满足粉丝的观看期待。当粉丝好奇是谁为小乔拍摄视频，小乔及时在视频中回应并让帮助自己拍摄的弟弟上镜和粉丝们一起互动交流。

研究团队在进行田野调查时，对"山村鸡司令"尚育康这位来自陇南成县的"三农"自媒体大V进行了深度访谈，尚育康提到自己和粉丝的互动说道："我觉得内容拍得有趣很重要，我的第一批粉丝基本是我在快手发布的贵妃鸡摆字的视频吸引来的，有些粉丝特别感兴趣，还会在评论中说可不可以付费请我在视频中给自己的朋友摆生日祝福的图案，粉丝经常会提一些有趣的想法，有些就可以成为我的拍摄内容。像最近鸡舍经常发生不知道是黄鼠狼还是豹猫晚上来吃鸡的事儿，已经有好几只鸡死了，我拍摄了一段视频叫'惨案发生'，告诉了网友这件事儿，很多网友纷纷给我出招儿，有的说让我养大鹅，说是可以吓走黄鼠狼，也有的提出说放炮仗可以吓走豹猫，我就自己用炮仗做了一个惊吓装置叫'忐忑十连响'，把这个过程拍了下来还加了《千年等一回》的音乐，那几期视频效果特别好，粉丝的评论特别多，关注度也很高。最近好像是豹猫又来吃鸡了，但我还没想到好的解决方式，现在炮仗能赶走一时，但它还会再来……"（访谈，受访者MS11）

尚育康的访谈内容引发了研究团队的好奇，研究团队提出以拍摄团队参与的方式一同策划一期"赶走偷鸡贼"的视频，在征得尚育康同意后，拍摄团队亲身体验"三农"自媒体的内容创作和与粉丝互动的过程，当尚育康在粉丝群中提出"小鸡总是在晚上被袭击叼走"的困扰后，有粉丝出招："可以做稻草人或是假人来吓唬豹猫"。研究团队中的拍摄小组协助尚育康完成了"假人"的制作并于2021年7月25日晚通宵拍摄了以"假人"吓走豹猫的视频,策划了一期带有惊悚谐趣风格的内容,标题为"偷鸡贼克星第二代"并附上设计好的文案:"该产品遇风则动,可360度旋转,不知道偷鸡贼看了怕不怕,我晚上看了确实很怕。"在7月26日晚8点该视频同步发布在抖音和快手平台,引发了网友的讨论和热议,快手获赞16.1万,网友评论3.1万,转发1195次,有粉丝评论:"你可真有艺术细胞呀,可以拍鬼片了。"

图 2-2　研究团队拍摄小组协助"乡村鸡司令"尚育康完成视频策划及制作

图 2-3　研究团队拍摄小组夜拍"偷鸡贼克星第二代"短视频

图 2-4 研究团队拍摄小组协助"乡村鸡司令"尚育康完成视频策划及制作

图 2-5 "山村鸡司令"快手视频"偷鸡贼克星第二代"截图

美国社会学家欧文·戈夫曼在其提出的拟剧论中以舞台比拟人类的社会化表演,他将舞台分为"前台"和"后台",认为人们在"前台"中呈现和表演的是一定程度上受制度化社会规约的理想化、社会化的自我。而"后台"则突破了种种限制,更多是源于自发性的自我表露。大量视频内容和视频平台的出现使前台和后台之间的中间区域得以缩小,甚至前台与后台可以相互转化。"三农"自媒体的内容呈现集中于乡村"日常生活"的展现,但呈现在镜头前和经过平台内容筛选机制遴选的被推送到用户面前的视频内容往往存有展演成分。尽管如此,这些内容依然能够将原本处于后台的乡村生活和现状通过前台呈现出来,也能够通过展演塑造和树立"三农"创作者"新农人"的形象,呈现农村新面貌。粉丝和创作者积极互动,创作者通过内容的持续改进输出,通过有特色的原创内容打造个人IP,就能和粉丝建立长久的情感互动。

（四）Action—Share：社群裂变营销与跨平台分享扩散

"三农"自媒体通过情感认同打造个人IP,是内容营销的创造者。当"流量收割"无法换来长久的生存,"三农"自媒体对受众市场的争夺也开始"硝烟弥漫",优质的内容更易受到青睐,当不断输出的价值得到肯定,"三农"自媒体就具备了聚集消费者的渠道优势。"小而美"的农特产品因为与"三农"自媒体创作内容的天然联结而容易获得用户的信任,尤其是能够让用户感知和体验到当地特色农产品的生产环境和品质特性的内容,此类内容有助于降低用户购买农产品的风险,因而能吸引有兴趣的高黏性用户。此外,通过聚合朋友圈、建立社群等形式进行分享是"三农"自媒体创作者常常采用的营销方式。如果说微博及短视频平台上的分享能够吸引粉丝,形成流量,那么微信公众号和社群则能够导入流量,通过"同好"吸引的社群通常由发起者和组织者进行管理和运营,建立仪式感、参与感、组织感、归属感,形成情感联结,社群就能保持活力,进而形成具有价值认同的凝聚力。

"我有自己的粉丝群,叫'梁掌柜的陇卷风',其实'梁掌柜'不算是我们的品牌，我们的品牌主要是'陇上庄园'和'陇卷风'。当时是想着注册'陇上庄园'，因为已经有人注册了，就换成了'陇卷风'，我在平台的昵称是梁掌柜，粉丝也觉得这个名字读上去很顺口又好记，就都这样叫，所以口口相传大家就都这么叫了，我也愿意答应，其实也就是个代号，只能说'梁掌柜'促成了一种品牌效应吧。粉丝的话，一般情况家里这边肯定是比较多的，另外因为我们的产品有一些好的反响，尤其是农产品销往广东的比较多，因为我当时在那边打工认识了一些朋友，这些朋友又会介绍他们的朋友给我认识，这样的话其实就是滚雪球的模式，人也越来越多，天南海北的都可以接触到，反正电商，做自媒体的认识的人越多越好。我和团队的伙伴们都会经常以图文的形式分享一些生活趣事，也会拍一些我们到老乡家或田间地头收货的视频，偶尔也介绍觉得不错的农副产品。但我的粉丝群主要不是卖货的，就是为了和大家交流，有时粉丝看到就会告诉我，他们想买什么或者想看什么内容，因为经常交流大家感觉就像朋友一样，有时我们周末时还会相约一起去哪里吃个饭、见见面，大家有什么好消息或是用得好的商品也会在群里互相分享。像我当选了全国人大代表被央视的记者采访，他们也会把新闻中截屏的照片发到群里，大家都点赞，觉得这是一个荣誉，替我开心，所以我们都是朋友，给朋友的东西肯定要做好，不仅要物美，还要价廉，毕竟我们这也是平民化的，产品的质量肯定是第一位的，卖的就是质量，人家买的也是放心，不然这个生意也做不下去，需要的是好口碑和回头客。"
（访谈，受访者FL4）

"三农"自媒体以内容营销和IP化营销为基础，容易构建具有相同价值理念"同好欢聚"的聚集社群，创作者作为社群中的 KOL，他（她）的口碑和信誉度至关重要。不论是进行内容分享还是进行农特产品的社群营销，大部分农特产品不依赖于工业化产品的核心参数与数据证书，又可与"三农"自媒体的内容创作产生互相加成的作用，通过社交网络、社群人脉本身的信任基础进行电商营销能够满足客户多样化的定制需求。另外品质好的农特产品属于用户刚需，消费频次高，社群中的"群羊效应"更会带动社群的分享氛围和营销活力，这种"内容 +IP+ 社群 + 产品"的营销方式可行性很高。在社群中，第一批种子用户的反馈至关重要，是实现社群中口碑效应的基础，社群中多样的营销方式，如团购、发样品、送福利、邀请社群中的成员到农特产品产地现场体验或一同进行内容创作，参与到作品的创意策划和拍摄中来或通过线下活动增进情感交流，都可以使社群实现裂变式营销，进行更广泛地传播、扩散。

另外，跨平台的营销模式可以突破单一渠道，社群、公众号、大 V 号、朋友圈、短视频平台、头条动态、自媒体平台小程序等自由组合都可以形成多种营销模式，如 B2C 模式、C2C 模式、O2O 模式等，借助自媒体创作的内容优势与新媒体平台的助力，选择适合自身农特产品销售方式的社群营销，以裂变方式分享、传播与扩散。如同鲍德里亚所说："消费的真相在于它并非一种享受功能，而是一种生产功能。"[①] 社群中的交流分享、评论转发都具有生产动能，粉丝由内容的欣赏者可以变为内容的共创者，也可以由产品的消费者变为产品的推介者，甚至参与产品的生产共创，在这一过程中"粉丝经济"参与了情感商品的生产过程，从口碑建

---

① ［法］让·鲍德里亚：《消费社会》，刘成富、全志钢译，南京大学出版社 2014 年版，第 21 页。

立、产品推广到资本符号生成进而到经济资本的转化，社群中粉丝、消费者与生产者的身份界限逐渐模糊。"小而美"的营销方式同样也能撬动大产能，不但可以节省宣传费用，拓展宣传渠道，还能获得意想不到的精准圈层的消费者和海量用户，实现内容变现。

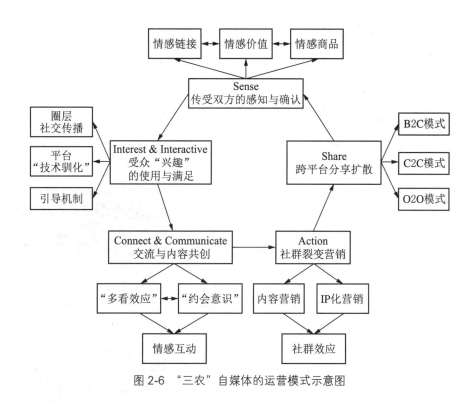

图 2-6 "三农"自媒体的运营模式示意图

第二节 "三农"自媒体个案分析与启示

我们依据"三农"自媒体的传播效果，以个人 IP 塑造、内容特色、传播力、影响力、商业变现的价值以及社会贡献与美誉度为衡量指标，选取了在"三农"领域占据"头部"的自媒体的典型案例，分析其内容特色及运营方式,以期为"三农"自媒体的发展带来启发。

一、李子柒:中国田园灵韵意象的呈现

(一)从中国传统文化到灵韵意象的呈现

幽静、朴素、偏远的四川山村中,一位身穿中国传统服饰的女子辛勤劳作着,不一会儿,她就将收获、采摘的新鲜食材变成美食,她就是自

图 2-7　李子柒短视频截图

述"李家有女,人称子柒"的李子柒。在抖音短视频平台上,"三农"美食自媒体账号"李子柒"拥有超过 5000 万名粉丝,获赞数超过 2.2 亿次。李子柒的作品以古风、山居、生活和手作等核心元素为主[1],凸显人与自然的和谐相处,具有一种深邃、沉稳和简约的审美情调。正是因为这种独特的美学呈现,李子柒被外界广泛称为"中国传统文化的传播者"。她的作品充分利用了鲜明的中国传统文化意象,在进行符号传播的同时,还将

图 2-8　李子柒短视频截图

---

① 徐敬宏、刘蓓:《中国传统文化对外传播的路径探析——以李子柒短视频为例》,《电视研究》2022 年第 4 期。

"隐性传播"的理念渗透其中，将文化符号视听化，[①] 尽力营造出以影像与听觉作为主体内容的传媒表象，从而更好地被世界各地的观众所接受。因而我们看到，李子柒在海外网站YouTube上也广受欢迎。

图 2-9　李子柒视频截图

李子柒的作品往往贯穿中国式田园生活的各个方面，例如辛勤耕作、采摘收获、制作美食和品尝美食，她将田园劳动的过程赋予了独特的审美情趣。例如，在《盐的味道》系列作品中，盐被赋予了一种持久的生命力。作品围绕着盐的开采、结晶展开，李子柒将这一部分叫作"牵藤"和"制盐"。空间的穿越使得观众的视野被不断放大，从居住的院子延伸到生产食盐的作坊，再穿梭回院子，优雅悦耳的背景音乐仿佛诉说着盐的一生，使得整部作品具有一种灵韵。随后，李子柒利用盐制作了几款美食：拌盐皮蛋、手打牛肉丸和菊花牛肉。总体上来说，作品影像的视点较为平铺直叙，偶尔会出现几个大全景的俯视画面，用以交代人物的聚集或者是展现人物与环境的相融。

图 2-10　李子柒视频截图

---

① 徐敬宏、刘蓓：《中国传统文化对外传播的路径探析——以李子柒短视频为例》，《电视研究》2022年第4期。

在《流觞曲水桌》系列作品中,李子柒将篇章分为两个板块,分别为以"翻找旧木床""修补木床""裁切床板""涂防水""装假山""飞花令"为主题的制作阶段,和以"吃饭""茶醉小龙虾""五谷茶香饼""茶熏排骨""鸡汤茶拌菜"为主题的品味阶段。两个板块详细地描述了"流觞曲水桌"的制作过程和以"茶"为特色的美食的制作过程,篇章名称和意象铺设都极富中国传统文化意蕴,呈现出一种悠然自得、率性天然的自然韵味,不断唤起观众心中一种深植的"原乡思念"。毫无疑问,这种原乡思念的本质是人们对古老生活方式的怀旧,在李子柒营造的古典意象中,这种怀念以影像方式拟真地呈现出来,形成了一种人们对"归隐之情"的"密集召唤"。这是一种高于生活形式的修辞和对生活场景的美学处理,通过将繁复冗杂的制作时间大幅度地压缩,拉近了观众与田园生活之间的距离,并通过影像的平铺直叙孕育出高于生活的美学意蕴。①

图 2-11 李子柒视频截图

(二)李子柒式微纪录片慢节奏意象的表达

事实上,李子柒的作品算得上一种微纪录片,它保留了微纪录片时长较短的特点,又具有精美绝伦、静谧精致的影像特质和丝丝入耳、细微分辨的声音元素,称得上是一类优秀的微纪录片作品。在《春节年货》系列作品中,李子柒用 16 个板块展现了中国的传

---

① 刘国强、牟柳樾:《影像化的现代桃源:论李子柒视频的文化意象与田园想象》,《新闻爱好者》2022 年第 1 期。

统节日春节，通过翔实的手工制作过程展现了春节的文化与习俗。作品以"写春联""剪窗花""贴福牛""做灯笼"和"装饰堂屋"为"引子"，又以"童年虾片""幸福猪肉脯""炒松子""炒瓜子""吉祥桔饼""如意蜜枣""糖葫芦和糖画""平安香酥馓""蛋酥花生"和"零食拼盘"作为重点描绘的美食部分，最后以"制衣赏雪"的民俗活动作为结束，节奏分明，叙事详略有当，除了表现主要叙事外，还插入了大量的中性镜头，例如婆婆的院子、不远处的灯笼、近处的花瓶等，这些意象的加入打破

图 2-12 李子柒视频截图

了叙事的进程，营造出一种自由、活泼、天真烂漫的田园意蕴，进一步拉近了影像与观众的距离，使得居住在城市的观众能够感受到一种缓解的情绪。

图 2-13 李子柒视频截图

在《丰收的季节》系列作品中，李子柒用 10 个篇章讲述了秋天的故事。在作品封面上，李子柒爬上树杈，灵活且自由，像是山间的精灵。李子柒为这个作品配文"秋日里的满满收获，存够粮食好过冬"，看似随性的书写却包含着丰富的内容。观众可以在作品中发现一种"世外桃源"之感，与李子柒一同享受丰收的喜悦，体会来自大自然的馈赠。在"紫米糍粑"篇章中，夕阳西下的渐变色天空与狗尾草产生了光影的互动，草木随风摇曳，带来一

131

图 2-14 李子柒视频截图

种与生俱来的清新之感。大量的固定机位拍摄显示出一种极度静谧，仿佛诉说着田园间那些大自然的话语，而李子柒扮演的角色则是人与自然沟通的精灵。在《玫瑰的一生》《秋葵和牵牛》《番茄》《黄瓜》和《菜籽油》等系列作品中，人成了自然资源的利用者，既接受着自然的馈赠，也感恩着万物的和谐共生。

（三）田园意象与都市隐喻中的商业意味

有学者认为，李子柒所创造的这种田园意象本质上是一种"都市化田园"的再造，因为它并不完全符合传统田园的耕作生活。从劳动的角度来看，李子柒在作品中产生的"劳动"实质上具有双重性质，它既是具体的田园生活中的劳作，又是另一种影像制作的团队化的消费文化产品生产的劳动，[①] 它的全部的价值体现在通过"三农"自媒体的流量变现。这样的说法或许较为极端，但它展现出李子柒式"三农"自媒体的独有特征，即创造观众所想的内容，并将它变为现实。生活在都市中的人们往往期待为精神家园寻找一片田园乐土，李子柒的出现填补了这种空白，它将精致的田园生活加以改变、创造和解构，形成一种都市隐喻下独有的田园意象，最终，劳动过程成了赏心悦目的休闲消费产品。[②]

无论人们如何谈论李子柒，可以确定的是，李子柒引领了一种文化现象，一种微纪录热潮，它使得我们更愿意去追忆我们的过去和我们的

---

① 刘国强、牟柳樾：《影像化的现代桃源：论李子柒视频的文化意象与田园想象》，《新闻爱好者》2022 年第 1 期。
② 同上。

先辈，李子柒的作品不一定能打动所有的观众，但它一定会打动那些内心真正富足的观众，因为他们才更加懂得怀旧的力量和自然的乐趣。从目前李子柒作品中运用的视听语言来看，李子柒作品的幕后团队具有较为深厚的拍摄和剪辑功底，能够充分利用蒙太奇、空镜头、延时摄影来形成每部作品独有的节奏和张力，主线叙事往往引领着情节的变化，在人物、猫和狗等外在事物的交流中实现了自我性格的塑造。在这种操控和编辑的逻辑下，李子柒在某些瞬间失去了作为主人公的地位，成了田园意象中普通的一员，她的举动也如同空镜头中的山川、草木和院落一般，成了最朴素的意象。可以指出的是，当前李子柒大量使用了分段式的作品连载形式，这种形式使得完整的作品被割裂成若干篇章，极大地冲淡了观众脑海中建立的环境意蕴，加之短视频平台往往采用"算法推送"的方式播放短视频，缺乏结构化的短篇作品令观者失去观看的兴趣。因此，"如何平衡短视频与微纪录之间的关系"是李子柒团队在未来应当思考的重要问题。

二、"浪漫侗家七仙女"：民族文化符号的仪式化传播

"三农"自媒体账号"浪漫侗家七仙女"，是贵州省黎平县盖宝村扶贫第一书记吴玉圣一手策划、扶持并运营至今的账号，其首发快手平台账号现有作品92个，粉丝116.4万，单个作品获赞量最高37.5万，单个作品最高评论量20258条，第一条首发作品发布于2018年5月27日（见表2-1）[①]，强烈的民族风格和符号化的表意呈现使得"浪漫侗家七仙女"成了极具代表性的民族性"三农"自媒体案例。

---

① 数据统计截止时间为2022年10月25日。

表 2-1　快手账号名称：浪漫侗家七仙女

作品量	粉丝量	单个作品最高点赞量	单个作品最高评论量	首发作品时间
92 个	116.4 万	37.5 万	20258 条	2018/5/27

（一）民族文化符号的视觉表达

当下的社会，语言文化的表意输出已进入视觉化的时代，以图像、影像等方式替代文字化的语言传播，将视与听作为行之有效的信息传播途径，利用影像语言对传播主体进行一种图像表达及视觉化的创作，现已成为"三农"自媒体创作者的主要手段，即海德格尔所说的"世界被把握为图像"。活跃于快手平台的"浪漫侗家七仙女""三农"号正是运用视觉表达将特色民族文化转化为图像符号进行创作传播的案例。

当前文化表达愈加趋向于视觉化的生产方式，文化符号的可视性成了民族文化创新发展的关键之处。"浪漫侗家七仙女"便是将原生态的侗

图 2-15

族村寨和侗族的民俗风情转变为民族符号并通过短视频传播展示给受众群体。例如视频中多次出现的民俗元素：传统民族服饰、木质结构的民族村寨、侗族大歌、侗族的非遗织绣、侗族节日等都以代表性的影像手段进行表达，使大众群体在观看视频的过程中对侗族这一少数民族产生了一种感性认识。其视频中可提炼出以下几个记忆点：颜色丰富、做工精细的非遗织绣服饰，白银发饰，曲调悠扬的侗族琵琶歌，原始富饶的乡村景象等。这些记忆点与民俗元素构建了象征化、原始化、愿景化的民族文化符号。受众在观

赏这种"理想国"的过程中，所有"想象即为现实"的生活图景，会在观看中将其民族文化特色潜移默化地缝合进自己的感知中，产生"情感舒缓"。

作为图像语言的创造与建构，要依靠视觉形式才能传达呈现。这个过程包括视觉元素、物质载体与呈现方式三个层面。[1]而民族类的"三农"短视频其构成核心便在于其所传达的民族文化核心。在特有的图像语言创造中，反映出侗族特有的文化风貌和生活愿景，将极具特色的民族视觉元素以及视频影像中所表达出的民族产物通过短视频进行呈现，由其民族风貌生发视觉文本的建构，这构成了"浪漫侗家七仙女"的视觉核心。丰富的人文景观呈现出的图像化信息极为丰富，无论是侗族的小桥流水、稻田茶园还是不同大众的民族饮食文化，都是极具民族性的符号语言，图像语言和民族符号的外化形式与内在意义在此呈现为更形而上的民族情感，同时根据创始人吴玉圣描述，"七仙女"并不是固定为某七个人，最初选定七位青春活泼的年轻女性作为形象大使，意在为小村寨带来生机与活力，这也使得"侗家七仙女"这一形象在当今同质化严重的"三农"自媒体垂类领域中具有独具一格的民族风采。

（二）民族内容的仪式化呈现与传播

"浪漫侗家七仙女"视频中的民族内容凸显了其民族图像文化的视觉符号表达，同时其内容生产也具有仪式化的传播特性，在融媒体背景下，"三农"类的短视频创作与传播已成规模，"浪漫侗家七仙女"在题材筛选、内容创作及最后呈现阶段，皆通过其民族文化符号进行仪式化的传

---

[1] 杜冰、王昱杰：《当代视觉文化赋予民族符号图像语言的审美嬗变》，《黑龙江民族丛刊》2021年第1期。

播，呈现给受众安静祥和、富足悠然的民族乡村景象。詹姆斯·W.凯瑞将传播的定义分为传播的传递观和仪式观。他从仪式观的角度定义，认为传播是一种现实得以生产、维系、修正和转变的符号过程，通过符号形态的建构、理解与利用创造了现实。①"七仙女"作为其账号的形象代言人，便成了其传播内容中极具象征意味的民族符号，七位青春靓丽的侗族少女，在古朴传统的村寨中过着半传统半现代的生活，春种秋收、制作传统服饰与传统食物、民族节日等场景中，均可见到她们的身影，她们通过本民族自身的生产生活模式，以人为主体进行民族形象建构，在制作文化图像符号时通过提炼和凝缩其自身所带有的民族价值及社会价值，进行对侗族现实生活的二次创造与传播，将"美化"的少数民族生活展现给屏幕前的受众，并依据现已成功的内容风格、定位与展现方式，构建出一个人们希望看到的理想化的侗族形象，并按此方向持续推出"三农"垂类领域的优质视频，让人们在感受民族风貌和民族特色的同时感受到仪式化的传播。在对文化符号的编码与解码过程中，受众在观看视频时被多种符号元素刺激形成特别记忆点，链接与促进了民族文化的接受与传播。

例如视频中出现的盛大圆桌宴、侗族丰收节以及苗族的游方之旅等，都是对少数民族文化的仪式化传播，每个节日或者盛大活动的仪式化进程、仪式现场所展现的民族特色与民族意义，都可以利用互联网平台与短视频平台进行仪式化的展现。移动终端的便利性使得受众在观看视频时不受时空限制，沉浸式的观看体验使得仪式化传播更为明显，我们在账号中

---

① ［美］詹姆斯·W.凯瑞：《作为文化的传播："媒介与社会"论文集》，丁未译，华夏出版社2005年版，第4页。

图 2-16

看到所有盛装打扮的侗族人民都是仪式化后的展现产物，最后剪辑上传的成品视频可被视为二次的仪式化传播，这种方式也有利于受众增强对其民族文化符号的感知与体验，对少数民族"三农"短视频的传播发展与创新创业是一个很好的参考典范。

（三）民族 IP 的商业品牌化转变

独特的民族文化构成了极具特色的民族文化图像符号，随着数字媒体技术的不断发展，民族 IP 的建立与传播也成了"三农"领域的重点关注对象。正如习近平总书记所讲："讲好中国故事、传播好中国声音"，这是当今视频创作的主要风向标，"浪漫侗家七仙女"不仅代表了当地的民族特色与地方人文，同时账号以少数民族女性群体为创作主体，也呈现出女性力量及少数民族女性坚韧果敢，勇于传承创新本民族非遗传统，致力于创建"数字家乡"，带家乡人民一起脱贫致富的美好品质。

根据"浪漫侗家七仙女"账号打造者吴玉圣在具有自传性质的文章《"侗家七仙女"打开的"宝藏"：贵州黎平县盖宝村驻村第一书记手记》中的描述，他们所处的盖宝村据离城镇路途遥远，通行十分不便，要想带领盖宝村走向脱贫致富，必须发现值得推广宣传的民族特色、寻找新出

图 2-17

路，于是他将目光瞄准了丰富的非物质文化遗产与民族文化。他想借助互联网势头来宣传家乡，几番尝试下，终于打造出"浪漫侗家七仙女"这个具有民族意韵的代表性账号。非遗加少数民族的双重加持使得该账号在创作之初便在同类"三农"短视频创作者中崭露头角，原汁原味的少数民族元素和文化风貌吸引了越来越多的受众，同时其IP账号由原本的网红经济逐渐转变为商业品牌化的营销模式，"浪漫侗家七仙女"先后登上央视、湖南卫视进行非遗文化传播，并以少数民族女性群体的身份进行展演。此账号成功之后，盖宝村相继推出了产业化的培养模式，建立乡村网红培养基地以及开发农特产品、民族服饰，并通过直播等手段走向全国，以经济带动盖宝村的实体发展。旅游、非遗传承、商品售卖等都因为"浪漫侗家七仙女"的民族品牌IP产生了长尾效应。

（四）"浪漫侗家七仙女"案例启示与问题反思

"浪漫侗家七仙女"账号自2018年注册以来，一直保持着清晰的定位与内容更新，其示范效应与启发意义十分显著。在"互联网+"背景下，

"浪漫侗家七仙女"这一少数民族"三农"自媒体账号的成功,从背后凸显出民族优势的影响力,他们建立的少数民族女性形象主体性强、自我意识显著,打破了民众原本对于少数民族人民以及地区的刻板印象,将少数民族群体的真实一面展示在受众面前,使得侗族人民的形象更为真实贴切。一分钟左右的视频时长也使得民族符号建立更为迅速,可视化的传播符号呈现可达到最佳的传播效果,精准定位少数民族女性形象。而对于受众来说,不同于朴实、单纯、不加修饰的"三农"形象,精致的少数民族景观在带动乡村脱贫致富上具有较强的推助力,迎合了受众在碎片化时间中休憩、观赏的诉求,七仙女优雅美丽的形象会提高受众对农特产品的期待,同时通过侗族村寨视频展现农特产品会提高信任感。与其他"三农"账号不同的是,盖宝村将这一成功账号拓展为产业化模式,为后续"三农"产业的发展奠定了坚实的基础。

虽然也有内容创作及分发不规律,展演内容、镜头较为单一,没有选择全媒体平台分发,传播力度因此而减弱等问题,但"浪漫侗家七仙女"从整体来看依旧瑕不掩瑜,依旧是众多"三农"类账号中的典范,为非遗内容和少数民族文化的传播起到推动与助力作用。

三、"付老师种植技术团队":农技科普的自媒体推广

(一)自媒体账号简介

"付老师种植技术团队"是今日头条"三农"领域的大号,2017年3月,由付永、柴现恩、张详威三位农业技术专家和七名谙熟新媒体技术的年轻人在河南郑州成立,主要致力于用短视频的形式,在今日头条各平台上分享种植经验与高产技术。

今日头条号认证:农业技术专家、"三农"合伙人、优质"三农"领

域创作者由于所处环境与地域的限制，多数农民朋友接触信息的渠道有限，并且由于缺乏媒介素养，他们对于专业的普农信息筛选能力有限。缺乏专业的农业知识和获取知识的渠道有限这两大问题一直困扰着广大农民。

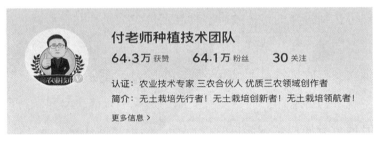

图 2-18　今日头条平台账号详情

图 2-19　抖音短视频平台账号详情

在传统媒体时期，农业技术科普类的节目、广播和纸媒报道相对较少，很少被推广，年轻一代的新农民获取此类信息主要通过老一辈农民口耳相传的经验和身处田间潜移默化的影响。专业的农业技术人员在基层很难寻觅，而农民在种植过程中遇到困难束手无策时，有时往往通过专业人员几句简单的点拨就能解决的问题。

授人以鱼不如授人以渔，多年来的农业知识储备外加深入田间的种植经验，付老师团队很懂得农民的所思所需，所以在其今日头条号发布的作品，不论是农业知识的广度和深度，还是在讲解方式上的语言表达，均符合且贴近农民的需求和接受程度，内容通俗接地气，可以说是干货满满，可操作性和实用性两者兼具，不仅受到了农民朋友的一致认可，还吸引了大批回乡做农业的新农人，深受大伙儿的欢迎。内容主要围绕农作物种植过程中的技术、降低成本、提高产量以及农药的科学使用等各种种植技术中的困惑和热点问题，帮助农民提高种植技术，生产出优质的农产品。柴现恩曾在面对媒体的采访中表示："我一直希望传达出去的理念就是用技术而不是经验去种地，很高兴帮助农民亲眼看到了技术的发展，打破了经验的限制。"

（二）发展概况

第一阶段为2014—2017年，这期间"付老师种植技术团队"的几位创始人主要是经营农资、温室大棚种植以及农产品销售等传统的农业项目，没有品牌意识，缺乏有效的传播，仅靠相对丰富的经验、过硬的技术和先进的管理，生产出了优质的农产品，得到市场的认可，在一定范围内积累了口碑。

第二阶段为2017—2018年，该阶段"付老师种植技术团队"入驻今日头条，借助今日头条的传播渠道，通过图文等形式，迅速获得了近百万的粉丝，并形成了自身的传播互动体系，但是其内容形式单一，内容缺乏细分，影响了自身的传播发展。

第三阶段为2018年至今，借助短视频的东风，团队及时地开始了短视频的创作，由于其内容相对优秀，成为字节跳动"三农"扶贫合伙人，并获得平台流量扶持，粉丝数量不断提升，这也进一步促进了账号的发展，在此背景下团队依托自己原有的大棚作为基地，进行短视频内容创作，并且扩充了专业的运营团队，在分享种植经验、讲解高产技术，帮助种植户解决种植难题的同时，开始了农产品线上营销以及技术培训等方面的探索。

（三）传播平台与内容分析

最初今日头条以其新咨询传递的及时性、抓人眼球的标题出现在大众的视野中，受众对其认知也仅仅停留在是一个快速获取信息的资讯平台。随着平台的不断更新与完善，今日头条以算法推荐内容的丰富性与个人定制功能的完备性吸引了一大批自媒体用户。就拿"三农"频道来说，这个兼具信息创作与交流的平台内容覆盖农业生产的各个领域，包含了农业资讯与政策、农业技术等，不仅如此，还邀请了一批农业领域的专家和学者入住今日头条，与广大农民朋友分享、科普优质权威的农业知识，已成为互联网与"三农"结合的一个重要窗口。遇到有关农业相关的问题疑点打开"三农"频道，随时答疑解惑，信息以最快的速度、最便捷的方式送达对"三农"领域感兴趣的人的头条首页上。

今日头条是传播的主阵地，也是"付老师种植技术团队"最初接触的自媒体传播平台，他们在此平台上积累了大量的粉丝。账号截至2022年10月，共发布作品3289个，内容类型丰富，涉及包括文章、视频、微头条、专栏、问答、小视频，并且设置了橱窗售卖，既可以分享种植经验、讲解高产技术，又开阔了农产品的线上营销渠道以及技术培训方面的探索。

具体来看，视频内容是付老师团队传播的主体，截至2022年10月，共发布视频作品1457个，对视频进行整体的分析后可将其内容类型划分为技术普及和种植演示两大类。其中技术普及类主要是针对农作物在种植过程中出现的问题该用何种技术解决，如病虫害的防治、温室大棚等技术应用，这些技术问题较为普遍，是农民在种植过程中常遇到的难题，结合自身所需，受众可通过目标检索的方式，获得专业的内容支持。种植演示类技巧结合具体场景和农作物的种植培育过程进行讲解演示，如小麦的种植，从最初的选种到后面的施肥，各个环节均拍摄制作相应的视频为受众进行详细的演示与讲解。

图 2-20　今日头条号视频截图

图文版块的内容也一并发布，选取了阅读量最高的几篇文章作为分析样本，如"花生饼、菜籽饼对于施肥农户应该怎么用？注意 2 个问题，施肥效果好""小麦啥时期用尿素最好？抓住 3 个时间，小麦穗多，产量高"等，从这几篇文章可以发现，首先文章的标题在第一时间抓住了受众眼球，抛出一个农业种植问题，接着会给出明确的建议，最后描述了效果，从文章的具体内容来看也是遵循这样一种思路：提出问题—分析问题—解决问题的路径，晓畅直白的文字配以清晰的细节演示图片，采用图文并茂、相互穿插的形式，详细且直观，对文字信息的阅读门槛要求不高，能够引发有信息需求的受众群体的观看欲望与兴趣。农业知识的科普与讲解，不仅需要直观视频的演示，同时需要文字进行详细阐述，在加强到达率、深化传播效果的同时，也便于受众随时翻阅查看，对照学习、仔细领悟，对其形成一定的系统化认知。

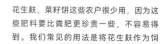

图 2-21　今日头条号文章截图

（四）研究启示与分析

农业科技信息和农业技术的普及与推广对农业的发展起着举足轻重的

作用，准确、及时、有效的科技资讯与信息是农业现代化所迫切需要的。"付老师种植技术团队"利用十几年来积累的农业种植经验，以"短视频＋农技知识"这一思路，通过短视频这个传播窗口帮农民用科技解决种植难题，使农民听得懂、学得来，能亲身实践去做，并且愿意主动接触、接受农业科普知识。

"付老师种植技术团队"内容生产与传播方面主要存在两方面问题：一是视频内容缺乏趣味性，二是与粉丝的互动性不足。虽然讲解农业种植专业知识与科普农技是其内容的主要定位，但单纯的知识传递必然给受众以枯燥乏味的观看体验，长期以来会造成受众的审美疲劳，所以在确保专业性内容输出的同时要兼顾内容的趣味性与创意性，可适当地增添一些网络热词与后期特效制作。从发布的每条作品来看，虽阅读量与点赞量反馈较好，评论量却寥寥无几，一些粉丝在评论区留言没有获得及时的回复，互动链的缺失直接关系到用户黏性，也进一步影响传播效果。

如何实现农业科普信息的有效传播事关农民增收、农业生产和农村发展等一系列"三农"问题，农业科普短视频作为自媒体与农业信息融合而成的一种新形式，其内容生产必须积极适应自媒体的传播语境，并保证其作品的质量。

四、"春天一家"：隐逸野居的生活方式

（一）"春天一家"自媒体网络视频现状

"春天一家"是来自短视频创作平台哔哩哔哩的一位年轻自媒体博主，他的视频以夫妇两人的女儿"春天"命名，富有巧思地记录了一家三口在山东农村生活的点点滴滴，并以此开展了两个连更的短视频板块：一个是

图 2-22

"回村生活的点点滴滴"合集，另一个是"我们的农村房改造"合集。到 2022 年 10 月为止，第一个板块共创作了 23 个短视频，第二个板块创作了 5 个短视频。该账号把镜头聚焦于乡村生活中的农活和自然风光，讲述了搬到乡下居住的一家三口探索"半农半 ×"生活的经历。除了哔哩哔哩这个平台之外，他的视频还分享在小红书和西瓜视频等社交媒体上。

（二）短视频生产模式分析

1. 内容题材

"春天一家"账号共有 175 个视频产出，其所有的视频都围绕"远离城市，贴近自然"的角度，是乡村题材的原生态呈现。①春天爸爸和春天妈妈在 33 岁时放弃了城市里的房子和高薪工作，一家三口从城市回到农村，住进了集装箱改造的房子。在回村以后，他们一起改造农家小院、赶年集、收麦子、感受秋收等，虽然房子变小了，收入也不

← TA的合集和列表

我们的农村房改造
9-11

回村生活的点点滴滴
6-28

直播回放
9-18

图 2-23

---

① 数据统计截止时间为 2022 年 10 月 25 日。

像原来稳定，但是他们的内心更加富足了，也顺从了自己的心意，过上了春播秋收的田园生活。

图 2-24   图 2-25

　　除了典型的农村劳作题材之外，他们还会在视频中讲到其他现实问题和对这些问题的思考。例如，观众往往向往"采菊东篱下"式的田园生活，但是通过他们的视频我们发现真实的农村生活并不像我们想象的那么轻松，他们会为了粮食来源而烦恼，每天都忙忙碌碌但仍觉得时间不够用，以此教会小朋友珍惜粮食；再比如，夫妻俩不确定春天长大后会不会埋怨父母把自己带来农村生活，但是他们始终认为在孩子的成长过程中，在教育的过程中,最重要的还是陪伴和榜样。"春天的人生是春天的全部,春天的人生只是我们的一部分。"春天妈妈说。在春天父母的教育理念中,每个人都是独立的个体,都有权利决定自己的人生怎么过,这种豁达的心态也是当代年轻人所追捧的。

所以,"春天一家"的视频不仅仅是讨论平平淡淡的田园生活,更重要的是在视频背后所传达出来的年轻群体的包容性、独立性思想,在文化领域,它激起了不同领域的不同群体的情感共鸣,它是符合当下主流价值观并贴合大众文化的,这也是此 IP 坐拥数十万粉丝的原因。

2. 发展特色

当今快节奏的城市生活让人们更加追求恬静而又惬意的田园生活,对乡村生活原汁原味的再现无疑在符合受众心理的同时唤起了背井离乡的众多网友的集体记忆和情感共鸣。除此之外,在当今社会大家都在为了城市生活拼命工作,很少有年轻人慢下脚步去体味生活,但"春天一家"是个反例,他们突破了自己也突破了大众视角,偏偏选择扎根在农村生活,作为把乡村当成媒介景观的年轻夫妻来讲,无疑是掌握了流量密码。

春天妈妈在简介里面谈到"半农半 ×"的生活方式体现了现在年轻人理想的生活状态,"半农"的部分体现在他们亲手种植和收获蔬果、稻米,并获得了物质上的满足;"半 ×"就来源于他们对生活的热爱:保持着和社会的联系并在这个过程中实现自我。这对向往但又不太敢付诸行动的网友来说是极大的精神满足,就像是一种"替身",将"春天一家"的生活代入自己,或者说是"春天一家"代受众实现了精神自由。

除了以上所提到的观众的观看动因,"春天一家"赋予田园生活全新视角,根植于乡村振兴的土壤,带观众感受新型的乡村景观。早期的田园风光在被报道时总带有俯瞰视角,被边缘化的乡村生活留不住人才,越来越多的居民涌入城市，城市生活才是现代文明进步的象征。但是近些年来随着国家对于农村地区的重视，农村题材被重新捡起，焕然一新的乡村生活博得了网民的关注。"春天一家"的视频背后烘托出了对田园生活的建构与想象性的解构：随着时代的发展，田园乡村并不是一成不变的，记忆中的乡村是治愈城市生活的良药，而他们发掘出了跟记忆中的不一样的乡土风情，把建构在记忆中的田园用视频的真实记录打破了，迎来了对乡村生活的重塑和想象的解构。

3. 存在问题

以田园生活为主题的"春天一家"的拍摄有不少问题。在视频中我们看出不少镜头的运镜不算流畅，画质也不够高清，构图和镜头语言不够精美，由于画面多使用手机手持拍摄，舒适度不佳。随着资金的投入，今后可能会有改进趋向。

首先是缺少团队的运营和包装，没有系统的学习短视频创作方法，拍摄内容是随心所欲、真实贴切地记录乡村生活，但在这个过程中往往会因为技术缺乏和限制，拍不出更加吸引观众达到共鸣的画面，导致视频播放量增加，点赞评论却相对较少。

图 2-26

第二，视频大多数比较冗长，生活细节过于详细。视频长短不一，10分钟以上的视频较多，碎片化时代下受制于注意力经济可能会流失掉一批粉丝群体，受众想看到的内容没有放大呈现，而不感兴趣的内容增多，这种情况同样会导致视频的播放量多而点赞量较少。

图 2-27

第三，视频内容过于简单，没有主线。自媒体在获取了一定的关注度和流量之后，就会走向盈利，视频会推广得更快。分享日常的视频还是应该让视频有主线、有主题，达到精准推送的目的，而不应该是过于琐碎的素材堆砌，把握好视频节奏、形成主次分明的内容很重要。

第四，视频类型分类不明晰，不便于粉丝查找和浏览。在账号内容中，不仅有美食还有种植收获等多种类型，其中还有春天妈妈的"电台节目"，但是有分类连更的只有两个合集，其他的视频都是根据时间日期排列的。在具体的类别里可以做出划分，有所归纳，将更便于视频创作和视频播放。

第五，缺乏跟粉丝的交流，评论区回复量少，促进沟通、交流粉丝意见的机会少，直播时间跨度大，更新不定期，随着时间的推移会降低粉丝黏度，虽然创作方式十分多元，有照片、视频、文章、直播多种方式，但是自媒体创作也要根据粉丝的评价和兴趣适当调整自己的创作理念、博采众长，才能将田园风光自媒体一直做下去。

图 2-28

像"春天一家"这样的农村自媒体人不胜枚举，但是像他们一样返璞归真，抛弃城市繁华而投身于田野生活的却寥寥无几。年轻的自媒体达人往往将关注点集中在当下的热点问题上，追求实时话题去增加自己的流量。而反倒是像"春天一家"这种类型的自媒体 UP 主更像是一股清流，在鱼龙混杂的互联网时代通过自己的力量向大家展示了年轻人乐观的生活态度、以劳动为美学的自强精神。

五、"团力结构":青年乡土生活实践者的播客分享

在当今的视觉文化时代,图像媒介在技术的加持下井喷式发展,短视频一跃成为移动时代的常态化表达方式。然而,内容的同质化、眼球经济的营销泛滥给网络用户造成了狂轰滥炸式的视觉审美疲劳,以声音符号为信息载体的传播方式日益受到大众关注,听觉媒介的重要价值日渐彰显。随着"耳朵经济"悄然兴起以及与视觉内容完全不同的移动、伴随场景使用户的听觉感知被唤醒,作为一种典型的听觉媒介,中文播客进入大众视野。

播客(Podcast)这一概念由苹果公司便携播放器"iPod"和广播"Broadcasting"两个单词混合而成。自2004年诞生以来,播客便受到美国大众的广泛欢迎,很快成美国主流媒体。相较于海外市场的火热,播客自2005年传入我国后始终处于不温不火的状态。直到2015年,喜马拉雅、荔枝、蜻蜓FM等各类音频App兴起,中文播客行业才展现出勃兴态势。而随着2020年3月中国第一款独立播客App"小宇宙"上线,中文播客元年正式到来。

在中国市场,播客既是一种全新的广播形式,也指代一种独特的数字音频文件。一方面,作为一种基于互联网RSS(Really Simple Syndication)架构的数字广播技术,播客不仅重塑了广播生态的时空秩序,使听众得以随时随地想听就听,也打破了传统广播的专业壁垒,给普通用户带来了参与内容制作的机会和声音发布的渠道;另一方面,随着音频内容细分市场逐渐成熟,播客脱颖而出,与知识付费、有声小说、有声艺术、音频直播等产品形式共同组成了庞大的数字音频内容矩阵。依托于新颖的选题策

划、轻松的表达方式和新奇的观点输出，中文播客成了特定群体青睐的休闲娱乐方式。

在"三农"自媒体的传播中，短视频成了最为主流的内容形式，也是"三农"创作者最常态化的表达媒介与表达方式。视频传播的便捷性和高覆盖率、平台提供的贴现以及多种流量的变现方式，对于"三农"创作者来说具有天然的吸引力。音频内容是基于听觉媒介的，在喜马拉雅、荔枝、蜻蜓 FM 上，"三农"领域的内容不仅数量少，而且内容形式很单一，大多是一些官方平台的"三农"资讯，另有少量账号转录的农机科普类内容。播客是基于声音、情感与知识分享的社交模式，对创作者的知识储备、素养见解、语言表达，甚至是声音条件、普通话标准与否都有门槛限制，而相对来说，听觉内容产品能够成功进行商业化，多数与知识付费内容相关，也大多由专业团队的 PGC 内容来实现，如"得到"和"樊登读书会"。因而，音频内容的创作对于"三农"创作者来说创作门槛较高，而变现收益相对视频来说却太少。"三农"领域的音频内容创作稀缺，哪怕是像小宇宙这样垂类内容细分、题材内容覆盖广的播客，"三农"内容也少之又少。

"团力结构"正是在"小宇宙"上以"三农"领域内容的分享为主题进行播客内容分享的自媒体账号，截至 2023 年 6 月已有 2029 人订阅。"团力结构"由三位倡导顺应自然生活方式的青年主持与发起，他们围绕每个节气，邀请一线生态农人、返乡青年、可持续生活实践者等作为嘉宾，一起分享对于节气、物候、传统的观察与思考。

（一）"团力结构"自媒体播客的内容分享

在"团力结构"小宇宙的播客页面上，三位自媒体人这样介绍自己："月丽"——生活工作于深圳的可持续农业从业者；"杜玥"——"90 后"

村居生活者，目前生活工作于威海；"鱼见缸"——养蚕缫丝种菊花，目前生活工作于嘉兴。这三位返乡青年都是当代"新农人"的代表。近年来，国内兴起了青年返乡的热潮，这些"新农人"区别于传统意义上的返乡青年，他们有其自身的群体特征：他们是有知识、有选择、自动自发到农村去从事与"三农"有关工作的都市青年群体，他们不仅经历了职业身份的二次选择（市民农民化）、地域空间的转换（逆城市化），更从身份认同与角色内涵上实现了身份的再造与重构。

"团力结构"的内容致力于邀请一线生态农人、返乡青年分享来自对土地的观察和生活的体验，倡导顺应自然的私生活方式。"团力结构"的内容分享一年 24 期节目，以二十四节气为节点，每半个月推出一期节目。二十四节气作为中国人特有的时间知识体系，是古人根据太阳在一年中对地球产生的影响而概括总结出的一套气象历法，用来指导农事活动。它是中华优秀农耕文明的结晶，蕴含着尊重自然、顺应自然、与自然和谐相处的中国智慧。二十四节气也可以指导我们更符合时节的生活方式。"团力结构"的内容发布与二十四节气紧紧相连，一方面是为了学习和传承传统文化，另一方面也是提醒各位收听播客的用户在生产和生活当中继续践行和发展符合自然的生产生活方式。

图 2-29 "团力结构"首播节目中的"主播介绍"

图 2-30

图 2-31

（二）"团力结构"自媒体播客的内容特色

"团力结构"从 2022 年 2 月 11 日的首播节目到 2023 年 6 月 16 日的节目共 38 期，在二十四节气的当天更新节目，内容涉及：

1. 物候观察、节气民俗，如"01 立春：山东、浙北和岭南'三农'农人的物候观察""30 谷雨：为什么老种子越来越少？"；

2. 农事经验和农技分享，如"02 雨水：春天的消息和生态农场的生计""04 春分：老坛酸菜 & 疫情时期的农场生活"；

3. 生活方式的分享，如"05 清明：疫情下的春耕 & 建立自成体系的生活""07 立夏：当劳动成为一种奢侈生活方式"；

4. 新农人的不同行业领域，如"返乡二十年：从广告人到养蚕人""10 夏至：新东方卖农产品与小农的远去"；

5. 新农人的不同生存状态，如"17 寒露：返故乡 & 返他乡，哪种返乡挑战更大？""20 小雪：返乡女博士的半农半 × 生活""27 惊蛰：等待苏醒的乡土少年""五四加更：青年去乡土""31 立夏：难道，澳洲才是返乡青年的天堂？""18 霜降：当一个单身年轻女生独自来到村里种地"；

6. 农业、农村的发展，如"29 清明：和未来学家聊了聊未来乡村""28 春分：到底什么是可持续农业""21 大雪：当我们说乡村教育的时候，到底在说什么？"。

节目内容不仅话题丰富，讨论轻松有趣，涉及"三农"领域的知识分享、生活体验、生活方式推广，还会延伸出很多关于"人与自然"的关系反思和哲学思考，如在"05 清明：疫情下的春耕 & 建立自成体系的生活"一期中探讨"如何客观地定义生态与自然"、提出"疫情之下我们重新去思考生活、思考事物、思考土地的良好契机"。节目还经常发起一些相关问题的讨论，如"城市与乡村的不同生活形态与教育方式""如何寻找到更接近传统农民的生活与工作节奏。被认为过上田园生活的人，到底是否需要休假？怎么休假？"等。这些话题也引发了网友的很多评论和讨论。这些内容和话题的探讨给青年群体以更多的情感陪伴

图 2-32

与更强烈的情感共鸣，这种声音社交、情感社交的关系生成是建立在打破信息差，引发更多知识交流、分享和互动的"知识社交"基础上的，在众多的播客栏目中，"团力结构"的"三农"内容分享通过经验的传递、信息差的弥合和生活方式的讨论，关于土地、自然与人的关系的探讨形成知识社交，完成了群体意识形塑的行为。

"团力结构"基于播客的"三农"领域的分享，不仅带来了短视频内容所达不到的深度和延展性，它基于听觉媒介的"声音社交""知识社交"和"情感社交"属性也在"三农"自媒体的传播中独树一帜，打破了城乡信息差，以青年文化的视角体验农业生活生产方式，是高质量、有深度的内容输出。

第三节 "三农"自媒体发展现状与价值作用

一、"三农"自媒体发展动力与影响因素分析

（一）"三农"自媒体的发展动力

1. 新媒介赋权

随着 Web 3.0 技术的广泛应用和新媒体技术的更新迭代，新媒介为"三农"自媒体的发展提供了源源不断的技术支持，以新媒介为主要支撑的新媒介产业也为"三农"自媒体提供了坚实可靠的产业支持，在"互联网＋"产业形态的变革转型时期，"三农"自媒体的发展迎来了产业结构、技术体系、运营模式和文化传播等多个层面的快速更新时代，尤其是以快手、抖音等短视频平台的快速崛起为代表的互联网"多维互动式传播"模式彻底改变了"三农"自媒体的表现形态和传播模式，使得"三农"自媒体成了众多自媒体样态中不可或缺的独特存在。目前，基于移动端视频生

成技术、网络流媒体技术和网络直播技术的"三农"自媒体实现了用户端本地媒体内容的快速制作、便捷上传、实时访问、多维互动和在线直播等多种复杂功能,为"三农"自媒体的发展奠定了坚实的基础,也为"三农"自媒体的未来发展开辟了一条新媒介赋权的道路,为"三农"自媒体产业的不断壮大和变革创新建立了一条可追溯、可推动的技术逻辑路线。

"三农"自媒体的发展经历了初创形成期、技术磨合期和新媒体赋权转型期。当前,以VR(虚拟现实)和AR(增强现实)技术为代表的新一代"三农"自媒体雏形已有先例:甘肃省平凉市庄浪县的苹果种植户通过微信小程序实现了全景式的实时农产品"领养"服务,用户通过在微信小程序中认领相应的果树,完成远距离物理空间下的"云培育",实时查看农产品的生长状况等功能,标志着"三农"自媒体的发展已经正式步入新媒体赋权转型期。此外,区块链技术的快速成型与"元宇宙"概念的提出为展望"三农"自媒体的未来形态提供了可供切入的视点和可供预测的技术模型。未来,"三农"自媒体的产业形态将不限于当前的单纯的短视频作品平台发布和电商直播带货模式,而是融合新媒体技术与分布式技术的全媒体逻辑下的全新自媒体样态,实现诸如跨平台实时交互、跨媒介多重发布和跨时空多点传播形态。

2. 自我效能

农民作为"三农"自媒体的主体,在"三农"自媒体的发展中发挥主体性的作用。此外,正因为农民是乡村振兴的核心主体,只有激活农民主体性,才能全面实施乡村振兴。[1] "自我效能"是"三农"自媒体发展的

---

① 关庆华、吴晓燕:《牵引式治理:乡村振兴背景下产业发展与农民主体性》,《华南农业大学学报》(社会科学版)2022年第3期。

重要动力。长期以来，农民自身的主观能动性是他们选择加入"三农"自媒体行业的重要动力来源，"三农"自媒体为农民提供了向外界传播农业、农村和农民信息的渠道和方式，提升了农民在互联网上的话语权，实现了一种超越时空的"关系赋权"，这种独特的媒体传播方式使得农民自身的主体性被延展，农民得以使用媒介化生存的方式提升自己的社会地位，扩展人际关系。

此外，农民在生产、发布"三农"自媒体的过程中能体会到获得感，这主要体现于"三农"自媒体的媒介特征，如接受用户点赞、评论、转发和打赏等互动形式。出于对"获得感"的渴望和追求，越来越多的农民选择加入"三农"自媒体的行列，模仿已经初具规模的"三农"自媒体运营者拍摄自己身边的"三农"故事，并希望由此获得经济利益、社会地位和人际关系的提升，特别是诸如"西北小强""李子柒"等一系列超级"三农"自媒体账号的迅速火热和广泛传播，"三农"自媒体账户的数量进入快速上升期，再加之新媒体技术的介入和影响，以农民"自我效能"为主导的"三农"自媒体产业日渐庞大，形成了具有相当规模的自媒体集群，在一定程度上引领着自媒体行业的发展趋势和动向，也带动了"三农"自媒体运营者群体内部的竞争热潮和变革转型，在自媒体产业和自媒体运营者之间形成一种良性的反馈循环关系，不断推动"三农"自媒体向前发展。

"三农"自媒体解放了农民作为农业生产主体的能动性，这是"三农"自媒体受到农民热捧和吸引的主要原因。当前，以快手、抖音短视频平台为代表的头部自媒体平台打造了一系列高效便捷的手机端视频剪辑和实时直播的工具，极大地降低了农民入驻与发布"三农"自媒体内容的学习成本，解决了农民接纳"三农"自媒体的核心痛点，形成了完善的由"拍摄—制作—发布—反馈"创作链构成的传播闭环,为"三农"自媒体的创作提供了源源不断的能动性优势,使得"三农"自媒体的准入门槛不断降低,自媒体作品的品质不断上升,"三农"自媒体由传统的专业团队制作模式下放到"人人皆可创作"的主体圈层。

此外,以农民为主体的"三农"自媒体具有环境优势和地理优势,进一步提升了农民加入"三农"自媒体阵营的资本优势。特别是在当前实施乡村振兴战略的大环境中,农民作为乡村振兴的主体,肩负着乡村振兴的主体责任,因此更希望通过"三农"自媒体展现新时代乡村的重大变化和改革创新,此时,"三农"自媒体作为新兴的信息融合的媒体形式,可以更好地通过乡村故事情景演绎、农产品原产地实景拍摄、农产品直播分享等方式分享有关乡村振兴的进程,逐渐成了农民分享幸福和喜悦最普遍的手段。

3. 社会效益

社会效益是"三农"自媒体发展的重要动力。近年来,随着一些极具乡土特色和传播中国传统文化的"三农"自媒体创作者的出现,社会效益成了衡量"三农"自媒体的一个关键指标,其中,乡村文化建设是"三农"自媒体发展的一个推动力。乡村文化振兴对于乡村振兴具有一定的先导性。"三农"自媒体及其附属产业诞生于我国乡村文化建设发展的初期,弥补了乡村文化建设的主体性缺失和乡村现代文化产业发展不充分的问题,[1]以"三农"自媒体的产业建设来推动乡村文化建设成了乡村振兴战略实施的一种重要方式。"三农"自媒体以其受众广泛和接受程度较高等特

---

[1] 张晓刚、刘芳惠:《新时代乡村文化的审视与展望:现代转型、现实挑战和振兴进路》,《宁夏社会科学》2022 年第 5 期。

点，在乡村文化建设方面具有重要作用。当前，我国乡村文化建设存在较多短板，例如乡村精神文明建设引领、乡村文化阵地建设和乡村文化人才队伍建设不足等问题，[①]而"三农"自媒体作为新媒体技术形态，本身具有强大的人才聚集作用，可以通过大力发展"三农"自媒体创作者队伍建设来解决乡村文化人才队伍建设问题；此外，可以依靠"三农"自媒体传播乡村文化，弘扬精神文明，在一定程度上补足乡村精神文明建设引领和乡村文化阵地建设的短板问题。

近年来，一批致力于脱贫攻坚事业的"三农"自媒体创作者用自己的行动践行诺言。梁倩娟、吴云波等人通过"三农"自媒体带动家乡及周边乡镇的社会发展，他们的先进事迹在社会上获得广泛关注，产生了一定的社会影响力和媒体影响力。李子柒以传播中国传统文化为切入点，创作了百余部以四川农村为题材的作品，将中国传统文化中的生活方式、耕作收获、美食制作、家庭伦理和人文道德等话语以优美的影像传递给海内外观众，形成了强大的文化反哺效应。由此可见，以乡村文化建设和文化输出为主导的社会效益推动了"三农"自媒体产业的不断扩张，并在此基础上形成了突破文化与社会圈层的传播，因此，当前国家战略形势下的社会效益需求推动了"三农"自媒体的发展。

4. 经济效益

当前，我国农村经济建设和农民增收等诸多问题还面临诸多挑战，确保广大农民收入更快、更稳增长是实现全民共同富裕的关键，解决农民的收入增长问题是农业农村发展的重点工作。[②]而解决我国农村地区经济发

---

① 孙溪晨、杨支才等：《文化自信视域下乡村文化振兴的路径研究》，《农村·农业·农民》(B版)2022年第9期。

② 黄季焜：《加快农村经济转型，促进农民增收和实现共同富裕》，《农业经济问题》2022年第7期。

展和农民增收问题的关键是确保农民主体的就业问题。长期以来,"三农"自媒体的出现和发展带动和增加了一大批就业岗位,全国人大代表梁倩娟于 2019 年入驻快手平台,以短视频、直播带货等方式为家乡推销土特产品,截至 2025 年 3 月,六年时间里梁倩娟快手账号"嗨,梁掌柜"已经积累了 50.6 万粉丝,而在入驻快手平台当年,梁倩娟就在快手售卖农产品逾 10 万斤,在她的带领下,陇南市农民掀起开设网店热潮,陇南当地网店开设数量超 11 万家,产品销售总额达 180 多亿,解决了 22 万人的就业问题。[①] 由此可见,"三农"自媒体产业具有强大的就业岗位带动作用,有效破解了多渠道增加农民收入的难题。特别是以传统电商和"原产地直播带货"为代表的"三农"自媒体形态还激发了农产品贸易市场的活力,基于互联网新媒体技术手段的农产品销售方式也在 ·定程度上提升了我国的农业信息化水平,为农民增收注入了新动力。[②]

根据抖音短视频平台分别发布于 2021 年的"三农"自媒体报告和 2022 年发布的《乡村数据报告》中的数据显示,31—40 岁返乡的创业青年是"三农"自媒体创作者的中坚力量,2020 年全年,农村视频创作者的收入同比增长了 15 倍;2021 年,抖音短视频平台上的乡村相关视频增加了 3438 万条,总获赞次数超过 35 亿次,全国网友累计打卡 122 万个村庄。[③] 这些数据显示出"三农"自媒体产业强大的经济效益,展现出"三农"自媒体蕴藏的巨大经济带动效应。

---

① 钟甜甜:《人大代表上快手征民意 短视频平台成沟通新载体》,载搜狐网 https://www.sohu.com/a/391943892_100288184,2020 年 4 月 29 日。

② 常文涛、杜宾彬:《基于乡村振兴的"后扶贫时代"农民增收影响因素分析》,《统计与决策》2022 年第 8 期。

③ 数据分别来源于抖音短视频平台于 2021 年 6 月 22 日发布的首份"三农"自媒体报告和 2022 年 2 月 14 日发布的《乡村数据报告》。

　　"三农"自媒体是乡村振兴战略的前行者，具有强大的"人才虹吸"力量，在帮助返乡村民再就业、创业方面有巨大潜能。[①] 当下，优质人才的流失是我国农村地区劳动力的一个显著现状，也是农村地区劳动力质量羸弱的重要原因，[②] 只有将"培育有文化、懂技术、善经营、会管理的高素质农民"作为目标，[③] 才能逐步改善农村经济欠发达地区的经济发展建设问题。发展"三农"自媒体产业，不仅能够在一定程度上吸引人才返乡，还能促进农村地区人才的综合全面发展，带动更多的农民学习先进的知识文化，了解新兴的媒介技术，提高生产力水平，为今后全面提升我国农村经济建设发展水平做准备。

　　此外，农村基础设施建设不完善是阻碍农村地区经济发展的重要原因。[④] "三农"自媒体的产业模式在一定程度上改善了农村的基础设施建设问题，例如"三农"自媒体产业带动下的传统电商发展和原产地直播带货模式大规模地提高了农村地区的网络普及率，在畅通"乡村—城镇"通道的物流连接方面也做出不小的贡献，加快了农村地区的经济发展。从政府扶持"三农"自媒体产业发展的层面出发，以甘肃省陇南地区为代表的"三农"自媒体产业聚集地还兴建了大型的电商中心。由此可见，发展"三农"自媒体产业离不开农村地区日益增长的提升经济效益的需求，农村地区的经济发展因素成了推动"三农"自媒体发展的重要动力，是"三农"自媒体产业规模化、体系化和政策化的重要支撑，同时也是推动更多创作者加入"三农"自媒体创作的重要诱因。

---

① 李肃浩：《乡村振兴战略下"三农"自媒体的破圈、困境与破局》，《农业经济》2022 年第 3 期。
② 赵伟：《新时期农村经济贸易转型研究》，《价格月刊》2021 年第 9 期。
③ 常文涛、杜宾彬：《基于乡村振兴的"后扶贫时代"农民增收影响因素分析》，《统计与决策》2022 年第 8 期。
④ 赵伟：《新时期农村经济贸易转型研究》，《价格月刊》2021 年第 9 期。

（二）"三农"自媒体的影响因素

1. 国家政策

2022 年正值中国共产党第二十次全国代表大会召开之际，党的二十大报告提出："全面推进乡村振兴。坚持农业农村优先发展，坚持城乡融合发展，畅通城乡要素流动。扎实推动乡村产业、人才、文化、生态、组织振兴。"进一步坚定了我国不断推进"三农"事业向前发展的信心与决心。乡村振兴战略的提出是建立在我农业、农村与农民实际发展情况基础上，2017 年习近平总书记在党的十九大报告中首次提出："农业农村农民问题是关系国计民生的根本性问题，必须始终把解决好'三农'问题作为全党工作重中之重。"

2021 年 8 月，中华人民共和国农业农村部在对十三届全国人大四次会议第 1580 号建议的答复中提到，"我部将继续推进'互联网＋'现代农业，大力发展农村电商，培养农村电商骨干人才，拓宽农产品销路，为全面推进乡村振兴提供有力支撑。2020 年，通过高素质农民培育计划开展农村电商培训 22.4 万人次，依托农村实用人才带头人和大学生村官示范培训项目开设 5 期农业农村电子商务专题培训班，培训电子商务骨干人才 500 余人"。①

根据第 50 次中国互联网络发展状况统计报告显示，截至 2022 年 6 月我国农村网民规模为 2.93 亿，占网民整体的 27.9%；农村地区互联网普及率为 58.8%，较 2021 年 12 月提升 1.2 个百分点。2021 年我国现有行政村实现"村村通宽带"。2022 年 4 月，工业和信息化部等五部委联合印发《2022 年数字乡村发展工作要点》，提出到年底，5G 网络实现重点乡镇和部分重点行政村覆盖。2022 年，《数字乡村发展行动计划（2022—2025年）》出台，依托网络化、数字化与信息化，数字乡村工作作为乡村振兴

---

① 中华人民共和国农业农村部：《对十三届全国人大四次会议第 1580 号建议的答复》，载政府信息公开网 http://www.moa.gov.cn/govpublic/KJJYS/202108/t20210810_6373788.htm，2021 年 8 月 1 日。

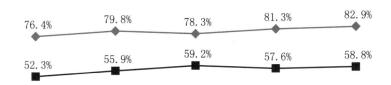

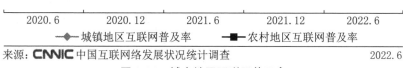

来源：CNNIC中国互联网络发展状况统计调查   2022.6

图 2-33 城乡地区互联网普及率

的战略方向在农村地区持续推进与深化，互联网普及率逐年提升，网民规模持续扩大。在新媒体赋权视阈下，农民的现代化信息技能和媒介素养迈向新高度，广大农民通过自媒体平台建立起属于自己的媒体阵地与空间，打开了一个全新的发声窗口，他们展示自我、展示乡村风貌、展示地域风土人情的同时积极参与社会互动，从而为自我话语权的实践与表达"增权赋能"。大批农民尝到了甜头，尽享数字发展红利。

2. 平台助力

抖音、快手等短视频平台的信息崛起与高渗透率在一定程度上填补了城乡之间的数字鸿沟，因草根性、趣味性、低门槛等特质广受下沉市场自媒体用户与受众的青睐，借此平台将"三农"内容进行广泛传播。同时，官方平台给予的政策倾斜和扶持计划促使更多"三农"自媒体达人入局"三农"赛道，乡村类话题流量和优质内容增长迅猛，对农村地区的经济发展与文化建设起到强有力的振兴作用。

（1）乡村类话题受平台大力扶持

在抖音短视频平台搜索栏中的话题板块，以"三农""乡村"为关键词进行检索,话题覆盖"三农"各个方面。相关热门话题有:#新"三农"、#美好乡村一起守护、#乡村振兴 dou 行动、#我的乡村生活、#乡村守护人、#新农人计划2022 等。其中"乡村守护人"话题,截至2022年10月在抖音短视频平台的播放量已达1794亿次。"乡村守护人计划"是字节跳动发起的助力乡村发展的公益项目,希望邀请有志于助力乡村发展的创作者、专家、公益人一起参与助力乡村发展。这一计划旨在用实际行动支持和挖掘优质"三农"自媒体和乡村创作者,鼓励他们结合自身所处乡村地域特色、美食、民俗、生产劳作等作为题材内容和创作灵感开展创作。"三农"自媒体达人的内容创作与更新频率达到一定标准后,可成功加入乡村守护人计划,获得抖音平台亿级的免费流量支持,与此同时优质创作者还能根据算法大数据和受众喜好被广泛推荐给目标用户,通过官方平台的扶持,"三农"自媒体账号的粉丝数、互动率、点赞量、评论数将得到迅速提升。

#乡村守护人
1794.0亿次播放

☆ 收藏

乡村守护人计划是由字节跳动发起的助力乡村发展的公益项目,希望邀请有志于助力乡村发展的创作者、专家、公益人一起助力乡村发展;成功加入乡村守护人后,将获得平台亿级的免费流量扶持,快来与潘姥姥、张同学、康仔农人等创作者一起为乡村发展助力!【本活动与Apple Inc.无关】

收起 ▲

图 2-34 抖音短视频平台"乡村守护人计划"截图

（2）"三农"扶持计划助力优质创作

今日头条作为"三农"领域最早的开路先锋，近年来不断制定相关助农政策、发起平台活动，从各个方面给予"三农"创作者扶持与鼓励。2018年7月，今日头条发起了金稻穗计划，这是国内互联网公司在"三农"领域制定的首个补贴计划。从资金与技术两方面双管齐下，不仅对专业"三农"创作者给予流量和技术的大力支持，还通过设立金稻穗奖给予优质"三农"内容资金鼓励。金稻穗计划的最大亮点在于发起社会公益项目"'三农'合伙人"，在全国范围内招募"三农"创作者，不论是个人还是组织机构，只要是长期从事与"三农"相关的工作且具备一定的规模和影响力，就可借助自媒体平台创作优质内容，分享有价值的"三农"信息，直面农村问题，切实解决农民需求，同时加入平台计划，一起服务乡村振兴。此计划吸引了众多"三农"自媒体达人的加入与响应，如主打记录乡村美景、特色美食与民俗文化的"乡野丫头"和"巧妇9妹"以及致力于科普农技的"付老师种植技术团队"，他们在今日头条上都受到了粉丝与用户的喜爱与好评。

3. 创作主体

将快手、抖音、今日头条等各大平台的"三农"自媒体达人的简介身份进行信息梳理后可发现，其年龄范围主要集中在30—40岁之间，"80后"成为"三农"创作的主力军，这其中包括了土生土长的新一代农民以及返乡创业的青年群体，他们

图 2-35　今日头条"'三农'合伙人"截图

作为互联网和新媒体发展的见证者和使用者，在一定程度上对于新媒体的掌握能力与媒介素养相对较高，能够把握当下数字红利，在短视频发展的风口下因势利导开展创作。

对各大平台的"三农"自媒体达人 IP 归属地梳理后可以发现，就城市等级分布而言，分布于一线城市、新一线城市和二线城市的主流农业电视台下属的"三农"短视频官方账号，内容主打"三农"政策解读，以主流话语叙事为主；三线及以下城市的各类特色账号，是"三农"领域创作的主体，也是近几年迅速崛起的一匹黑马。就省份分布而言，"三农"自媒体达人遍布全国各省区，处处都能看到他们的身影，占比最多的前三个省市为河南省、山东省和四川省，都是我国农业和果蔬种植大省，依托得天独厚的地域及气候优势，吸引了大批农民。

在对各大平台的"三农"自媒体达人的内容及题材类型梳理后发现，"三农"行业的达人涉及领域广泛，不单单有受众常看到的剧情搞笑类、田园风光类以及农家美食类，还包含了乡村旅游类、创意互动类以及情感走访类。

从以上对于各大主流短视频平台上的"三农"自媒体人群的画像梳理分析后，不难看出创作主体的积极性与热情度，不论身处何地，不论年龄几何，都可以借助手机这个"新农具"随时随地展示自我、展示乡村风貌、展示地域风土人情，与全国各地乃至国外的同行、粉丝在线上进行互动交流，短视频记录日常的同时还可以利用直播间进行农产品的销售，创立个人品牌，实现产销一体化和商业变现。

4. 社群与自组织力量

自组织是指"三农"自媒体创作者自发组织形成的群体组织，大到全国性的，小到地区性的。创作者或通过同行介绍，或通过媒体推荐加入与自身创作定位类似或自己感兴趣的自组织，组织性质具有灵活性、多元性、富有针对性等特征，组织形式为"线上＋线下"相结合，既能保证定期开展线下交流或组织沙龙活动，又能在线上随时随地分享创作经验。自组织内部一般会设有组织领导者与管理者，发挥意见领袖的作用。自媒体创作者可在自组织中与同行进行平等交流与互动，答疑解惑、学习优秀案例、积累人脉。

社群是指在互联网平台上基于情感、趣缘关系形成的新型群体部落。对于"三农"领域感兴趣的用户可根据自身喜好在自媒体平台上关注"三农"自媒体达人，成为其粉丝，在成为粉丝后具备一定的资质和条件即可申请加入粉丝团，成为粉丝社群的一员。建立属于自己的社群是"三农"自媒体达人与粉丝之间建立互动关系、形成用户黏性的最佳实践方式，在社群中，自媒体创作者可与粉丝分享创作心得，听取粉丝建议，以受众为导向，从而更好地改进作品的创作方向、提升产品的质量与服务，提高认可度与欢迎度。

5. 乡村文化传播的生态建设

中华农耕文化底蕴深厚，我国长期处于小农经济占主导地位的农业社会，农业一直是国民经济的基石，其发展历史悠久，形成了完整的业态。农村是社会结构的基础，而农民则是推动农业、乡村发展的重要力量。"从基层上看去，中国社会是乡土性的"。[①] 乡村文化根植于乡村地区广袤的土地之上，区别于城市文化，是一种非常广泛的大众文化，对于民族心理的认同和文化的传承具有特殊的意义。相较于城市文化的快节奏、精英化，乡村文化多了几分诗情画意的温度，在现代化社会中，多数人厌倦了

---

① 费孝通：《乡土中国》，上海人民出版社 2013 年版，第 6 页。

城市的竞争与压力，乡村反而广受大众追捧，成为稀缺的精神家园和心灵的慰藉之处。

"十里不同风，百里不同俗"，乡村文化历史悠久，具有深厚的底蕴，其蕴含的无尽价值与资源有待深度的开发与挖掘，如乡村田园风光、聚落建筑、农耕文化以及少数民族地区的民风民俗、传统服饰等。"乡愁符号"是乡村文化的重要载体，最容易唤起受众的集体记忆与强烈的认同感、共鸣感。乡愁符号中包含着很多内容，如景观符号：乡村原生态自然风光、老房子、古建筑；人物符号：乡邻之间的互动、说着乡音的淳朴地道农民；饮食符号：地域美食、家乡的味道等。乡愁符号构建起乡村文化传播的重要内容，更为"三农"自媒体的创作提供了取之不竭的灵感源泉，乡村有记忆，乡村有情怀，乡村有传承，乡村类短视频具有广阔的创作空间。

二、"三农"自媒体对乡村振兴的价值与作用

（一）新农人助推新农村产业发展模式

新农人是相对于传统意义上的农人而言的，是指那些为了创业理想而投身到农业行业之中的创业者们，他们通过承包或者其他方式，获得具有使用权的土地，然后在此基础上开展养殖、种植的创业项目，并通过团队的智慧进行管理，从事科学化、系统化的生产创业活动。他们是具备一定新理念、新技术、新业态、新生产组织方式，以从事农业生产、加工、销售、服务等各环节为主要收入来源，且收入高于所在地区传统农业从业人员水平，有农业情怀和防风险能力、讲求适度规模和持续发展性的现代农业经营者。

新农人具有新理念，善于用新媒体作为新农具来实现自我价值，他们的出现会带动更多的农村个体加入新媒体行列。在政府及政策扶持下，在

新媒体平台的推动下,他们用互联网缔造出了与传统农民截然不同的新农人形象,将自己的身份认同与地方的风土乡情融为一体,实现了其个体和整个乡村背景的有机结合,使得二者联系更加紧密,实现双层融合的发展机制。

随着越来越多的年轻人涌入城市,城市市场资源被分配得更加琐碎零散。乡村振兴政策的出现带来了机遇和挑战,一大批年轻人逐渐回到家乡发展当地产业,与传统农人学历文化层次不高、接受新事物的能力较弱、学习能力有限的情况相比,他们普遍具有更好的教育背景和学习能力,并勇于在新兴技术领域内进行尝试,成功经验为其他传统农人做出了模范表率。当下的政策加大了对年轻人返乡的扶持力度,激发了年轻人的创新创业热情。新技术的出现与渗透、对自我实现的追求、创新思想的涌现助推着农村地区的产业赋能:手机成为新农具,数据成为新农资,直播成为新农活。身处农村的年轻人带来了新的发展理念和发展思路,成为乡村振兴战略中的新鲜血液,在视听语言网络符号中构建出来的新农人形象,呈现出全新的农村面貌;乡村资源的整合进一步通过自媒体实现,以技术赋权切实推动农业产业提升,增加农民收入,实现真正意义上的乡村振兴。

在互联网学习的进程中,年轻人带来更多的乡村活力,激发创新思路,破除城乡空间的信息不对称和农民增收壁垒,利用互联网打造新型智慧乡村,缩小了乡村与城市之间的数字鸿沟,带来更多乡村的发展机遇和发展可能。自媒体平台传播的不仅是农产品,还能带动相关行业的发展。农村地区山大沟深,人口有限,销路拓展不好很容易造成农产品滞销和农户卖货难的问题,自媒体带动的农业产业链条拓宽了资源渠道,使农村产业的经济价值和乡村文化附加价值得以提升,在对外出口的同时吸引更多资金融入,形成凝聚性社会合力,反作用于创新创业有效途径的建设。

（二）新农村形象构建新型媒体叙事策略

新农村形象的构建由来已久，如 2014 年的"美丽乡村"建设目标对农村地区提出了美化亮化的具体要求，随着进一步落实生态文明和美丽中国建设，农村生活面貌迎来了很大改观。农村的基础设施建设有了较大提升，乡村振兴政策的提出给了农村地区明确的方向指导，目前"三农"自媒体将美化后的农村地区也变为了旅游范畴，自媒体的发展促进了"电商＋文旅"的传播模式，不仅改善了农户的经济条件，更以多种形式的资源获取与受众需求建立了深度联系，推动农村地区的资源变现，更打造出旅游生态带动经济发展的发展格局。

自媒体展现的农村形象承载着乡愁与田园生活舒缓安适的氛围意象。农村地区的转型发展突破了圈层限制，例如"李子柒""巧妇 9 妹""蜀中桃子姐""华农兄弟"等"三农"自媒体以展现自然清新的乡村田园生活赢得了众多粉丝的倾心。"李子柒"在自媒体矩阵中打造的 IP 形象展现了具有中国传统文化和古风意象的田园生活，这种天人合一、师法自然的生活方式是东方的美学，在乡野山涧之间，在春风秋凉的轮替之中，她把中国人传统而本真的生活方式呈现出来，让现代都市人找到一种心灵的归属感，也让世界理解了何谓中国式田园生活。她用一餐一饭让四季流转与时节更迭重新具备美学意义，她让人看到劳作带给人的生机。李子柒的自媒体内容同样在 YouTube 平台上拥有高热度，证明她的内容传播具有网友广泛认同的情感需求和价值理念，不分国籍，如同一首网络传播时代的中国田园诗隽永悠远。

（三）媒体赋能传播渠道实现品牌符号立体化

在新媒体创作渠道下"三农"自媒体创作内容不仅重塑着新型的农村生活方式和农村景象，其产生的经济效益更是带动了不同地区的品牌效益。例如甘肃陇南地区杰出的新农人代表梁倩娟与她的团队以自媒体创作内容吸引网友关注农村生活，感受田间地头的劳作热情以及自然食材获取和农耕过程的魅力，这些创作内容吸引了一大批对乡村生活寄予怀想的人。梁倩娟不仅成为当地"三农"自媒体创作中的头部UP主，她还招纳了一批志同道合的年轻创业者成立了品牌"陇上庄园""梁掌柜"，带动当地农产品售卖及相关产业链发展，其创立的品牌已成为当地区域经济的领头羊，取得了良好收益。"三农"自媒体内容创作成为链接网上创意内容与实体经济的"连接器"，在"三农"自媒体创作者与地方政府的共同努力下，打造了有地方特色、寄予地方文化的品牌。为了打造优质品牌产品，"三农"自媒体的内容输出必须保质保量，并在新媒体互动中维护良好口碑，"三农"自媒体内容输出质量的稳定及农产品的择优增效是必不可少的关键性因素。自媒体内容的高质量输出会保证流量的导入及人气，以高品质内容吸引稳定的粉丝群体才能够塑造内容IP、扩大影响力，某种程度上也成就了自媒体品牌的市场价值。而在推动当地农产品及相关产业链发展过程中自然而然也会带动地方人力资源的活化与涌入，缓解一部分就业压力。

（四）自媒体IP与新电商思维的耦合激发乡村发展势能

电子商务模式是近年来网络环境和大数据环境中基于一定技术基础的商务运作方式和盈利模式。在各类电商模式中不论商业形态如何转换，平台如何不同，起源于网络，通过网络搭建售卖体系是其共通的路径。

以自媒体创作内容塑造IP品牌与粉丝群体建立情感链接，以此打造信任经济和内容消费成为当下农村新电商模式的主要发展路径之一。在新媒体这种与时俱进的传播场域中，农户的电商发展意识转变是研究乡村文化和乡村创新力整合的变量之一。随着部分新农人通过自媒体创作内容晋升为"三农"领域有影响力的 IP，通过"三农"自媒体的创作与平台经济的加成可以很好地把内容领域的创作转化为形成经济动能的内容驱力，这搭建起了自媒体内容创作与电商模式的通路，新售卖思路的突破逐渐有了成长壮大的趋势，创新思维和互联网模式的聚合逐渐在农村地区铺展开来。所谓先富带后富，农户在不断学习运用新技术的同时节省了人力成本的投入，打开了全新的销售空间，在扩大影响力的同时增收显著，在这一过程中提升了农户的主动效能，幸福感、成就感与满足感，自媒体 IP 与新电商思维的耦合朝着更加有利的方向前进。

自媒体 IP 塑造过程实际上是信任经济搭建、情感链接形成的过程，因而对信誉和用户体验无比珍视，这会倒逼以此形成的经济链条正向发展。尤其是通过自媒体内容搭建起农产品售卖体系的，也会促使农产品包装及营销走向专业化、标准化道路，把好农产品质量关，丰富农产品品类。通过平台数据及时搜集汇总市场动向和市场信息，反馈给农户，建立市场导向型的产业链条，在"三农"垂类领域发力的平台既服务于农户，也服务于消费者，以期更加贴合地适应市场需求，这是互联网平台利用数字化优势和信息资源整合的力量发挥的支柱性作用。因此"三农"产业的发展仅靠"三农"自媒体人是远远不够的，在大数据发展的今天，一个产业的发展壮大需要多种社会要素共同努力，形成多方合力，在电商"做好"乡村经济的同时还要用媒体"讲好"乡村故事。

乡村振兴的时代号角号召鼓励农村地区多发展、多创收，"三农"政策的利好探索着农村产业经济多元化的表现形式，在加快县级融媒体整合电商产业张力资源脚步的同时，运用新兴媒体借助多方平台传播"新农村"的发展面貌。"三农"自媒体联动融媒体中心，结合政府的相关部门做好"自媒体+电商+"模式，借助乡村振兴的东风实现数字化转型：涉农报道深入基层，渗透入普通农户镜头下的日常生活，带来了"润物细无声"的宣传反响，助推"三农"内容输出，拓展其文化价值、传播价值和经济价值。

（五）整合乡村资源建立乡村振兴新局面

"农民＋互联网＋乡村振兴"整合了乡村资源，并以"三农"自媒体作为整合资源的元节点进行有效传播和价值转换。以甘肃省陇南市为例，"三农"自媒体与电商发展相互促进的耦合机制，疏通与开拓了农产品销售渠道，倒逼农产品产业进行供给侧改革，加快产品向标准化、产业化、规模化发展。"三农"自媒体的视觉化展演强调视觉冲击与产品形象，因而网店经营者更加注重包装设计，从之前的按斤卖的初级农产品到现在的按盒卖的精深加工产品转化；更加注重产品分级，从之前的囫囵打包卖到现在的精选品、一级品、一般品分级定价卖；更加注重网货的商品性，为市场提供具有 SC 认证的规格品。产品的标准化也加强了线上线下的深度融合，提高了抵御市场风险的能力，推动了陇南农产品及产业现代流通体系的健康发展，促进农产品产业提质增效，也使陇南的特色农产品由从前的"养在深闺人未识"到走向各个自媒体平台，在短视频、直播间、图文报道、声音传播中走出大山。通过"三农"自媒体的营销传播和依托于网络的新商业通路，农民看到了实实在在的效益，这就激发了他们的热情和动力，使自觉自愿地投入更多的精力在农业产业、农产品质量提升上，优中选优、精中选精。与此同时，也促使农户扩大特色农产品种植规模，由此形成产业发展与电商带动、"三农"自媒体创作的良性循环。"三农"自媒体的红人效应和示范效应常常出现"一人带动一村，一业带动一方"的现象，自媒体 IP 大号和新农人网红的带货能力以及电商的巨大销量促使特色产业形成集中连片、规模化发展趋势，进一步提升了农产品的市场竞争力。在"三农"自媒体的宣传推动下，陇南电商得以迅速发展，树立了锐意进取的"新农人"形象，得到了中央和省委、省政府的充分肯定，大大提升了陇南的知名度和影响力。"'三农'自媒体+电商"形成的网店带动模式、产业带动模式、创业就业带动模式、入股众筹模式切实增加了贫困户的收入，也激发了自媒体达人、电商创业者的创新动力、创造潜力和创业活力。当地培养了一批创业人才，涌现出了"核桃书记""苹果县长""臊子书记""网红局长"等一批党员领导干部，同时也涌现出一批青年致富带头人、自媒体达人与电商创业者，这些典型人物更激发了大众投身电商发展的热潮。

同时在自媒体内容创作的正向引导下，农民的价值观被重构，以自媒体创作为传播元点，依托于政府政策多方搭建的"三农"传播矩阵，乡村文化的转型和价值重建得到促进，农民的文化自觉获得提升。农村地区也变成了"到处都是宝"亟待开掘的新资源阵地，传统乡村落后、闭塞、资源贫乏的面貌已经不复存在。"后乡土时代"，"三农"短视频的确为乡村振兴提供了一个良好的范式。[①]乡村互联网进程的不断加速，文旅、文创、农副产品、地域文化、历史遗迹、红色资源、非遗传承都是促进乡村地区经济结构更新的活力源泉，并能在"三农"自媒体的资源挖掘和内容重塑下带动本地逐步实现资源价值的数字化整合和立体化传播，成为农村现代化进程中的节点动力。总之，"三农"自媒体为讲好"三农"故事提供了新理念、新观点、新视野、新路径，其发展或许还存在着很多不足和弊端，但优质"三农"内容的传播，势必使"三农"领域有更为广袤的发展空间。

---

① 石磊、黄婷婷：《情感商品与情感流通："三农"短视频的传播机理》，《编辑之友》2020 年第 9 期。

第三章 甘肃"三农"自媒体传播发展研究
——以陇南市为例

"三农"自媒体与区域经济、区域品牌联系紧密,形成了与电商及区域文化的互动。课题研究之所以选择甘肃省陇南市为主要调研地域和案例,是因为陇南当地政府对于"三农"自媒体扶持力度大,当地政府专门成立电商中心,以促进产业经济为目的,为"三农"自媒体的创作发展提供便利,并因势利导尽可能实现内容的经济动能转化,陇南地区取得的成绩已成为"衣领子"工程,具有一定代表性。本章将结合我们的调研和深度访谈结果,以"三农"自媒体与电商融合较为深入的陇南地区为例,对甘肃地区"三农"自媒体的典型个案进行分析,审视与反思"三农"自媒体对于甘肃乡村振兴的价值作用及在传播发展中所面临的问题与挑战。

第一节 "三农"自媒体助力"陇南模式"的
探索与发展

一、元节点:"三农"自媒体以小博大造就"陇南模式"

陇南属于秦巴山集中连片特困地区,虽然农产品资源丰富,自然环境优美,但山大沟深,交通不便,当地居民收入常年低于全省、全国其他地区,脱贫任务重、农产品销售渠道单一、农民增产不增收。面对这些现实情况,从 2013 年底开始,陇南市市委就贫困地区如何因地制宜、打破客观困难条件的制约进行了农村电商快速导入、落地生根的实践路径,对于农村电商如何助力扶贫开发和乡村振兴,如何建构农村电商的带贫减贫机制进行了创新性的探索与尝试。

陇南市市委提出将电子商务摆在集中突破的工作之首,以电商扶贫作为陇南电商发展的序幕,形成了以政府推动、市场运作、百姓创业、协会服务、微媒营销的"陇南模式"。2014 年,陇南主动要求作为全国电商扶贫的试点,以强有力的行政推动促进思维解放,广泛动员支持,形成百姓创业、全员参与的电商氛围。"陇南发起'网吧变网店、网民变网商'工程,支持鼓励大学生村官、农村返乡青年、未就业大学生、残疾人带头开办网店,带动城乡居民特别是农村致富带头人、专业大户和农产品经销商开办网店。"① 陇南建成了全省唯一的电商职业学院,开展电商专业技能培训,进行行业孵化指导,通过"走出去,请进来"等多种办法,依托专家智库形成研究团队,因地施策,开展与电商相关的研究和信息咨询,开展

---

① 魏传峰、张钧:《中国梦·橄榄情——发展特色橄榄产业助力陇南扶贫工作》,《中国食品》2018 年第 17 期。

相关知识普及和培训服务，多层次、多渠道培养电商人才，为贫困家庭开办网店，部分网店的销售额当年就达数十万元。

2013 年是陇南将电商纳入全市整体发展战略的起始年份，也是陇南模式探索的重要年份。当年 6 月，成县县委书记李祥利用实名微博叫卖成县核桃，引起了网友的强烈反响，收到了良好的市场回应，这给陇南各级带来前所未有的思想震动。2013 年 9 月，陇南市委、市政府借"2013 中国陇南成县核桃产销对接商贸洽谈会"的机会，组织了"农产品电子商务论坛"，邀请了一批电商专家到陇南进行考察和指导，并在论坛上针对陇南当前的现实情况如何进行电商发展这一问题进行了热烈的讨论。2013 年 11 月，陇南市组织以各县区领导为主要参加人员的农村电商游学活动，专程到农村电商发展较早、较好的江苏沙集，浙江遂昌、义乌和福建安溪、南安等地考察学习。电视台、融媒体中心、政务微博、个人微信等形成的主流媒体＋自媒体的宣传网络对这次电商考察的收获、体会进行了总结梳理，向全社会进行了持续宣传报道。这些成为陇南启动规模化电商扶贫的原发动力，也奠定了大力发展电商的统一认识和思想基础。

以"三农"自媒体为原点的微媒营销是"陇南模式"初期发展的重要路径。2015 年陇南市市委书记孙雪涛在发表于《人民日报》的文章《陇南用电子商务开扶贫新路》中第一次提出"陇南模式""五位一体"的路径，后又在全国电商精准扶贫现场会上进一步解释了"五位一体"的路径内涵："政府推动、先托后扶再监管；市场运作、企业为主生活力；百姓创业、广泛动员齐参与；协会服务，三商联动一盘棋；微媒营销、绿色产品广宣传。"①2016 年陇南现场会上，时任国务院扶贫办主任刘永富将陇南的

---

① 2016 年 9 月 26 日孙雪涛在全国电商精准扶贫现场会上的发言。

电商发展模式总结为"六个坚持"或"六条经验":"一是坚持政府推动,实现电商扶贫集中突破;二是坚持市场运作,建立农特产品网销体系;三是坚持扶贫导向,建立网店带贫机制;四是坚持人才开发,开展多层次技能培训;五是坚持完善服务,建立电商扶贫服务体系;六是坚持微媒营销,培育农特产品网销品牌。"①

所谓"微媒营销",就是以微博、微信等"三农"自媒体的"两微"社交媒体为营销方式进行精准营销和推广。以"三农"自媒体为原点的"微媒营销"是陇南电商进行产品宣传,使农特产品走出大山、触达更广泛空间和人群的重要路径和手段,这种新媒体营销手段强力推动了电商的快速发展,也形成了政府引领和服务电商的新形式、新动力。而基于"两微"营销的"三农"自媒体形成的市场也在倒逼生产供给侧进行改革。这一时期,陇南党政建立了宣传力度空前强大的"微媒矩阵",包括2690个实名认证的政务微博、561个政务微信平台、193个政务网站② 和众多"三农"自媒体的个人微博、微信,建立了相互之间的联动机制,形成自媒体网络矩阵,合力宣传和叫卖陇南的农特产品。"三农"自媒体的微媒营销彻底打破了陇南农特产品"养在深闺人未识"的尴尬局面,到2017年"全市共开办网店12963家,微店7853家,累计销售总额73.73亿元,带动就业10.05万人,政府推动、市场运作、大众创业、协会规范、微媒营销'五位一体'的贫困地区发展农产品电子商务'陇南模式'进一步丰富发展"。③

---

① 陇南市扶贫开发办公室主编:《电商扶贫看陇南》,甘肃文化出版社2016年版,第18页。
② 数据来源:调研中由陇南市电商发展局提供。
③ 陇南扶贫办:《电商扶贫有后劲,大学生创业在陇南》,载新华网 https://www.sohu.com/a/205820616_99894091, 2017年11月21日。

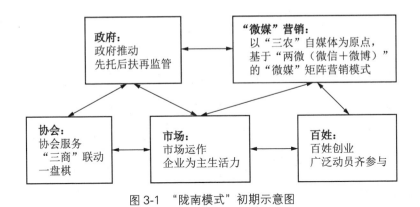

图 3-1 "陇南模式"初期示意图

"陇南模式"早期阶段以"三农"自媒体为核心的"微媒矩阵"是带有"三农"自媒体早期发展的显著特点和制约的:首先是依托的平台不多、手段较单一,主要是利用"三农"自媒体的"两微(微博+微信)"平台;二是以政府为推动力,主导"微媒营销",党政干部率先在个人的"两微"社交媒体上为陇南电商和农特产品宣传助力,政务微博和主流媒体联动,多角度、多侧面宣传报道,由政府主导带领个体和企业发展自媒体,拓展宣传领域和角度,开办网店和微店;三是产品宣传方法比较单一片面,兜售叫卖多过于实质内容,自媒体宣传中对产品的特性挖掘不够、与销售结合不够紧密。政府领导干部对当地农特产品的宣传虽然充满热情、有信誉担当,但不能经商直接参与商业活动;干部为产品质量背书,常常出现在自媒体的农特产品宣传中,引发了购买者兴趣,其后的供货却跟不上需求,农产品标准化、品牌化欠缺造成品质不一的尴尬局面,这些问题若不加以重视,刚发展起来的陇南电商必然会遭遇信任危机,发展受到重创。正是微媒营销的拉动使市场需求一时激增,也使陇南农特产品高品质网货缺乏、供应链短板、物流成本高等问题更加凸显,"三农"自媒体和陇南电商在吸引到关注后如何持续发力,如何促进陇南电商交易的产品结构和产业升级，实行供给侧结构性改革，包括对初级农产品进行二次产业的精深加工和三次产业的服务增值，让电商从农产品的产业定位向全产业全面延展、覆盖，同时如何使"三农"自媒体的宣传渠道打开，创作内容能够吸引更多网民用户的注意力，如何在引流、吸粉成功后还能留得住用户和买家，如何充分地利用"三农"自媒体的宣传渠道发挥陇南的自然生态价值和人文经济价值，这些都是"三农"自媒体进行地方宣传和陇南电商迭代升级面对的重要问题。

二、助力器："三农"自媒体助推"陇南模式"迭代更新

近年来陇南抢抓"互联网＋"机遇，把发展农村电商作为乡村振兴的重要着力点，经过九年的快速发展，陇南电商在科学明确的发展战略指导下，在营销推广、品牌建设、人才培育、创业孵化、物流配套、电商扶贫等方面都已经形成了相对完善的服务体系，电商进农村综合示范县实现了全覆盖，形成了市电商局、县电商中心、乡村服务站点"市—县—乡镇—村"四级电商服务体系，同时建立起服务、培训、营销、供应链、金融六大体系，培育电商新业态，极力拓展"电商＋"融合发展路线，激活了经济新动能，探索出了西部贫困山区利用电商促进农业增效、农民增收、农村发展的电商扶贫路。截至 2022 年 10 月，陇南市共有网店 1.4 万家，累计销售产品逾 304 亿元，带动就业 30 万人，培训 31 万人次。全市建成县级公共服务中心 9 个，建立 192 个乡镇电商服务站、2404 个村级电商服务点。九县区已建成直播村 14 个、直播基地 36 个。① 陇南作为全国唯一一个电商扶贫试点市，先后获"2015 中国消除贫困创新奖""2018 全国

---

① 数据来源：调研中由陇南市电商发展局提供。

十佳精准扶贫创新城市"等多项殊荣。2020年,"陇南模式"在"全球减贫伙伴研讨会"上形成"陇南共识"向世界发布。2021年,陇南市电子商务发展局被中共中央、国务院评为"全国脱贫攻坚先进集体",陇南市电商产业服务中心被评为"全国脱贫攻坚考察交流点"。陇南电商的影响力持续扩大,呈现出良好的发展态势。

同时,陇南电商也面临来自内部和外部的压力。从外部看,自2015年11月国务院发布《关于打赢脱贫攻坚战的决定》,全国农村电商扶贫快速展开、全面推进,国家下发了系统性的电商扶贫政策——《关于促进电商精准扶贫的指导意见》,电商进农村示范项目覆盖了一批批贫困县实施电商扶贫,到2019年已把所有的国家级贫困县全部覆盖。越来越多的贫困地区在借鉴陇南模式的同时,因地制宜开展新探索,显示出你追我赶的态势,甚至有些贫困地区在电商交易额提升、带动贫困户增收等方面对陇南实现了后发赶超。

另外,电商扶贫暴露出当前农业发展的一些深层问题。农村原有基础设施与产业链、供应链不适应电商的问题,特别是物流、网货、人才、组织化、品牌化等短板的制约,通过农产品上行滞后体现得越发明显。加上主观认识的偏差,包括对电商扶贫难度的低估和片面追求政绩,农村电商发展中也暴露出重建设、轻应用,重数量、轻质量,重名声、轻实效等问题。其他地区解决农产品上行滞后和提高电商扶贫实效的做法,可以给陇南提供启发。

此外,农村电商在渠道、流量、技术、业态、内容、组织方式等方面,出现了新的趋势。技术创新和消费升级带来深刻影响,传统平台电商的红利期已过去,依托于"三农"自媒体发展的移动电商、社交电商、场景电商、内容电商正在兴起,原有依托"微博+微信"社交媒体的"微媒营销"也不足以满足自媒体发展和电商链接的新场景，红人经济、直播带货、短视频创作、体验营销、VR 实景、O2O 等发展新趋势，为农村电商开拓全新疆域。一批新的互联网公司和头部视频平台异军突起，传统平台电商转型升级，不断向"下沉市场"浸入，向农村地区渗透。网络时代的"去中心化"力量使大型媒体、传统媒体平台流量价值被瓦解分化，去中心化的自媒体在内容创作带动社群经济形成商业变现的同时也演变为小型媒体甚至商业机构，"三农"自媒体的语言形态和互动方式由图文广告演变为短视频内容输出＋直播带货，个体经济的创变时代来临，"三农"自媒体结合技术发展演变为丰富的表现形态，多融合地进入农业的全产业链发展，对农村电商、乡村建设、农业生态的发展发挥着越来越大的链接拓展和推动作用。

从内部看，陇南曾是集中连片特困地区，贫困程度越高，推行电商的难度也就越大。2016 年陇南完成试点的阶段性任务，陇南的电商发展虽然已经取得了一些令人鼓舞的成果，但也呈现出发展中的短板和深层问题：一是发展的不平衡，虽然在政策上，陇南试点是覆盖全市的，但在当时的实际执行来看，陇南八县一区的发展却有先有后，深度和广度也不尽相同。比如，在试点期内，只有成县于 2015 年、礼县和宕昌于 2016 年分别进入全国电商进农村示范项目，其余 6 个县区电商的发展规模还需继续拓展。二是发展程度低，早期发展以返乡青年、青年大学生等依托"三农"自媒体的微媒营销为草根创业的主题，发展初期虽有一定数量，但单体规模小、组织分散，难以产生商业势能。三是产业基础薄弱，随着"三农"自媒体的宣传声量增大，链接和打通市场后，农产品电商很快就面临"有产无量、有品无牌"的困扰，农产品不适应规模化电商的问题很快就暴露出来。四是环境支撑待优化。虽然政府大力扶持，但在人才、资金、基础设施、市场发育等要素和软硬环境供给上，仍面临许多挑战。

　　为破解发展困局，陇南以"行政推动、利益带动、创新驱动、社会联动"为抓手，赋能赋智带动传统产业转型升级，持续推动以电商的高质量创新融合发展，形成了电商企业蓬勃发展、中小网商相互协作、自媒体达人引领风潮、农村电商人才辈出的良好发展局面。在这一过程中"三农"自媒体形成的红人效应和示范效应带动和推进着陇南电商的发展，逐步形成"三农"自媒体＋合作社＋电商＋区域品牌的主体模式，并不断向"＋加工业""＋服务业"延展。

　　研究团队在调研走访徽县、宕昌县等县区时，感受到新媒体电商在陇南的蓬勃发展，以"梁倩娟""西北小强"等为代表的"三农"自媒体达人粉丝量高达几百万之众，影响力不可小觑。"三农"自媒体的发展使市场主体迅速成长，也让网货的宣传与销售结合更为密切。

　　例如，徽县在抓好传统电商的同时，积极探索"三农"自媒体引领合作社和电商发展的新媒体营销方式，采取了一系列措施和方法助力"三农"自媒体的成长和电商发展的互动方式。在"西北小强""嗨，梁掌柜""小胖在西北"等自媒体大号及典型的带动下，全县涌现出一大批自媒体电商，据统计，全县在今日头条、抖音、快手、微博等平台共有网红100 余人，其中全网粉丝量 500 万以上的 1 人，300 万以上的 1 人，50 万以上的 6 人。在 2019 年时徽县已实现短视频和直播带货销售农产品累计2000 多万元。2022 年一季度，徽县由"三农"自媒体带动的电商线上线下销售总额达到 9764 万元，其中徽县兆丰农业、天顺植物科技等县域品牌实现跨境电商交易 122 万元。①

　　在徽县"三农"自媒体电商带动下，陇南市其他县区新媒体电商人数

---

① 数据来源：调研中由陇南市徽县电商中心提供。

也呈现突破性增长，发挥自媒体优势，通过短视频、直播宣传推介家乡美景特产实现变现，成为陇南市电商蓬勃发展又一增长极。在这一过程中，陇南市徽县采取了一系列因势利导、优化"三农"自媒体电商发展环境的措施，用互联网思维科学谋划，完善政策。徽县政府相继出台了《徽县电商扶贫贴息办法》《徽县电子商务奖励扶持办法》等系列文件，对通过新媒体主营徽县农特产品的"三农"自媒体进行奖励，年终根据线上销售业绩授予徽县"十佳网商"称号，一次性奖励 1 万元，并给予贷款贴息扶持，以及其他鼓励措施支持新媒体电商做大做强。良好的政策环境使得全县涌现出了一大批社交电商、社交圈营销、短视频营销等新媒体达人。

徽县以线上线下结合、传统直播互动、政府与平台推进、"三农"自媒体达人与区域品牌深度绑定植入的方式，以多套路组合方式进一步提升徽县"三农"自媒体的流量引入，提升新媒体电商的知名度。一方面在线上线下各类电商营销活动中植入新媒体元素。将年货节、苗木节等传统云上营销活动和"三农"自媒体直播、短视频拍摄相结合，互相促进，通过奖项设置进一步激发"三农"自媒体创作者的热情。另一方面举办一系列新媒体主体赛事，如在 2019 年与抖音平台合作，举办了徽县南秦岭杯抖音大赛，发布以"徽县风土人情、当地美食"等为主的短视频 300 余条，点赞达 300 余万次。"双十二"当天，徽县电商协会组织优秀新媒体电商、"三农"自媒体达人共计 40 余人在徽县游龙贡米种植基地举办"新媒体直播体验活动"。全程通过直播的形式带货游龙贡米、罐罐茶等农产品 5 万多元。2022 年，徽县电商中心组织县内多位"三农"自媒体达人主播在徽县榆树乡剡坝村产业园现场直播，在线推介徽县优质农土特产，助力市乡村振兴推进会成功召开。依托江南商旅小镇独特资源开展"电商＋文旅"直播活动，组织、动员陇南电商徽县运营端及电商企业、网红主播开展

"甘味特产、消费助农""迎三八促消费、巾帼建功"等直播活动,推介宣传徽县特色农产品、民俗文化、乡村旅游等。

徽县将"三农"自媒体达人、村红主播等新媒体人才的培养作为加快电商发展的重要措施,通过学习考察、操作培训等方式为徽县新媒体电商发展提供人才和技术保障。电商中心举办多期"电商 + 网红"的沙龙活动,邀请本地网红大咖、自媒体达人、新媒体电商以及浙江义乌资深电商导师对当前徽县自媒体行业进行深度分析,实现信息共享。在这一过程中,徽县涌现出一批"三农"自媒体达人,成为徽县新媒体电商发展的骨干力量。全国人大代表、快手号"嗨,梁掌柜"的负责人梁倩娟多次登上央视新闻,还担任"陇南公益直播首席形象大使";单凯凯担任"陇南公益直播形象大使";冯亚波被授予全省"最美助农人"称号;徽县电子商中心在"臻品甘肃杯"全省电商直播大赛上被评为大赛优秀组织奖。新华社、焦点访谈等多家主流媒体、多个节目持续跟进报道徽县"三农"自媒体达人、村红主播的典型事迹,电商助农获得主流媒体的关注与肯定,有力提升了陇南电商的影响力。

"三农"自媒体与"电商 +"的创新融合发展,在陇南形成了"四播四带"的直播矩阵,打造了电商新业态。徽县榆树乡依托辛亮菌业食用菌种植示范园、苟店中华蜜蜂第一村、杨河订单蔬菜种植基地、火站村羊肚菌种植基地等龙头企业和合作社,将生产车间、田间地头、群众庭院、文物古迹变成直播基地,丰富直播空间场景,吸引更多的粉丝关注榆树。同时,积极实践"'三农'自媒体 + 乡村旅游"助推乡村振兴的新路径,多次邀请青岛直播营销老师及其他专业人士为农户传授直播运营知识。在榆树乡"中华蜜蜂保护区"、剡坝陇南市中蜂标准化养殖和良种繁育示范基地的基础上,形成人大代表直播、代表带热度,乡村干部直播、干部带群众，能人大户直播、生产者带产品，外地网红直播、外地带本地的"四播四带"机制。2022 年徽县榆树乡建成快手村 1 个、电商直播村 3 个，建成标准化直播室 2 个，培育本土直播人才 20 人，通过开展 3 次矩阵直播活动和邀请"自媒体达人"全国人大代表梁倩娟及外地网红开展直播带货 6 次，推介榆树人文风光和农特产品，实现产值 500 万元以上。2022 年徽县新建成东西协作电商消费扶贫专馆 1 个、县电子商务创业运营服务中心 1 个、邮政电商运营中心（直播基地）1 个，嘉陵镇天河村"电商＋文旅＋康养"直播基地及伏家镇江南商旅小镇大型直播基地正在建设中。建立电商专业人才库 3 个，组建直播带货营销团队 7 个、短视频创作团队 3 个。培育 500 万以上粉丝网红 1 人，100 万以上粉丝网红 3 人，50 万以上粉丝网红 4 人，10 万以上粉丝网红 17 人。[①] 积极邀请快手总部、阿里巴巴团队来徽县考察调研农村直播电商及蜂蜜产业发展情况，就产品研发、品牌建设、线上推广、包装设计等方面达成合作意向。

　　而宕昌县在 2018 年探索出了符合宕昌产业发展实际的"股份合作联合体"产业扶贫新模式，实现了"一石多鸟"的双赢效果。这一模式是通过"'三农'自媒体＋合作社＋电商"的路径，融合嵌入打造区域品牌，总体思路是组建由贫困户入股村办合作社，全县村办合作社联合控股，吸纳国有资本和龙头企业参股的农业发展股份公司，在全县构建"以股份公司为龙头、以乡镇联合社为纽带、以村办合作社为单元、以贫困户为主体"的产业发展体系，按照股份公司向乡镇分公司下达生产计划、乡镇分公司向村办合作社分解具体任务、村办合作社组织贫困户生产的运行机制，最终通过"三农"自媒体的内容创作、新媒体营销进行推广宣传，以

---

① 数据来源：调研中由陇南市徽县电商中心提供，数据统计截止时间为 2022 年 10 月。

"三农"自媒体引领新媒体电商助农增收。在"'三农'自媒体＋合作社＋电商"的产业支撑下，宕昌拥有了电商产业链的前端优势，加强了"三农"自媒体带动的新媒体电商与合作社的深度融合，把自媒体达人与新媒体电商团队植入合作社，通过"三农"自媒体与新媒体电商的赋能使产业发展走上了提质增效的快车道。

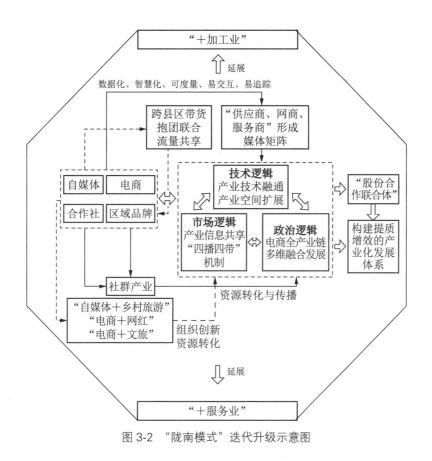

图 3-2　"陇南模式"迭代升级示意图

"三农"自媒体的迅速普及与应用使贫困地区农民专业合作社的发展突破了综合基础薄弱、信息化更新缓慢、组织协同能力差、技术创新能力弱的局限，走向了更为开放、系统，数据可追踪度量，与用户动态交互性更丰富的阶段，能够大大提高农民合作社的发展基础和竞争实力，避免组织管理中出现的问题，以合作社形成的"自媒体＋区域品牌＋融资"的新路径，以公益为导向，由自媒体的内容创造、捆绑衍生推动合作社的产品产业创新，通畅产业渠道，拓展产业空间，使传统产业在"三农"自媒体的定制化信息传播下转型，自媒体与合作社性整合各自优势与目标，打造与构建"自媒体—社群—产业—区域品牌"的价值链，促使合作社和区域品牌形成循环、可持续的产业发展新路线和新生态。

"三农"自媒体开放性、社会性和个性化的传播方式不仅使自媒体广泛嵌入与植入合作社产业发展的全链条，使合作社和区域品牌发展获得传播力和主导权，还改变了意识形态的传播途径与模式，使合作社社员更易接受"三农"自媒体的信息传播，接受主体产生了由内而外的发展变化，其背后的技术逻辑、市场逻辑和政治逻辑更助力合作社产业朝着数据化、智慧化、可度量、易交互、易追踪的方向发展，为现有农业市场和农村消费场景赋予了更多交易机会和拓展空间。宕昌县哈达铺镇于2018年10月组建了哈达铺中药材联合社，该社由全镇29个村办合作社联合发起成立，带动贫困户807户3176人增收，将分散的1562.2万元到户产业扶持资金逐级集中起来，有效解决单个合作社生产经营规模小、市场话语权低的问题。有了强大的产业基础，合作社与当地村播网红、自媒体达人形成合力，将内容电商、场景电商为主的短视频直播、社交电商、社群电商等模式应用于合作社产业和区域品牌企业的打造中，开通天猫、中药材诚实通、1688、拼多多、抖音等电商平台，以新媒体营销加成C2C、B2C、B2B、O2O等营销模式及跨境电商，以"三农"自媒体的内容创作、营销方式、社群扩散带动电商多渠道营销全面铺开。

　　在实际运行层面，可充分依靠"三农"自媒体的关键意见领袖 KOL 的营销策略，以社群经济推动合作社与产业空间的延伸拓展，形成"自媒体＋社群＋电商＋产业"的电商形态与价值链。陇南市成县陈院镇白马寺村的"三农"自媒体达人尚育康在 2019 年以养殖贵妃鸡的创意视频登上热搜榜，其中在国庆节期间以贵妃鸡摆成花式图案"表白祖国"的短视频阅读量高达 1.7 亿次，尚育康成为快手、抖音平台的"三农"自媒体大 V，跨平台粉丝人数达到 80 多万。他在社交平台上分享自己的养鸡趣事，科普养鸡的专业技术，并且成立了贵妃鸡养殖合作社带动农户养殖贵妃鸡，为合作社社员发放鸡苗并传授养殖技术，小鸡养大后再统一回收，通过自己的"抖音橱窗""快手小店"以及县域的电商平台销售到全国各地。如今，合作社已有 30 户农户共同发展养殖，年销售额超过 100 万元。同时，他还打造了集休闲、亲子、娱乐、美食、民宿、采摘、萌宠喂养等为一体的乡村田园农场，并将"鸡舍"改农场的全过程进行直播，与网友用户共同讨论家庭农场的建设发展，实现了成功转型，以"自媒体＋社群＋电商＋合作社"的形式带动了当地的养殖业和旅游业，推动了当地生态经济的发展。

　　宕昌陇羌源电商展销中心借助展销中心地理位置的优越性，以旅游端口导入大量游客，并借助微商分销合伙人 2152 的新媒体营销进行线上线下融合互推，展销中心已入驻合作社网货产品 210 多款，宕昌野生羊肚菌、各类山野菜、黄芪、淫羊藿等具有当地特色的山珍和中药材受到网友欢迎。以"供应商、网商、服务商"的联动及分销合伙人的社交平台形成新媒体矩阵，开展旅游电商营销活动，形成"自媒体＋合作社＋全域旅游＋电商"的产业链模式，通过整合自媒体达人流量、渠道、网货、物流、平台等资源，拉动宕昌县新媒体电商发展，以资源共享、抱团互助为目标，打造了一支专业的自媒体直播团队，让宕昌人、陇南人、甘肃人为宕昌的农特产品代言，为家乡特产走出陇南助力。在国家扶贫日启动当天，25个乡镇组织了直播团队的直播带货，当日在线观看人数突破百万，线上线下销售金额达到436.5万元。在以"千年药乡网聚宕昌"为主体的中药材电商节上发布了"宕昌黄芪""宕昌香菇"两个区域公共品牌，并针对区域品牌的内容推广、产品设计发起了短视频创业大赛，自媒体达人、村红主播、电商青年汇集电商直播基地举行的助农直播活动成功宣传和推广了陇羌源、兴昌蜂业等合作社和品牌企业，并通过赶街的拼多多直播间拉动了宕昌蜂蜜、黄芪等极具地方特色的农产品的销量，为宕昌县农特产品的县域品牌营造声势，切实打开了新的渠道。

"三农"自媒体的传播力、营销力与整合力使陇南农村电商快速发展，直播扶贫、直播带货更成为创新扶贫的新模式。其间培育的自媒体达人跨县区进行带货或是抱团联合、流量共享，成为区域品牌和县域经济发展的引擎与动能。梁倩娟在嘉陵镇稻坪村开展快手直播，介绍徽县自然环境、风土人情、特产美食，两个小时的直播，点赞量17.8万，其账号涨粉2万余人，共计在线观看人数达131万人。直播可以形象地展示电商发展为偏远农村带来的深刻变化。同时梁倩娟注册快手小店，仅两次直播就销售苹果800余单，当地苹果瞬间售罄。今日头条网红"西北小强""小胖在西北"等通过拍摄家人制作的美食构建线上电商。2019年11月"西北小强"通过直播平台，四个小时销售天水苹果十几万斤。据统计，"西北小强"所在的"西北小强农产品网店"早在2019年全年销售额就已达1000余万元，通过直播带动徽县本地的土蜂蜜、核桃等农产品，累计网络销售达2000多万元。

"三农"自媒体引领着新媒体电商的蓬勃发展，不但直接帮助农民增加收入，还带动了物流、广告等相关行业发展，在扩大社会就业创业，助力特色产业发展等方面都表现出积极作用。如何科学营造"三农"自媒体良性发展的媒介产业生态，如何培植新媒体电商，组建新媒体人才队伍，推动"三农"自媒体与新媒体电商融合发展，努力打造"形态多样、方式灵活、具有竞争力"的新型电商，着力在精准扶贫、乡村旅游、乡村建设、农产品推广上进行智慧化、数字化发展，是实现乡村振兴、打通乡村发展全链条的重要环节与课题。

第二节　陇南"三农"自媒体典型案例分析

我们依据"三农"自媒体的传播效果，以个人 IP 塑造、内容特色、传播力、影响力、商业变现的价值以及社会贡献与美誉度为衡量指标，选取了陇南当地"三农"自媒体的典型案例，分析其内容特色及运营方式，以期为"三农"自媒体的发展带来启发。

一、"嗨，梁掌柜"："短视频问政第一人"

在快手短视频平台，全国人大代表梁倩娟化身"梁掌柜"，以亲切的口吻面对每一位乡亲和观众。目前为止，快手号"嗨，梁掌柜"已经收获粉丝 54.3 万人，获赞 619.1 万个，发表作品 850 个，直播 390 场，动态 76 条。[1] 作为第十三届全国人大代表，梁倩娟不仅是快手"乡村振兴官"，还被外界普遍称为"短视频问政第一人"，这主要源于她在 2020 年 4 月 22 日发布的置顶作品：梁倩娟微笑着坐在镜头前，通过快手向网友征集

---

[1]　截至 2023 年 6 月，来源于"嗨，梁掌柜"快手号数据统计。

有关电商扶贫、乡村振兴、农产品深加工等方面的建议和素材。梁倩娟对网络自媒体平台的充分利用显示出她的巧思，那便是通过"互联网＋"的思维模式进一步推动农村电商繁荣和乡村振兴。

梁倩娟的"短视频问政"收到了良好的效果，该作品点赞数已超过41万次，评论数高达1万条。毫无疑问，梁倩娟在短视频平台的"问政"行为显示出"三农"自媒体的作用不仅局限于推动农村电商繁荣发展本身，还能够依托其自身的影响力实现民意征集、下情上达等功能。新时代的乡村振兴不应局限在电商发展和原产地农产品销售，而应该将远见投射在乡村建设、乡村文化和基层党建层面，全方位借助"互联网＋"推动乡村振兴战略的实现。

作为陇南市徽县较早开始运作"三农"的自媒体，梁倩娟的案例显示出"三农"自媒体产业强大的带动作用。梁倩娟在2014年创立了淘宝店铺"陇上庄园"，于2016年注册了自己的商标并成立公司。公司成立后，梁倩娟成了甘肃省陇南市徽县"陇上庄园"生态农业有限公司的总经理，以此为代表，陇南各电商网店仅2019年的产品销售总额就达180亿元，解决了22万人的就业问题。[1]由此可见，"三农"自媒体能够极大地带动当地电商产业的发展，同时在拉动经济提升等方面具有强大的效果。同时，"三农"自媒体是乡村振兴战略的前行者，其吸引力具有强大的"人才虹吸"现象，在帮助返乡村民再就业、创业方面有巨大潜能。[2]

梁倩娟的成功离不开相关政策的扶持。2013年，陇南市提出"433"

---

[1] 钟甜甜：《人大代表上快手征民意　短视频平台成沟通新载体》，载中国网科技 http://tech.china.com.cn/internet/20200429/365608.shtml。

[2] 李肃浩：《乡村振兴战略下"三农"自媒体的破圈、困境与破局》，《农业经济》2022年第3期。

发展战略，特别强调要突破发展电子商务，大力支持电子商务的发展。①
得天独厚的地理条件为"原产地直播带货"提供了天然的直播场地。作为
人大代表，梁倩娟可以称得上"三农"自媒体的"明星"人物，她既是
"三观正"的代表人物，又坚守着"内容真"的创作理念，积极为乡村和
农民发声，帮助农民增收，弘扬社会主义主旋律。此外，她的"三农"自
媒体创业经历和先进事迹具有很强的参考性，既能带动新乡贤发挥自身优
势，积极投身乡村振兴事业，在全国也具有引领示范作用和政策普及作
用，能够有效增强"三农"领域与当地政府的交流合作关系，提升社会资
源的整合力度，汇集产业优势更好地服务"三农"。②

　　2019 年 3 月 15 日下午 1 时 25 分，快手号"嗨，梁掌柜"发布了第
一个真正意义上的"三农"自媒体作品：一位村民手提一筐白鸡蛋面对着
镜头，同时配文"竹篮子，白鸡蛋"。从对梁倩娟展开的深度访谈内容来
看，她并没有从一开始就将传统电商与"三农"自媒体和"直播带货"结
合起来。"我也是土生土长的农村孩子，知道家里这边的农产品多，老乡、
农户（的农产品）好多都卖不出去，不是自己吃就是放坏了，我想着这些
东西与其放坏了不如有啥办法卖出去，还能赚钱，我就开始做了。"在调
研中梁倩娟这样谈起自己做自媒体内容的初衷。同天发布的还有一则风光
短视频作品，梁倩娟为它配文"风吹麦浪的声音，最动听的乡愁"。这则
作品初步显示出梁倩娟宣传家乡风光的设想，以及对于当前"原产地直播
带货"运营模式的内在规划。

　　说到"原产地直播带货"时，梁倩娟自豪地讲起一则故事："徽县的

①　王萍、梁倩娟：《电商助力乡亲圆了脱贫梦》，《中国人大》2020 年第 24 期。
②　郝涵：《乡村振兴视域下"三农"自媒体的独特价值及运用之道》，《领导科学》2021 年第 10 期。

图 3-3　梁倩娟快手账号截图

西瓜品质一直很好，今年我们就去附近的瓜田，也就是原产地做了直播。第一天我们去直播的时候就介绍了一下瓜田的情况，结果没想到第二天这个瓜田（里的）人爆满，在我们去看的时候瓜就已经卖完了……我感觉西瓜打通销售渠道就是我们做自媒体宣传达到乡村振兴最好的例子。只要能办实事，能给农户们带来好的利益，有好的希望，带动我们徽县当地的经济，就是我们做自媒体最大的心愿和动力。"

"乡村的夜，是一片蔚蓝的海。星星灯火，人世间最温情的存在。"是梁倩娟早期作品的一则配文，画面是夜晚时分等待运输的快递盒。在类似含有"巍峨的大山之间，寂静的松树上长满了松果。谁是那只自由的大松鼠？"配文的作品中，乡村的自然风光以点、线、面的方式向观众铺展开来，悦耳的背景音乐引导着观众进入一片自由的天地。此外，梁倩娟还格外喜欢使用"寻蜜之路"这类富有诗韵的短语，给人一种探索之感，仿佛"梁掌柜"化身为山间的精灵，不断引领着观众深入这片神秘的土地，采撷大自然的馈赠，收获珍贵的宝物。

二、"西北小强"：凝聚亲情乡味的美食类大号

"三农"自媒体账号"西北小强"郭岁强是来自甘肃省陇南市徽县的一名"三农"短视频创作者，其于 2017 年开始进行"三农"美食垂类领

域的创作,现有今日头条粉丝 278 万、视频作品共 1281 个,抖音粉丝 349.7 万、短视频作品共 249 个,作品数据如图(详情见表 3-1)[①]。是甘肃陇南地区极具代表性的"三农"自媒体创作达人。

表 3-1 "西北小强"新媒体平台数据统计

账号名称:西北小强					
平台	作品量	粉丝量	单个作品最高播放量	单个作品最高点赞量	首发作品时间
今日头条	1281 个	278 万	577.9 万	7.9 万	2017/2/14
西瓜视频	1175 个	349.6 万	829.3 万	7.9 万	2017/2/14
抖音	249 个	349.7 万	200.5 万	6.5 万	2019/10/09

近年来"三农"自媒体领域下的美食类短视频层出不穷,代表人物有李子柒、农村四哥、巧妇 9 妹等。美食类短视频主要通过运用视听语言,展现制作过程的细节流程、食材新鲜美味的品相以及制作者制作过程中展现的个人特质,真实与美是受众关注的两大要素,独特的美食视觉景观会满足观看者的观看心理,同时受众将对美食的向往投射在自身对美好生活的期望中,并与之形成象征性的互动关系。西北小强将真实的农村生活环境展示于屏幕之上,带有地域特色的美食做法,良性的亲子互动、夫妻互动,都为大众提供了"情感解压"的有效手段。

法国文艺理论家列维-施特劳斯曾指出:"一个社会的厨艺,是社会下意识地表现自身结构的一种语言。"[②] 乡村美食短视频以建构"乡味"的视觉语言机制唤起受众的"乡村情结"。这种乡村情结是现代化进程中

---

① 数据统计截止时间为 2022 年 10 月 25 日。

② Dabney Townsend, "Taste: Earlyhistory," Michael Klley(ed.), *Encyclopedia of Aesthetics*, Oxford University Press, 1988, p.356.

传统乡愁被不断唤醒的情感记忆与集体文化。美食类短视频通过媒介为大众提供脱离现实生活的短暂休憩时间，回到凝结乡村情结的记忆原乡。"西北小强"强烈的视觉特色和真实的制作过程，会激发受众的视觉体验，使视频中传递的乡味、乡情与受众潜藏于集体无意识的乡村情结产生深度共鸣，从而达到情感抚慰与疗愈的功能。受众从原本被观看的美食制作视频吸引转向为对制作者及博主本人的认可与牵挂，由此产生一种内心深处的情感互动，这种情感互动是对消极情绪的消解和积极情绪的正面引发。"西北小强"的叙事没有较强的冲突性，视频往往体现出一种较为随和宁静的家庭生活氛围，视频创作主题的走向变动是随着家庭生活的变动一起进行，视频中的美食元素与家庭元素均与大众生活息息相关，易与受众产生情感交叉，受众在观看视频时，通过对自我世界的投射与反观，将作品看成了想象的代替物，这样更有利于受众在虚拟的影像中满足现实生活中对于美食与良性人际关系的渴求。受众将自身视线投射到与其情况相同的人群身上，视频的制作者由此变成了受众的代替者，制作者所展现的精神风貌和美食制作过程为受众提供了生活满足感，产生"生活即景"的情感体验，并以此消解同类情感上的压力与矛盾，在观看中寻求身份认同。"西北小强"作为被观看者，在受众的审视中，其视频的家庭元素与美食元素得到了强化，这种被观看并不会显得作者以叙事奇巧讨好受众，反而更加突出其视频情感要素，作者与受众的情感互动更为紧密贴合。

当今在物质基础较为丰富的前提下，大众在观看上更为注重精神及情感上的需求，快节奏的消费生活使得大众没有更多的时间精力去满足自身需求，而"三农"短视频的出现让受众群体获得一个还原美好本质，脱离现实生活的繁重压力，回归惬意随性的精神环境。"西北小强"

是"三农"视频美食类领域的头部账号,最早的一条视频于2017年发布,受众对账号的关注点也逐渐实现了从观"物"到观"人"的视点转移。

"三农"美食类视频创作已经由最开始的视觉快餐,转变为对作品内容品质和情感深度的关注,人们期望从视频中看到博主的日常生活、人生态度、价值观等,在美食题材日益同质化的今天,"西北小强"创作的是一道道"情感美食",以"妈妈的味道"唤起用户对亲情故土的思念。一方面,"西北小强"作为返乡创业人员,从返乡创业、成立公司并不断奋斗为"三农"自媒体达人,其个人成功经历会使尚在奋斗中的青年群体产生亲近感;另一方面,"西北小强"与其父母的家庭氛围十分和谐,母子、父子、邻里之间和善友爱,受众在这种虚拟化的情感体验中获得同样的情

图 3-4 "西北小强"账号截图

感满足。此时做美食并不是吸引受众的唯一原因，美食中呈现的人物情感互动，反而成了账号及视频吸引关注的独特风格。现实生活中真实情感来源的萎缩反过来促进了情感满足方式的虚拟化。①

　　情感的感知方式和理性思维结合，提升了美食视频的价值内核，"西北小强"在记录自己与妈妈的生活过程与陪妈妈的抗癌经历中，更体现了亲情这一象征符码的重要性，它升华了美食视频的主体思想，受众在不同的视觉理解和体验下，认可了"西北小强"视频中的文本符号，即美食与亲情。真实的情感体验也有助于创作者在视频编码与解码的过程中，呈现自己创作意图的本质，进而构建成独特的亲情话语，打破了美食类视频文

西北小强：舅舅来成都看妈妈，嫂子做了108道菜，太丰盛了

60万播放　519评论　2021年04月21日

西北小强妈妈孙女在成都过生日，全家人做了一顿大餐，太开心了

22万播放　336评论　2021年04月20日

西北小强：儿媳妇做了两种火锅，妈妈生病后第一次吃火锅

西北小强横跨3省2000公里拉了一车东西，妈妈说够吃几个月了

图 3-5　"西北小强"账号截图

---

① 王宁：《情感消费与情感产业——消费社会学研究系列之一》，《中山大学学报》（社会科学版）2000 年第 6 期。

本受众理解的趋同性。

"西北小强"的账号主体以博主郭岁强本人及父母为主，内容创作也较少脱离家庭本身，不同于同年龄段其他"三农"美食类短视频博主，家庭创作可谓其创作的核心模式，其中所呈现出的代际情感交流成为其账号的亮点之一，家庭化的情境符号让年轻人与老年人两个群体均产生了情绪共鸣。家庭的真善美表达与外部世界产生情感勾连与互动，在满足大众化情感叙事的基础上，更为注重平实动人的叙事表达，整体呈现出乌托邦式的情感景观，具有质感与温度的情感景观同时唤起了受众内心深处关于亲情构想的深层集体记忆，"西北小强"的视频不仅是美食视频，更是亲情情感的再生产。

除此之外，"西北小强"在后续视频中记录了家人陪伴母亲的抗癌过程，其家庭核心元素更为突出，将家庭共同与病魔战斗的日常点滴真实再现，从陪母亲做检查到化疗手术，充满情感与爱意的镜头下表达了家庭与生命的永恒情感，记录内容使人为之动容。日常化、微观化的视频特点也让"西北小强"的账号变得更加立体化，家庭伦理及家庭关系的良性形态由此展现。代际关系的核心价值以"爱"为主，弱化了代际关系中本该存在的冲突与差异，反而强化了家庭价值的重要性，在一定程度上增进了代际之间的情感互动，受众所感受到的亲密代际关系，在美食的衬托下变得尤为和谐，"西北小强"传递出的家庭情感内核刻画出两代人的情感交织和代际关系，唤起了与受众共通的语意空间，通过情感消费带动情感市场，从而带动情感经济，最终落实于"三农"自媒体的流通销售与盈利。

图 3-6 "西北小强"账号截图

"西北小强"于 2017 年首发第一条视频以来，更新频繁，几乎保持着日更的状态，包括陪母亲抗癌的时期，但是在母亲去世后"西北小强"降低了更新频率，甚至几度停更，许多网友都在关心他的近况，为他加油打气。

"西北小强"在"三农"美食垂类视频中取得了不俗的成绩，究其成功原因大致可分为以下三点：其一，"西北小强"在分享美食的同时也加入了乡村生活与家庭生活的元素，非戏剧化、排演化的展现方式，打造了独具家庭特色的亮点，在"三农"美食类创作领域开启了适合自己的新道路，视频内容除文化价值、社会价值外，代际情感价值是其创作的核心，美食＋情感元素的内容产品在各个年龄阶层传播壁垒较小，传播效果可以得到充分发挥，为同类"三农"视频创作提供了一个良好典范。其二，数字媒体技术的兴起使得经济效益和价值传播可以双向并行，"西北小强"在展现其生活风貌的同时自然而然地进行商品带货，家庭化的视频内容与主要的商品消费群体进行精准匹配，使受众获得同样的情感体验，削弱商品售卖的功利特征，潜移默化下的情感消费会反向促成博主账号呈现的情感基底。其三，非刻板化的视频内容，与以带货为主目的的明确的"三农"视频大相径庭，区别于同类化的内容创作，"西北小强"以自身生活经历为出发点，使受众在观看过程中产生身份确认与情感共鸣，建立了一定的情感圈层，将消费者的注意力引向以人为本的核心观念，情感交融实现共通的价值空间，并以此广泛连接受众，牢抓受众的关注度。

其账号发布作品中"西北小强"在记录与家人的家庭生活中主体地位不显著，在一定程度下冲淡了对"西北小强"本人的情感感受及主观记忆；此外其账号并未全平台创建，传播平台并不广泛，作为"三农"短视频领域的创作者还应培养全媒体平台意识，树立主体意识，助力创作发展。综上所述，"西北小强"以其独特的情感价值成了"三农"美食领域的大V，其创作思维逻辑、内容价值以及带来的流量变现、红人经济辐射效应值得我们关注。

三、"鸡司令"尚育康：从创意视频到家庭农场

来自甘肃陇南成县的尚育康，第一次养鸡的时候19岁，不顾家人反对，从广州定了500只贵妃鸡苗，开始了他的养鸡创业之路，因为资金太少，只能将小鸡偷偷养在新房子里面，慢慢地小鸡长大了，又换了一间大一些的房子，经过他的悉心照料，小鸡都在健康成长。后来大房子里也关不下了，只能将它们放在院子里生活，转眼间小鸡们都长大了，到了该出售的时候，尚育康只能骑着摩托车跑市场推广，还特意给鸡做了个"洗剪吹"。随后家里给了一些资金扩大养殖规模，但是第二批的小鸡没养好死了好多。在尚育康没有资金再去运营养殖场快要放弃时，家里又伸出了援手，给了一些资金让他开始新一轮的养殖，随着养殖技术不断精进，尚育康的养殖情况才慢慢变好。

图 3-7 "蝉妈妈"数据分析平台对"山村鸡司令"账号的数据统计

图 3-8 "新快"数据分析平台对
"山村鸡司令"账号的数据统计

尚育康的抖音、快手名称为"山村鸡司令"。"我只是一个普通的养鸡人,因为这个行业身上时不时会带有臭味,但别叫我臭养鸡的,我也有自己的梦想,我友似成群,却常只身一人。"这是尚育康在自媒体平台上的个人简介。

抖音短视频平台共发布作品81个,置顶作品3个,其中创意短视频"向抗疫医护人员致敬"这一作品,点赞量为279万,评论数为4.4万,被央视新闻官方引用,配以文案:"'90后'乡村青年率4000只鸡神走位,摆出戴口罩的医生形象,希望他们平安凯旋"。

抖音短视频平台发布作品引用话题:"乡村守护人""新农人计划2022",其中"乡村守护人"话题在抖音短视频平台的播放量已达1769.9亿次。快手短视频平台共发布作品227个,置顶作品3个,其中创意短视频"国庆70周年,为祖国母亲庆生"获130.2万喜欢。

图 3-9 "山村鸡司令"抖音短视频平台账号截图

图 3-10 "山村鸡司令"快手短视频平台账号截图

"山村鸡司令"2022 年 10 月 17 日在抖音短视频平台上直播，主题为"参观农场"，整场观看人数达 6 万人次，从数据平台统计的观众画像来看，女性观众居多，年龄集中在 31—40 岁的区间段，其直播间不仅吸引本地本省的观众，还有来自全国各地的粉丝，其中广东、四川、浙江省观众居多。

其抖音账号店铺"山村鸡司令的小店"主要售卖两种产品，一是农家青皮土鸡蛋，二是散养贵妃鸡，两种产品都是自家养殖自家生产，其中农家青皮土鸡蛋售卖情况较好，商品好评率高。

图 3-11 "山村鸡司令"抖音短视频平台直播数据统计

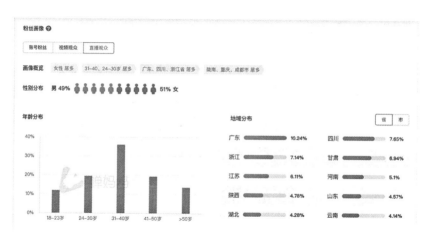

图 3-12 "蝉妈妈"数据平台"山村鸡司令"粉丝画像

图 3-13 "山村鸡司令"快手小店截图

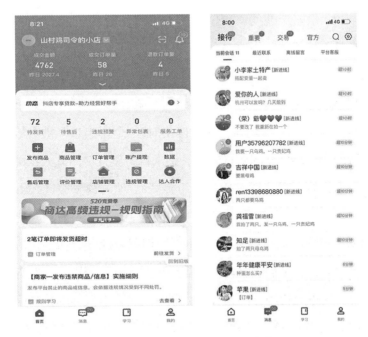

图 3-14　"山村鸡司令"快手小店截图

账号"山村鸡司令"在抖音、快手短视频平台发布的作品根据内容题材可划分为创意视频和日常记录两大类：第一类是创意视频。创意视频是账号"山村鸡司令"最受欢迎的一类视频，大多数粉丝也是因为创意视频才认识这个"90后"创业青年。2017年他在快手短视频平台发布了第一个创意短视频，带领自家养殖的鸡在空地上摆出爱心的图案，"小鸡比心"这一创意一时间吸粉无数，也使这个年轻的养鸡小伙一炮走红。之后尚育康迎合受众喜好，充分利用自己养殖的近4000只"三冠五爪，头戴凤冠，身披黑白花羽"的贵妃鸡，精心设计图案，把饲料撒成文字、数字、简笔画等，小鸡们在他的带领下追着饲料摆成各种造型，其"鸡司令"的称号也由此得名。随后他结合时事热点不断推出新的创意视频，每一个"用鸡作画"的系列短视频均获得了较高的点赞和评论数，网友粉丝直呼："有创意、太有才了、好壮观!"2019年国庆期间,正值中华人民共和国成立70周年,"鸡司令"选择发挥自身独特优势,引导自己养殖的鸡摆成了"70"字样,为祖国母亲送上祝福;2021年7月奥运会期间,"鸡司令"率领他的鸡拼出"中国加油"字样,为奥运健儿加油助威;2022年2月发布了助力冬奥创意短视频,尚育康用3500只鸡,200斤饲料,耗时四小时,"全军出鸡"拼出冬奥项目冰壶、单板滑雪、花样滑冰的形状,其灵感来自冬奥宣传简笔人物画,以此祝愿参赛选手取得好成绩。网友粉丝纷纷感慨:"他的鸡怎么这么听话";"还能让鸡摆出各种各样的造型";"鸡被养出了一个新高度"。在"鸡司令"别出心裁的创意与耐心的指挥下,"鸡小弟"们跟着他开直播、拍短视频,有时还配合着表演,这种创意互动的短视频形式迎合了当下受众在碎片化时间内获取信息、娱乐放松的目的,吸引人眼球,符合自媒体的传播语境。

第二类是日常记录。日常记录类短视频涉及的内容与场景较为丰富,有记录养鸡日常、个人生活日常、工作场景展现等,主体围绕农场与贵妃鸡展开,分享自己的养鸡生活,展现乡村风貌。如2022年2月份启动

图3-15 "山村鸡司令"快手账号截图

的"农场改造计划",分阶段记录了农场改造的进程,向粉丝们介绍农场的布局和环境,其在抖音平台的直播也是以农场为场景,并邀请大家前来参观体验。尚育康很善于利用短视频讲故事,分享日常工作的同时也经常与大家讲述个人经历、创业故事等,抒发个人感想以及养鸡创业的真实感受,使得粉丝群中的创业青年人及同行产生共鸣。"希望越来越多年轻人能回到村里,把外面学到的东西用到农活上,农村的日子肯定会越来越有奔头。"尚育康在面对媒体的采访中说道。

新年之初,"鸡司令"尚育康开启了自己的农场改造计划,系列短视频《我和我的农场》陆续在其账号所在平台推送,随着他的记录农场改造正式拉开序幕。从开工日到备料阶段,每一个短视频中尚育康都采用"画面+解说"的形式向粉丝朋友介绍农场的改造进程与规划,与此同时在每一期的短视频中他都会向大家发出号召,征集意见,与粉丝形成了紧密的联系与互动,这种直观的互动形式既能增加视频的人气与评论数,又能吸取各方建议为自己的改造计划添砖加瓦。同时,他在视频的结尾以"持续更新中"等字样的呈现巧妙地设下悬念,充分调动起受众的好奇心与期待感。在持续更新的农场改造短视频中,尚育康向粉丝朋友展示了半年以来的改造成果,一期改造计划正式落下帷幕。

图 3-16 "山村鸡司令"快手平台"我和我的农场"系列短视频截图

近年来，依托本地特色农牧产业和独特优美的乡村风光，在乡村振兴的政策与背景之下，各地区各具特色的乡村旅游业成为农村地区一道靓丽的风景线，也成了新的经济增长点。"乡村旅游主要包含三个方面的内容，分别是：吸引物、旅游需求、目标市场。其中吸引物是指当地的自然风光和民俗文化等；目标市场是指平时忙于都市工作生活，热衷于近郊乡村游的城市人群；旅游需求指的是旅游者想通过乡村的各项旅游项目和活动达到放松和愉悦身心的需求。"[①] 农家乐作为乡村旅游开发的典型模式，为体验者广受欢迎，其吸引游客的亮点一方面是乡土气息氛围的营造，如乡间小路、农家小院、田间采摘、农家饭等；另一方面是游客的体验感与参与性，在农家乐里，游客可以亲身体验参与各类农事活动，如耕种、饲养、采摘、收获。"鸡司令"尚育康的农场改造依托自身特色资源，因势利导打造成了"农家乐+特色体验园"模式，根据他的介绍与展示，其农场的景观及项目设置可划分为创意景观型、自然风光型、农事体验型三大类。在创意景观型中，"鸡司令"将亲手种植的葫芦打造成"葫芦长廊"，还设置了"萌宠乐园"，包含了各式各类的小动物，此类新颖的场景可供游客拍照打卡；在自然风光型中，"鸡司令"在农场中设置了农业产业园，供游客观赏农村自然风光与真实的农业场景；农事体验型是"鸡司令"农场的特色和重点所在，围绕他的"鸡小弟"们展开，在养鸡区域中，游客既可以体验捡鸡蛋的乐趣，又可以现抓现做，品尝美味可口的柴火鸡，充分发挥体验园模式的临场感与交互性。

通过短视频中尚育康的介绍我们了解到他的农场改造第二期计划正在火热的施工中，二期规划以修路和引进动物为主，后续的三期计划将在

---

① 吴海燕：《乡村旅游可持续发展的困境及对策建议》，《农业经济》2019 年第 10 期。

一二期的成果上进行升级，围绕鸡养殖着力开发特色农业产业链，提高农产品品牌化建设，促进特色农业的合理布局和协调发展，带动有意向的同村人一起合作致富。

图 3-17 "山村鸡司令"快手账号截图

对账号"山村鸡司令"在抖音、快手平台发布的作品进行全面分析后可发现，不论是其账号的运营情况，还是推送作品的内容质量均可圈可点，具有较强的传播优势。在甘肃省陇南地区电商扶贫等相关政策的帮扶下，"鸡司令"尚育康抓住政策机遇，因势利导，以市场为导向，通过在各大短视频平台的宣传推广，将自己的贵妃鸡和农场打造成当地特色品牌。在新媒体语境下，"内容为王"成为脱颖而出与吸引流量的不二法宝，

"鸡司令"紧跟时事热点,回应社会关切,定期推出的"用鸡作画"系列短视频,传递趣味的同时,也将乡村图景展现给大众,更为当地农产品的销售扩宽了新渠道,成为助力乡村振兴的新动力,这也是"三农"自媒体的题中应有之义。

值得一提的是,账号"山村鸡司令"在表现形式上存在一定的问题,集中体现在后期配乐剪辑与画面原声的相互协调上。账号发布的多数短视频都是"配乐+同期声"的形式,尤其体现在日常记录类的短视频中,例如讲述自己的创业故事,就此类短视频而言,个人讲述的内容才是重点,才是受众通过短视频最想了解的,但是部分短视频中,后期配乐的声音盖过了画面原声,使得受众无法清晰地听到创作者同期声讲述的内容,这时的配乐不但没有起到渲染情感的作用,反而呈现出喧宾夺主的效果,影响受众的观看体验。加强对于内容创作及拍摄技术的专业化、系统化学习,账号运营者就可以使内容通过后期技术的加持得到更好的传播效果。

四、"小马哥":哈达铺红色文旅创意内容

此案例分析基于抖音号"小马哥"(以下称个人号)2019年5月25日至2022年10月14日共计78个视频和"哈达铺 红色之旅欢迎您"(以下称推广号)2021年8月13日至2022年10月20日共计159个视频做出的分析,小马哥的账号分为两部分,其一是以"小马哥"为名的个人号,其二是以"哈达铺"为名的红色旅游推广号。视频账号主体不同,内容倾向一致,两个账号的视频都将红色旅游作为宣传点进行推广,不同点在于,推广号中的视频呈现较为丰富,以哈达铺为主要内容支柱,涵盖景点、人文、风土。个人号则是以小马哥自身为第一要素,以个人为主

要角色，展现个人生活。相较而言，推广号更为官方全面，个人号更接地气。

图 3-18　"小马哥"推广号和个人号截图

　　推广号以哈达铺红军街为主要展示对象。视频拍摄内容以哈达铺的红色旅游景点为主要拍摄地点，其中以红军大院为主要代表的作品共计 62 条，占 39%。账号运营初期以哈达铺古镇为主要拍摄对象，从 2022 年 7 月 4 日开始，就逐渐以红军大院为主要拍摄对象，可以明显看出，这一时期是推广号的制作分水岭，在此之前的视频制作较为粗糙，类似随手一拍，在此之后的作品逐渐有了拍摄技法的进步。在内容上，前期以游客为主，展现旅游境况，后期则以红军大院实景演出为主要内容，影像技术和拍摄手法都有了长足进步。

个人号以小马哥本人为主要展示对象。在个人号中，小马哥的主要拍摄内容是自己亲身参与的活动，例如掰苞米、合唱等，一大特色是小马哥会以唱歌和舞蹈的方式展现背景中的哈达铺，这一展现方式的视频数量为28条，占36%，整体视频风格较为轻松，歌曲内容多以红歌为主，舞蹈内容较为多元，更多是即兴起舞，时不时有民族舞蹈，体现出哈达铺镇这一三民族交汇地的独特文化魅力。

图 3-19 "小马哥"推广号和个人号截图

在推广号的运营中，小马哥通常会邀请哈达铺的居民演一些有趣的情景剧，例如在 2022 年 1 月 29 日发布的短视频中，以村民因拍视频引起的夫妻矛盾为切入点，将妹妹的回归作为引子，先介绍了哈达铺的特色食品如红军点心和红军凉粉等；在 2022 年 2 月 1 日的视频中承接前部内容，进一步介绍了镇上的红军主题特色演出。这一系列的表现方式在旅游账号中是不多见的,以故事的形式加入旅游资源的介绍,相较于普遍旅游自媒体的内容更加灵动,且更具有乡土气息。

哈达铺地处甘肃省陇南市宕昌县西北部,这里是红军长征路上的"加油站",其中有两个重要原因构成了这一名号的由来,其一是毛主席在此地提出了"到陕北去"的战略方针。其二是在红军抵达哈达铺时,衣衫褴褛,食不果腹,而这里商贸繁荣,物价便宜,让全军难得地吃上一回饱饭。由此便诞生了"加油站"这一称号,奠定了哈达铺红色旅游的基础。

哈达铺的红色旅游是基于红军大院形成的一体化景区,游客旅游体验集中于亲身体验红军在哈达铺的经历,进而感受红军长征精神,在体验中凝结红色情感,进一步产生对长征精神的认同感,进而提升国家认同感。在推广号中,哈达铺的长征文化被具象化为实景演出、以影像带领游客重走哈达铺长征路。以长征为演出的主要表现题材,把长征这一重要元

图 3-20　"小马哥"推广号和个人号截图

素融入其中,如果说长征路线是长征文化的具象,那么重走长征路和化身长征战士则是在哈达铺可以体验到的最具象的长征精神,吃红军时期的粗粮饭,走红军走过的路,长征文化在行动中被实践。

郑耀星在研究中指出:"只有游客在景区获得了难忘的经历,投资的旅游设施、娱乐项目才能实现其价值。"[1]在推广号中,哈达铺镇的红军大院、以红军为主要宣传点的食品、哈达铺的实景演出、换装后的红军与村民和游客的互动,都在表演中营造了红军长征氛围,构建了消费环境。同时提供游客自主选择扮演红军或村民身份体验。这样的体验导向型旅游,能使游客葆有更长时间的旅游记忆。这种体验式旅游更适用于有角色扮演条件的景区,例如历史景区和文化景区,在拥有红色历史背景的哈达铺就是极为合适的。

"小马哥"创作的内容优势在于,首先,倡导体验导向型的红色旅游:这在旅游业尤其是红色旅游中还属起步阶段,可以说哈达铺的旅游模式是走在时代前沿的。在视频中以情景剧和歌舞的方式进行推广能够给予受众足够的现场感,引起心理认同和情感认同。其次,民族融合文化交汇:哈达铺作为三个民族共同生活的地方,各个民族的特色在视频中也被表现出来。推广号的视频描述了少数民族的风土人情,让受众看到了红色景区的民族风情,以此更深刻地认识到红军与各民族的团结一心,同时展现了现阶段各民族团结一致、共同致富、共同奔小康的美好景象。最后,小剧场式宣传:推广号所采取的小剧场式创作,在形式上有了长足进步,以情景剧融合当地特色进行旅游讲解,在其他旅游推广号中是极为少见的,小马

---

[1] 郑耀星、周富广:《体验导向型景区开发模式:一种新的旅游开发思路》,《人文地理》2007 年第 6 期。

哥的这一创新举措极有借鉴意义，值得具有丰富旅游资源的其他地区学习并推广。

小马哥的创新之处在于对哈达铺红色旅游模式的改革和小剧场式的推广方式，这是十分前沿的宣传方式，两者相互结合必能推动当地经济发展。同时也存在一些共性问题，例如内容展现不全面、部分内容重复性展示，红色旅游景区的基础建设不够完备等。这些都还需要地方政府和自媒体达人的共同努力，哈达铺需要以红色旅游提升地方知名度，也需要宣传哈达铺的长征精神，更需要展现新农村的面貌风尚。不能一味地忆苦思甜，更不能"忘记来时路"，抛弃艰苦奋斗的革命精神。

五、"陇小南"：企业自媒体的虚拟人设与创意营销

从"陇小南"企业自媒体的网络布局来看，陇南地区农村自媒体的兴起，形成了以"'三农'自媒体＋电商"为主导的农村经济，助农方式和助农平台的增加使得"陇小南"的农产品企业在甘肃省陇南成县应运而生，它隶属甘肃陇小南电子商务有限公司旗下，于2017年注册成立，在2018年5月正式成立了陇小南网货供应中心，一个集农产品研发、展示、仓储、冷链、打包、销售、生产于一体的文旅综合体，并逐渐在各大平台建立了自己的专属品牌，其促成的品牌效应是推动陇南地区"三农"自媒体向更深层次发展的优良契机。

从短视频生产模式分析，内容题材上，"陇小南"的主要新媒体运营集中于快手、抖音、西瓜视频等多个平台，而在这些平台上又将其重心放在商业化发展中，以陇南当地农村地方美食为主打特色，引领大家在线上观察农产品的生产、制作、加工流程，或者以教会观众当地美食的制作方法为视频内容，或是以"陇小南"的虚拟人物形象作为拍摄主人公，以紧

扣时事的创意动画来反映地方发展的新鲜事儿，以多元的内容形式为家乡的农产品做好宣传和推广，吸引更多流量并进行变现转化。

图 3-21 "陇小南"官方账号截图

作为以企业形式出现的自媒体，"陇小南"是一个将人物 IP 和美食 IP 相结合的统一体。在人物 IP 的创作模式中，其突出特点是早期"陇小南"品牌的人物设计为一个卡通男孩，身穿印有"核桃"图标的文化衫，而核桃是陇南尤其是成县地区的土特产，在视频的制作过程中通常也会让佩戴品牌的卡通人物头套的人物形象出镜，这种品牌人设让"陇小南"更有辨识度，在电商互联网的发展中拉近了与消费者的距离，也更加符合其品牌定位，而"陇小南"这个名字依托了陇南地名，更加通俗，便于记忆，加强了顾客与品牌之间的黏性，也加强了消费者对于"陇小南"的认可与信任。

图 3-22　"陇小南"商标符号和虚拟人设

从发展特色来看，早期整个陇南地区的农产品供应商和销售商是分散的，没有集中的供给平台，货源不充分，对于农产品质量的把握也不过关，各个渠道的信息流通相对延迟，导致农产品外销无法有序跟进，而"陇小南"品牌的出现，使得成县和陇南地区的农产品有了更加合适便捷的路径，也将农产品从选货到出口的每一环节分割开，有了更加清晰明确的功能划分。

解决农产品出售难的问题是"陇小南"一直不变的使命。目前陇南成县的网货供应中心已初步建立，并成立了各种网店和线上平台，例如有针对消费者的陇小南商城、陇小南、陇小南旗舰店、陇小南优质农产品、陇小南线下体验店、陇小南核桃油商城等网店；有面向电商达人的"陇小淘"系列。针对不同需求的用户有不同的服务类型，也是品牌加快传播力度的方式之一。

除此之外，"陇小南"在各个平台上的宣传也起到了推波助澜的作用，将卖货融入美食制作：炒荞粉、沙棘汁、羊肚菌炖鸡、凉拌蕨菜、洋槐疙瘩等，这些都是农家最淳朴的小吃。美食能够带来强烈的视觉冲击和情感共鸣，也是给陇南地区农产品最好的宣传方式，更加贴合"陇小南"的品牌理念："让好东西不再是山珍，让健康食品变得简单，陇小南倡导把最好的东西分享给最爱的人"。视频中出现的"陇小南"人物也是将人物设定做到了极致，几乎在每个视频里都有戴了"陇小南"头套的人物出现，其人物形象深入人心也是其电商产业发展旺盛的代表力。

图 3-23 "陇小南"小程序平台及自建商城

图 3-24 "陇小南"快手平台内容创意

电商的发展只靠个人单薄的力量是很艰难的,"陇小南"企业的出现推动了互联网电商融合的良好态势,也势必带领更多的地方产业向新的发展模式迈进。

商业化、产业化并驾齐驱的"陇小南",不是由单一的农户个体带货发展出来的,作为电商领域的龙头产业项目,它的背后离不开政府的扶持和精准的市场定位,"陇小南"在不断的学习和推广中慢慢走进大家的视野,带动了产业发展的同时也拥有了良好的口碑和市场,2020 年度是"陇小南"发展转型巨大的一年,其团队在国际"互联网 +"大学生创新创业大赛中荣获甘肃金奖、全国铜奖;在出口贸易中,产品远销日韩,其代理遍布全国 34 个省市地区,是甘肃省电商企业的典范和代表。它的产业模式凸显的文电旅综合体是当下电商发展的新形态。陇南地区"电商 +"模式一直在演进,品牌影响力随着宣发推广力度的投入也更加具有说服力,乡村振兴的时代背景促使更多线下电商网点转型,"陇小南"也多次被央视新闻、人民日报、新华社、人民网、新京报、南方周末、中国扶贫在线网、青岛日报、甘肃日报、甘肃卫视等媒体广泛报道。

但从"陇小南"企业自媒体的新媒体运营来看,还存在以下问题:首先视频层次不够多元,商业化痕迹严重。"陇小南"是文电旅综合体的代表,而目前视频中体现出来的只有作为电商产业发展的一部分,缺少旅游和文化方面的宣传。而旅游和文创既可以作为视频吸引眼球的来源,也可以盈利。换句话说,视频号中增加对于陇南当地的文旅宣传也可以起到一定的正向作用,尝试通过各种路径打通与消费者接轨的渠道可以提高其知名度,吸引更多的流量变现,在流量至上的时代,多种方式并重同样可以加快当地第三产业的发展。

其次,自媒体运营团队对于数据的把控能力不够。自媒体行业想要突围就必须创作出观众喜闻乐见的短视频形式,乡村振兴的大背景下展现风土人情的方式很多,对于哪类视频的点击率更高,传播力度越大应该有系统的分析和对比。陇小南"账号在这方面的把握较欠缺,可能这也与从事地方电商发展的农户文化层次不高有关。随着自媒体的高速发展和技术迭代,企业应该成立相应的自媒体团队学习跟进,打造自己的视频特色,将人物 IP 和美食 IP 打造得更有活力。

最后,电商自媒体人作为乡村文化的发言人和瞭望者,视频中与消费者互动较少,因而视频播放量点赞量不高;过于关注产品加工制作包装等工作流程,缺少了乡土人情味,反馈不佳,没有吸引到太多流量,关注度较低。视频评论要允许持不同意见的发言,要去解答评论区提出的问题,互动效果的提高会带来一定的经济效益,自媒体短视频的发展离不开粉丝的支持,不予反馈会降低用户黏性,流失掉有购买力和购买欲的消费者群体。

目前"陇小南"网货供应中心有 3000 多个代理网点,并负责陇南地区 300 多种农产品的网络直销,探索出了"新媒体 + 农产品上行""供应中心 + 农产品上行""微商 + 农产品上行"等多种农产品上行的新模式、新渠道。在未来的发展模式中,"陇小南"还会带动陇南地区的电商产业继续加速与互联网的紧密结合,让更多的农产品走出大山。政府应该投入更大的力度去解决电商自媒体企业的困境和问题,鼓励和拓展更多的企业加入这个行列,电商自媒体企业的出现不仅解决了农产品直销的问题,并且也从其他层面解决了一定的民生问题,例如提供就业岗位、帮助农户增收等,是乡村振兴的最有效的体现,而陇南模式也为其他省市起到了模范带头作用,共同响应时代主题。

第三节　陇南"三农"自媒体的发展现状梳理

一、陇南"三农"自媒体在主流新媒体平台的数据统计

（一）陇南"三农"自媒体入驻今日头条账号统计

表 3-2　陇南"三农"自媒体入驻今日头条账号统计

数量	账号名称	粉丝数	点赞量
陇南市武都区（1）			
1	乡村探宝记	3.7 万	98 万
陇南市徽县（7）			
1	洋芋团团	58 万	28 万
2	西北小强	278 万	563 万
3	小胖在西北	161 万	247 万
4	葱花秀秀	54 万	150 万
5	单凯凯的厨房	3815	1.5 万
6	徽县麻花妹	87	1833
7	梁倩娟	104	222
陇南市康县（1）			
1	醉美陇原	96	635
陇南市礼县（1）			
1	陇南礼县驴养殖	2788	1.1 万
陇南市地区不明（1）			
1	乡土麦粒	3 万	5 万
共计	11 人		

（二）陇南"三农"自媒体入驻抖音平台人数统计

表 3-3　陇南"三农"自媒体入驻抖音账号统计

数量	账号名称	粉丝数	作品量	点赞量
陇南康县（3）				
1	果儿淘山货	17.5W	51	3.7W
2	陇南红哥特产	6709	214	20.1W
3	醉美陇原	1.9W	233	9.0W
陇南徽县（10）				
1	燕子夫妇	24.7W	175	288.6W
2	徽县麻花妹《相约徽成州》	1.5W	1363	54.7W
3	朱睿斌	2478	39	4.5W
4	徽县凯凯美食工作室	6.6W	850	115.7W
5	梁掌柜的陇上庄园	1918	81	1.3W
6	土蜂蜜哥	1162	246	3949
7	葱花秀秀	64.7W	1684	318.6
8	小胖在西北	155.4W	224	1527.8W
9	团团爱生活	5.8W	635	23.2W
10	西北小强	349.9W	249	629.4W
陇南文县（1）				
1	巩海龙	6852	26	18.9W
陇南成县（1）				
1	赵武强	1.5W	104	9.9W
陇南武都区（6）				
1	陇之蓝	677	37	292
2	乡村探宝记	4.2W	856	5.5W
3	陇南小芳老师	3099	68	3674
4	陇南驻村干部—助农	1.1W	24	7728
5	陇南花椒妹	1.5W	79	8.3W
6	农村嘻哥	1374	521	2.1W

（续表）

数量	账号名称	粉丝数	作品量	点赞量
陇南具体地区不确定（4）				
1	山涧—阿静	3745	170	4.0W
2	盛世中华	1.4W	94	5.9W
3	神农本草—阿新	1.8W	78	5.3W
4	甘肃农村老家	4086	2262	9.7W
共计	25人			

（三）陇南"三农"自媒体快手用户数据统计

"新快数据"是新榜有数旗下快手数据平台，基于用户的不同使用场景，搭建了个性化的数据分析工具。基于数据平台功能，从"找快手号"一栏中的"地域找号"，将地域限定为甘肃省陇南市，数据呈现结果为：热门账号6个，机构账号145个，MCN账号6个。

图 3-25 陇南"三农"自媒体快手用户账号类型统计

从机构账号的145个快手号中逐一筛选，分析各个账号的内容便签、简介、作品列表，找出与"三农"相关的自媒体达人27个，其粉丝数均过万，较为优质，汇总如下：

快手号名称	快手号ID	类别	认证	累计粉丝数（万）	作品总数
草根老杨（收徒）	yzr742100	娱乐	西和县华育中药材种植专业合作社	621744	41
陇源，马哥	MJH20040829--	生活	宕昌县农缘特产店	393040	146
甘肃农村老家	YH2020010101	生活	上海房加房地产经纪有限公司	132029	454
无刺花椒苗.	LJ15378094056	美食	西和县民和种养殖农民专业合作社	112543	547
旺旺哥（农村人）	1154062928	美食	成县农村老王综合商店	57691	15
宕昌县清秋土特产店	MHP19588868	生活	宕昌县清秋土特产店	52874	235
嫁接改良无刺花椒	AL15095760998	美食	陇南市武都区烟墩沟利龙种植农民专业合作社	43275	1038
陇南生态散养兔	A318731905	生活	西和县原得养殖农民专业合作社	42603	2319
赵老三（休息中）	zqj18794080902	生活	秦皇岛市孙老大酒业有限公司	42121	164
陇南市金权无刺花椒种植	zxh18093966311	生活	陇南祥和金权农业有限公司	41580	1094
淇智果蔬2019，	1446319182	生活	礼县淇智果蔬农民专业合作社	37558	489
李芝芽锅盔王店	WX15825888860	生活	西和县王氏锅盔店	31832	282
椒同学	wt18194455593	生活	陇南市武都区筑梦养殖农民专业合作社	29173	1041
金权无刺花椒张聚会	JQ13639362425	科技	陇南聚金农业科技有限公司	26959	1221
马放南山628	LSFY0001	时尚	康县平洛镇李连成家庭农场	21874	698
农村散养鸡～曹哥	Caoge15293363269	美食	康县水泉坝乌鸡养殖农民专业合作社	18748	114
陇珍堂土特产	wxh609857698	美食	徽县陇珍堂土特产店	14067	473
蜜蜂小姜	jph717504418	生活	武都区蜜蜂小姜蜂产品经营部	13878	401
正忠生态土黑猪	616199894	生活	宕昌县南河乡正忠养殖农民专业合作社	13025	646
陇南市无刺花椒苗，橄榄苗	wjzh15393295693	生活	陇南市武都区金哲种植农民专业合作社	12941	1792
农村喵哥（新蜂蜜上市）	sun2066264566	美食	陇南市武都区光朋生态养殖农民专业合作社	12662	401
甘肃赵海民中药材	738113885	生活	西和县赵海民电子商务店	7291	238
甘肃省宕昌县大马士养殖	V19119997774	生活	宕昌县众创养殖专业合作社	7185	71
双江农业	djj780929	生活	礼县双江农产品购销农民专业合作社	6014	379
新益土特产（包装桶瓶罐）	CHXW18550438105	旅游	宕昌县理川镇新益土特产农民专业合作社	805	104

图 3-26　陇南“三农”自媒体快手用户账号数据统计

（四）陇南“三农”自媒体西瓜视频用户数据统计

西瓜视频联合新榜有数正式推出西瓜视频数据平台“新瓜”（xg.newrank.cn），基于新瓜数据平台功能，从“找作者”一栏中的“作者搜索”，将作者分类限定为“三农”领域，通过高级检索，输入关键词“陇南”，数据呈现结果为：5 个，具有“三农”标签认证，且粉丝数上万，为优质创作者，数据统计如下表：

名称	简介	分类	粉丝数	作品数	播放数	点赞数	评论数	弹幕数	收藏数
陇小南	陇小南生于成县 长在陇南，来自甘肃，地处西北位于亚洲是中国人	三农	51906	300	2016725	5441	2576	87	9972
团团农生活	来自甘肃陇南的94年宝妈 喜欢吃也喜欢做各种好吃的 记录分享我们农村生活的三口之家 很高兴认识朋友们，谢谢大家支持♥	三农	38800	547	19774128	167616	28856	360	43081
乡村探宝记	带你走进甘肃陇南，这片贫瘠，美丽的土地！山货请加	三农	37731	759	9956099	1073829	185386	18887	27436
西北亲朋	感谢平台！ 相互交流，不喜勿喷！ 甘肃陇南农村人，不忘初心，方得始终! 爱好：骑摩托车	三农	2558	268	855839	2668	1537	7	1094
洋洋和满满	我是：洋洋，弟弟：满满 家乡在甘肃省陇南市成县 回到老家打算把70多年的老宅改造成田园风格 喜欢记录最真实、最淳朴的乡村生活 希望大家能支持喜欢	三农	313	63	155203	1099	152	1	116

图 3-27　陇南“三农”自媒体西瓜视频用户账号数据统计

二、陇南"三农"自媒体的发展现状

（一）陇南"三农"自媒体的现状及发展

截至 2022 年 10 月，陇南市八县一区共有"三农"类自媒体创作者 3000 人，其中 500 万以上粉丝的自媒体账号有 2 人，100 万以上粉丝的自媒体账号有 8 人，50 万以上粉丝的自媒体账号有 30 人，30 万以上粉丝的自媒体账号有 20 人，20 万以上粉丝的"三农"自媒体账号有 30 人，10 万以上粉丝的"三农"自媒体账号有 100 人，5 万粉丝以上直播活跃用户 260 人。陇南市网店稳定在 1.4 万家，开通运营跨境店铺 15 家，开发网货产品 9600 款，累计销售逾 304 亿元、带动就业 30 万人、培训 31 万人次；国家电子商务进农村综合示范县全覆盖，成县、康县、宕昌县升级版项目正在实施，全市建成县级公共服务中心 9 个，建立 192 个乡镇电商服务站、2404 个村级电商服务点。九县区已建成直播村 14 个、直播基地 36 个。累计孵化入库各类直播人才 400 人。①

陇南充分发挥"三农"自媒体达人的典型引领作用，带动新媒体电商全面发展。全国人大代表梁倩娟、"西北小强"郭岁强、"鸡司令"尚育康等一批勇于创新、锐意进取的青年电商创业典型代表，围绕乡村振兴和陇南电商发展实际，充分发挥"三农"自媒体达人的示范效应和引领作用以及陇南电商的招牌效应，重视对"三农"自媒体达人的培养、对电商创业者和新媒体电商的孵化，采取走出去再学习提升和引进来重点培育双腿走路办法，重点培育提升乡村电商振兴官、乡村直播网红、村点末梢电商从业者、电商主播及网货研发、品牌打造、电商运维等专业人才，不断壮大

---

① 数据来源：调研中由陇南市电商发展局提供。

完善以"三农"自媒体达人、村播网红为代表的陇南市电商人才矩阵,塑造陇南新农人的锐意进取、踏实肯干的新形象。

紧跟互联网技术和新媒体电商的发展趋势,陇南联合抖音、快手、西瓜视频、今日头条等平台,策划举办 2022 年"走进原产地"陇南市乡村振兴短视频直播大赛暨乡土自媒体及电商人才能力提升培训活动,通过以赛长技,重点导向培养文旅、文化主播、基层干部主播、康养体验主播、美食主播等,打造陇南本土精品网红短视频 IP,培育壮大直播电商新业态,为乡村振兴电商发力育人储能。截至 2022 年 10 月,组织各类直播团队 300 余人走进 80 个乡镇,开展各类型直播预售、销售活动 92 场次,销售农特产品 800 多万元,培育培训直播电商带头人、创业青年、留守妇女等多类型乡村振兴电商人才 1180 人次。持续举办陇南元素短视频大赛,"嗨一起去陇南"话题抖音、快手合计总阅读量 20 多亿人次。①

积极探索"'三农'自媒体+电商+文体"的跨界融合,以短视频、直播、图文报道、社群互动等"三农"自媒体各类宣传渠道嵌入文体活动,通过举办各类跨界融合的高级别赛事,构建媒介事件与社会热点的结合,为"三农"自媒体提供内容创意与话题,同时达到新媒体电商营销和宣传陇南风土人情、特色文化的目的。以青年文化、潮流文化为切口,探索电竞与电商的跨界融合,成功举办第一届陇南电商全明星电子竞技大赛,来自全国高校的 16 支战队代言陇南农特产品,演绎了电商版电竞大赛,在各类平台直播观看人数短时间突破 1000 万人次。2019 年举办了第二届陇南电商全明星电子竞技大赛,邀请 24 所高等院校战队参赛,并冠

---

① 数据来源:调研中由陇南市电商发展局提供。

名陇南优质农特产品及风景名胜区，十多名自媒体达人现场直播，当天带货销售额 920.12 万元。探索音乐与电商的跨界融合，在举办第三季"中国新歌声"海选中，推出"三农"自媒体达人组成的电商扶贫"十八罗汉"用歌声传唱美丽陇南、展示"新农人"风采。探索民俗民间文化与电商融合发展模式，举办第十届陇南乞巧女儿节电商产品展、第三届陇南文县白马人民俗文化旅游节电商产品展、康县"民俗文化与美丽乡村"系列宣传推广活动电商产品展、徽县金秋商业文化旅游节暨"南秦岭"区域公共品牌发布会等活动，充分挖掘历史文化元素，以"三农"自媒体达人的红人效应带动短视频平台、社交媒体和社群传播的宣传矩阵，以"新农人"的视角体验带领网友感受陇南的如画美景、厚重人文、农特产品和乡村文化，利用新业态、新媒体的传播营销，吸引越来越多的人关注陇南、认识陇南、感受陇南。

（二）发展优势分析

陇南位于甘肃省东南部、甘陕川三省交接地带，因地处秦巴山区、扼三省要冲，古来素有"秦陇锁钥，巴蜀咽喉"之称，作为甘肃唯一的长江流域地区和亚热带气候地区，陇南地貌俊秀，雨量充沛，气候宜人，森林覆盖面积大。良好的气候条件和生态环境为农业产业的发展提供了有利条件，因而陇南具有众多丰富优质的农特产品，如核桃、花椒、绿茶、橄榄油、中药材、黑木耳、狼牙蜜等极具地方特色和市场需求度高的农产品，陇南也被誉为"陇上江南""千年药乡"。"陇南市农业特色产业面积稳定在 1000 万亩以上，年产值达到 210 亿元，产量达到 300 多万吨，其中，油橄榄、花椒产量居全国地级市前列，有 11 个农产品通过国家地理标志产品认证，36 个产品获得国家和省级名牌产品称号。康县山川生态秀美，境内温和湿润，盛产蜂蜜、核桃、木耳、茶叶、食用菌、花椒、天麻等

27 个品种，208 个系列特色农产品。"①

另外，陇南处于黄河文化和长江文化的交汇处，是南北丝绸之路交接的枢纽地带，自古以来就形成了多民族、多文化的融合共生状态，呈现出农耕文化、畜牧文化和渔猎文化的融合积淀，伏羲文化、三国文化、巴蜀文化、秦朝早期文化和氐羌文化勾连交错，融合成立体网状的多民族共生文化层。悠久的历史加上独特的区位优势使陇南具有面向丰富又多姿多彩的民俗风情，孕育出丰厚的非物质文化遗产资源。陇南文县傩舞池哥昼、武都高山戏、西和乞巧节已被国务院列入国家级非物质文化遗产名录。"甘肃省已公布了三批非物质文化遗产名录 264 项，陇南入选的项目总计 22 项（陇南影子腔、文县玉垒花灯戏、西和春官歌演唱、康县木笼歌、两当号子、康县锣鼓草、康南毛山歌、康县唢呐艺术、宕昌羌傩舞、陇南高山剧、礼县春官歌演唱、徽县河池小曲、武都木雕、礼县井盐制作工艺、成县竹篮寨泥玩具制作技艺、康县寺台造纸术、武都三仓灯戏、武都栗玉砚制作技艺、武都角弓哑杆酒酿制技艺等）。"② 陇南境内还留存着融汇了巴蜀文化、秦（关）陇文化和洮岷文化的古文化遗迹，张坝村、朱家沟村、碧口古镇、巴巴沟村等古村镇、村落保留着鲜明的农耕文明和甘川文化特点。

陇南曾是红军长征从四川转战陕北的重要行进通道，留下了众多革命遗址，据中共甘肃省委党史研究室主编的《甘肃革命遗址遗迹要览》的统计："陇南市的重要革命遗址共计 45 处，具有发展红色旅游开发价值的不

① 陈发明、王文涛：《年产值达 210 亿元甘肃陇南特色农业聚链成群》，《潇湘晨报》2022 年 9 月 26 日。
② 刘吉平、宋涛：《汇通南北：丝绸之路陇南段非物质文化遗产传承与开发论述——陇南市非物质文化遗产旅游开发及其生态保护研究报告》，《地方文化研究》2022 年第 5 期。

少于 30 处。其中，爱国主义教育示范基地、全国文物保护单位、全国红
色经典旅游点、甘肃省国防教育基地、甘肃省级党史教育基地各一处，县
级党史教育基地三处。"① 这些丰富的红色旅游资源和文化积淀记录着先辈
奋斗的足迹，两当兵变遗址和哈达铺长征纪念馆已成为陇南红色旅游的重
要的 4A 景区基地，如同一本本铭记历史的红色教科书，记录和承载着永
不磨灭的红色记忆。

陇南具有丰富的自然资源和良好的生态环境、积淀深厚的历史人文资
源和红色旅游资源，这些都是陇南经济发展的原生动力和得天独厚的优
势，自然风物、名胜古迹、人情民俗、民间文艺、非遗技艺中都潜藏着陇
南经济文化发展的能量。但陇南山大沟深，交通不便，特色农产品养在深
闺人未识，优质、天然、无污染的产品本应成为市场的宠儿，却因不被人
了解而难以走出大山。作为大西北的"陇上江南"，陇南具有独特的生态
环境、民俗风情和人文积淀，这本身就可成为媒体创作和内容生成的天然
资源和素材宝库，但过去因宣传渠道的单一、宣传内容缺乏创意在对外传
播中显得声量羸弱，在融媒体时代难以形成气势和影响力，广大消费者和
用户对陇南了解不多，形成消费和体验的动力不足，这些都成为陇南乡村
振兴、经济发展的"瓶颈"。

近年来，在政府强有力的推动下，陇南电子商务发展迅猛，已经成为
陇南名副其实的一张绚丽名片。电子商务的发展给陇南带来了巨大变化，
大大提升了陇南的知名度和影响力。在陇南电商的发展过程中，"三农"
自媒体使陇南电商由自媒体的"红人经济""企业品牌"的带动由点成线、

---

① 中共甘肃省委党史研究室编：《甘肃革命遗址遗迹要览》，甘肃文化出版社 2010 年版，第 413—
456 页。

由线成面，由面形成"传播倒逼发展"的立体式网络，逐渐形成全民电商的氛围，"三农"自媒体成为陇南电商发展的原动力、新势能，是陇南乡村建设和乡村振兴的记录仪、连接器，更是助推剂和加速器，对于陇南的农产品产业的发展、对于农民主体性、积极性的调动、农民收入的增加和"绿色乡村""数字乡村""人文乡村"建设和发展都有着巨大的推动作用。

对于如何借助"三农"自媒体和陇南电商发展的势能，盘活乡村资源，提升乡村资源的经济价值、生态价值、社会价值和文化价值，创造乡村产业发展的新业态，拓展农业的多功能性，壮大富农产业，以数字技术赋能乡村发展，"陇南模式"已经走出了一条具有指导意义和借鉴意义的道路，但"陇南模式"的可复制性也意味着陇南的下一步发展更应强调可持续性和地方特色，制定具备独特性和竞争力的差异化战略，以"三农"自媒体的原动力、元结构和新势能筑牢电商发展、乡村振兴的基底，带动和引领数字化智能发展，参与和进行"未来乡村"建设，激发乡村振兴的创新动力、创造潜力、创业活力，让陇南的美好风物、美好风情、美好生态、美好生活走出大山、走向全国，成为全国乃至全世界"可见、可亲、可体验"的"梦想田园"。

（三）发展劣势分析

陇南缺乏新媒体人才，专业性强、素质高、不可代替性强的媒体人在陇南较为缺乏。农村本地空巢老人和留守儿童居多，缺乏人才支撑，无法实现"三农"自媒体高质量的内容输出，因而"三农"自媒体也无法实现好的传播和普及。媒体人才的引进和留驻对于陇南的自媒体发展及电商产业的宣传和引导极为重要。

陇南当地的"三农"自媒体商业趋利性明显，内容形式较单一，多偏重于探店、日常生活展示、农特产品售卖等，有创意的内容或能提供高质量信息的自媒体不多，因而多处于平台的中腰部以下，影响力受限，流量变现困难。

以"三农"自媒体为依托的区域品牌营销不足，品牌效应差，"三农"自媒体的宣传声量和影响力无法打响。在当今的商业模式下。品牌意味着商品定位、经营模式、消费群体和收益。陇南物产丰富，大多数农产品质量优良，但由于农户缺乏市场营销意识，产品包装也不够精致，品牌知名度低，缺乏竞争优势，难以占领市场。

"三农"自媒体的发展呈散兵游勇状，缺乏专业的规划和团队，MCN机构介入较少，"三农"自媒体与县级融媒体等主流媒体单位互动及融媒内容产出少，无法形成资源的加成和助力。

"三农"自媒体助农形式同质化严重，主要体现在短视频和直播内容的同质化。自媒体内容缺乏创意和新意，会影响观众的第一观感，取消关注。与传统电商相比，"短视频＋电商"的模式更具吸引力，所以一些自媒体创作者会利用现有模板进行创作，但由于缺乏好的创意、技术实施有难度，又缺乏拍摄经验，因而"三农"自媒体的内容创作和助农形式呈现千篇一律的局面，宣传效果不好，传播力和影响力受限。

第四章 "三农"自媒体发展面临的
挑战与问题

第一节 "三农"自媒体发展面临的挑战

近年来，随着新媒体技术的不断发展，移动互联网向农村地区普及，自媒体创作带动的新媒体营销与电商的融合不仅为当地农民提供了就业机会，同时也吸引了城市返乡农民，特别是农村青年返乡创业。从介绍农村传统文化，展示农村风土人情，到建立电商销售渠道，推广土特产品，再到打造乡村自媒体网红，这些举措契合了当前乡村振兴发展的需求，"三农"自媒体对传授农业技术、提高农村收入、改善农民生活、塑造乡村风貌、振兴乡风文明建设、促进城乡沟通等具有重要的现实意义。

同时，大数据、"元宇宙"、人工智能、虚拟沉浸等信息化技术的快速发展带来网络技术更迭，数字乡村建设成为当前国家大力推进的发展战略和发展方向，也成为迈向数字中国的重要一步。"三农"自媒体是联结农民与数字乡村建设的中介，是农民参与数字乡村建设的重要渠道与平台。面对数字乡村的演进发展、新时代美丽乡村建设的要求，"三农"自媒体的进一步发展与跃升面临着一系列挑战与问题。

一、机会分析

"互联网+"助力乡村振兴,数字化乡村的建设展现出巨大的应用前景。"三农"自媒体的发展符合国家解决"三农"问题的政策需求,以及政府对农村改革创新发展的意愿。除此之外,在内容生产成为互联网生态系统竞争的决定性因素后,针对原创内容的补贴优惠较量不断升级。"今日头条"继"千人万元计划"后,又拿出10亿元补贴原创短视频。腾讯推出"百亿计划",用100亿现金支持内容创作者。百度百家号推出"百+计划",将现金奖励从最高1万元增加到最高2万元。阿里除了增加现金奖励,还给予分发推荐上的优先权。各个平台的内容补贴和流量扶持,能够激发自媒体创业者内容创作的激情,也成为"三农"自媒体流量变现的重要支付途径。同时,自2000年代中期以来,食品安全案件成为公共问题,面对当代食品产业领域的信任危机,中国的食品企业也期望塑造重建信任的"生态空间",因而新兴的供应系统也不断发展,尤其是食品短链渠道和对"本土"的、"优质"的食品推广网络的需求。这些都为"三农"自媒体的蓬勃发展带来了机会。

中国拥有广阔的农村、广大的农民群体,各具特色的农村生活形态为自媒体创作者内容取材提供了丰富的源泉。"三农"自媒体上提供的各类内容创作和"三农"信息为"三农"用户创造了大量的经济价值和精神价值。"三农"自媒体所创造的信息流,为中国农村打开了一片不可估量的价值蓝海。

在数字全球化背景下,新媒体发展迅猛,"三农"自媒体在下沉市场中释放并促进了大量产业动能、文化动能,互联网内容产业的运营越来越专业，新娱乐内容生态也逐渐形成，跨境电商、直播带货等新领域的企业也急需与有影响力的自媒体合作。乡村振兴的序幕拉开后，农村的数字化发展，特别是电子商务发展的潜力巨大，许多经济欠发达地区的农业生产资料相对匮乏，更多网民选择通过电商来购买商品。农村农业发展前景广阔，现有农村的生产经营大多以单独农户为基础，农业产品的生产规模小，且未形成组织性完善、系统健全的市场营销系统，以"'三农'自媒体"+电商的形式可以突破传统的农业商品流通方式，增强农村散户信息技术应用能力，有效缓解农散户和销售市场脱节的问题。乡村振兴带来的美丽乡村建设、乡村治理新貌的出现也为"三农"自媒体的创作提供了丰富的资源库和展示空间，通过自媒体与乡村文化、电商经济、文旅发展、非遗传承等都有互哺和互为助力的作用。

二、威胁分析

当前，新媒体更新换代迅速，"三农"自媒体若无稳定的高质量内容输出和有特色、差异化的内容创作很容易被替代。另外，随着社交媒体的壮大，大数据的迅猛发展，网络风险也存在诸多难以防范的情况。个人账号打着官方名义的虚假账号逐渐增多，还有很多"三农"自媒体账号跟风入驻，存在虚假宣传、言语不当的行为，这都在冲击着自媒体的行业口碑、品牌效应和影响力。虽然网络监管部门一直在打压网络中存在的不当行为，但网络安全隐患依然频频出现，一旦数据或机密泄露，会造成个人乃至社会很大的不良影响。

第二节 "三农"自媒体发展面临的问题

一、基础设施薄弱,城乡发展不均衡

"数字化"是未来乡村建设的重要目标和价值手段,也是"三农"自媒体得以发展的基础。数字乡村建设在中央的政策部署和推动下近几年来得到了高效快速的发展。2019年5月,中共中央办公厅、国务院办公厅印发了《数字乡村发展战略》,纲要中提出了数字乡村建设的总体要求和方向:"数字乡村是乡村振兴的战略方向,也是建设数字中国的重要内容。"[①]"2022年7月,中央网信办、农业农村部等七部门联合印发《关于开展国家数字乡村试点工作的通知》,部署开展国家数字乡村试点工作,进入试点推进探索阶段。经过近两年的建设,2022年中央一号文件提出大力推进数字乡村建设,指出了六大方向和重点,9月份,中央网信办等四部门印发《数字乡村标准体系建设指南》,推动数字乡村建设向规范化、标准化发展,数字乡村建设将进一步扩大范围、提高建设水平。"[②]一系列政策文件强调了数字化之于乡村振兴的重要意义,这些是"三农"自媒体能够不断壮大,在乡村落地生根的基础。

中央和地方政府对于硬件基础设施都进行了大量的资源投入和建设,甘肃省也一直在推进和加快农村网络基础设施,整合各类涉农项目并给予资金和政策的扶持。但与城市相比,农村基础设施建设滞后,在覆盖范围

---

① 《中共中央办公厅、国务院办公厅印发〈数字乡村发展战略纲要〉》,载新华社 http://www.gov.cn/zhengce/2019-05/16/content_5392269.htm,2019年5月16日。

② 耿晋梅:《智库视点·数字乡村建设主要包括哪些内容》,载中国发展出版社网 https://www.develpress.com/?P=1800,2022年9月14日。

和建设水平等方面都存在严重不足，一部分农村地区的网络覆盖范围还不能满足需求，部分山大沟深、交通不便的地区对外信息连通不畅，数据存储、连接、数字资源库搭建等网络基础设施严重匮乏。涉农信息平台少，农民对相关平台和农业网站访问率不高，因学习能力和媒介素养的限制，对自媒体应用和传播不了解，无法充分利用信息网络技术，利用自媒体进行宣传的意识不强，力度不够。随着科技的高速发展，数字化、智能化、科技元素的嵌入与广泛应用在未来乡村建设中发挥着越来越突出的作用，与工业中的技术研发相比，农业数字化程度明显滞后，"互联网+"是数字化建设、智慧农业建设的基础，只有把这个问题解决好，才能拓展更多数字化应用场景，使数字化助力农业升级发展，推进乡村公共服务数字化建设，才能够增强自媒体传播的有效性，让农村的信息化和"三农"自媒体的发展带来社会价值和经济效益，同时进一步反哺和倒逼农村的网络基础建设和"数智化"发展，进一步推动乡村振兴战略。

二、配套产业与相关服务跟不上

政策的推动、观念的转变使以"三农"自媒体为类型的新媒体电商在农村发展迅猛，但在带动产业发展的过程中，也暴露出了配套产业和相关服务跟不上的问题，包括农村原有基础设施与产业链、工业链不适应电商发展的问题，特别是物流、网货、人才、组织化、品牌化等短板的制约，通过农产品上行滞后体现得就愈发明显。加上主观认识的偏差，包括低估电商扶贫的难度和片面追求政绩，暴露出重建设、轻应用，重数量、轻质量，重名声、轻实效等问题。以"三农"自媒体内容传播的转化助力农产品上行，比起工业品下行要难得多，一些地区虽有一定的农业基础，但初级农产品不适应规模化电商的问题很快就暴露出来，农产品销售面临"有产无量、有品无牌"的困扰。以自媒体发展带来的新媒体电商倒逼农业转型升级,是一个艰巨又复杂的过程,须多方面持续发力,当下农产品在规模化、优质化、标准化、品牌化上发展不足,产品结构与自媒体电商的需求结合不够紧密,农产品的精深加工还不能贴合消费者的差异化需求,提供体验好、个性化、品质好的产品。许多"三农"自媒体销售的商品以当地原生态粗加工的农产品为主,一些农产品存在季节供应、无法进行标准化生产,同时货源分散、产量有限、供应迟缓、包装简易粗陋,品质良莠不齐,难以形成规模优势等问题。往往会出现自媒体宣传营销已到位,已经引发了消费者的购买热情,产品一上线短时间内被一抢而空,后续产品却无法上货或上货节奏慢的问题,后续因为货源分散、供应和打包速度慢等错过了集中上市的机会。

与此同时,因为农村居住空间分散,道路交通条件差,包装、冷链、物流、仓储等配套服务设施成为农产品电商能不能打通"最后一公里"的关键问题,这些配套设施关系到农产品保鲜和配送环节,物流、运输成本也牵扯到整体成本与售后的诸多问题,乡村物流配送网店覆盖不全面会引发农产品品质供应问题,货不对位、货不对版、实际货品与宣传不符,这些都会伤害"三农"自媒体IP的信誉及持续性发展。因而还需全面提升农产品全产业链的增值空间,降本增效,否则无法有效支撑"三农"自媒体移动电商直播营销的广泛推广。

三、商业趋利性明显,内容形式单一,难以产生规模化效益

在实地采访调研中发现,选取调研样本中约有45%的"三农"自媒体创作者进行的内容生产直接与农特产品的生产销售相关,其中在各类平台上直接开通电商渠道的自媒体创作者达67%,可见大部分"三农"自媒

体创作者开通账号是想以电商销售农产品获取收益为主要目的，而短视频平台上的内容创作也多是为电商变现引流，一部分农民创作者更是将自媒体平台视为重要的创业平台，渴望通过短视频或直播带货的方式获取经济利益。

在深度访谈中，受访者 MG10 谈到自己运营"三农"自媒体的初衷时说："在外打工的日子其实很多次都挺想回来的，但回来后只能种果树，在外打工那么多年不接触农活儿，真的干这些不如我爸我姐他们，后来发现我们村有做自媒体的，据说特别能挣钱，不仅把自己家的果子都卖光，连他妈做的牛肉酱都可以卖，而且也帮周围邻居卖，甚至我爸他们也找过他。还总是有其他县的找他去做直播，带带货啥的，去个三四天也能挣几千。他和我一起长大，抖音啊、微信朋友圈啊我也老发，这东西多拍拍就会了，我还挺感兴趣，觉得他拍的那些东西我也可以拍，为什么不能回家创业呢？就这样回来我们一起拍了。"（访谈，MG10）

受访者 FB7 谈到自己为什么坚持做"三农"自媒体账号及内容传播说："其实，一直以来我都很喜欢在网上分享自己的生活啊、心情啊，我的自媒体账号中展示的也就是自己平时的生活状态，后来看到身边一些像我一样喜欢发布这些新媒体内容的人都有了各种机会可以带货啊或者带动了自己家或者村子的农家乐、生态旅游，再加上现在的扶持政策也很多，我就想原来这些分享的内容是可以有切实的经济收益的，而且应该有设计、规划的，好好用心思做一下，是一笔可以利用的资源，包括喜欢看我分享内容的粉丝，他们也会经常问我做的美食的食材来源，或者采摘的水果蔬菜上哪里能买到这么新鲜的，希望我给他们推荐，这变成了我做下去的动力和乐趣。发布这些内容并且剪辑或者做图文对我们不是专业的人来说特别耗费时间和精力，以前家人老说我是玩儿心大，不务正业，但其实在农村没有人发这个是单纯为了玩或者是给别人显摆自己的生活的，更何况你身边村子里的人对这些太熟悉，不会感兴趣，其实就是发给粉丝，尤其是在城市的离我们农村比较远，不了解的人看的。不论是什么技艺还是农特产品，都是希望这个被关注，被大家需求，能有经济收入，要不然怎么能支撑下去，其实做自媒体的内容不仅是投入时间，也需要投入经济成本的，没有只想玩一玩就能发展成自媒体的，都需要认真做，认真思考发布的内容才会有粉丝支持，满足粉丝的需要才能一直做下去，把这些和你自己这边能够提供的，比如你们那边是有好的农产品还是像我们村这边有大康养，还是有的人有手艺，非遗传承的那些，都是希望能通过自媒体让大家关注，能提供大家喜欢的，并且能赚到钱，这样才能持续做下去。"（访谈，**FB7**）

通过访谈可见，"三农"自媒体进行商业变现不仅来源于"新农人"自身持续性发展的主体需要，更是潜藏着市场需求的内在召唤，因而将"三农"自媒体创作内容转化为商业动能成为大势所趋。基于故土情结和"三农"自媒体发展的上升势头，一批返乡人弄潮于自媒体，以村播红人的"新农人"形象活跃于各个自媒体平台，穿行于乡间地头和农户院落，利用自身的内容创作记录家乡生活，以此来吸引粉丝流量，将流量转化为购买力和消费力。

经济利益的驱动使"三农"创作者在吸引粉丝、获取流量、博取关注以及在短时间内涨粉等方面格外在意与下功夫，为了吸引更多的流量，有的自媒体创作者会编造或进行虚假、夸大宣传，甚至掺杂庸俗内容以吸引眼球。还有一些创作者借助政府给予"三农"短视频制作的相关优惠政策"挂羊头，卖狗肉"，实际制作播出内容与社会价值导向相背离，在价值观等方面出现偏差，给用户造成一定的误导，在社会上产生不良影响。有些自媒体平台上充斥着大量东拼西凑、打法律和道德擦边球的视频，如虐待动物、偷拍隐私、宣扬暴力、虚假宣传等，这一切都对人们的社会生产生活产生了负面影响和作用，特别是对未成年人的三观和身心发展产生极大危害，这是值得创作者本身及政府、平台等监管部门的重视和警惕的。

四、同质化现象严重，内容良莠不齐缺乏创新力

"三农"自媒体的内容创作准入门槛低，一部能上网的手机注册一个账号便可以进行内容拍摄与发布，大多是由创作者自己完成或是与家庭成员、邻里朋友分工协作，缺乏专业团队的技术支撑和营销推广。因而作品内容相对简单粗糙，若没有专业人员的营销推广，难以获得高曝光度和完播率，更难得到平台的流量倾斜。私域流量仅能在小范围内传播，难以进入更大规模的流量池，即便是相对优质的作品也因流量门槛的限制很难拥有更多的"可见性"和关注度。"三农"自媒体内容传播流动受阻的困境更容易形成创作者急于获取流量的急功近利心态，为了吸引眼球使视频走红，创作低俗内容以增加视频曝光和完播的权重，以获得平台推广进入更大流量池，从而实现经济效益变现。受限于视频制作技术、媒介素养与视野，大部分农民进行自媒体创作时，缺乏科学认知，能够获得的素材也较为单一，导致创作力不高，创新性不足。很多自媒体创作者由于自身知识水平有限、版权意识淡漠，将其他平台的内容改头换面搬运过来，从而形成了大量毒鸡汤、假科普等没有含金量的低水平重复内容，甚至以文不对

题的标题吸引用户眼球，成了内容的"模仿者"和搬运视频的"流水线工人"。同时，随着"巧妇9妹""华农兄弟"等"三农"自媒体创作者的走红，越来越多的农民加入这一群体，头部"三农"IP的作品成了他们模仿和学习的对象，因而大多数"三农"作品以"农村日常生活""当地美食""当地特色农产品"为主题进行制作，久而久之，容易使观众产生审美疲劳，逐渐失去吸引力。缺乏创意、展现日常琐屑的故事呈现方式难以实现流量的转化，单靠短视频内容和直播带货的兜售方式生硬推销，不仅不能吸引受众，还会产生逆反的抵触情绪，这样的营销方式形式单一、内容重复，没有团队和品牌支撑，UGC（专业生产内容）所带动的农产品销售规模小，没有情感联结的广告宣传很难真正打动用户。"三农"自媒体内容严重同质化，媚俗、低质的倾向不仅影响了其内容质量，还影响着自媒体的生命力。在用户审美力、理解力不断提升的情形下，低质内容的重复、低俗内容的传播在不断消耗"三农"自媒体的声誉与口碑，造成农村落后粗俗的错误印象，良莠不齐的作品状态会带来整个行业的"破窗效应"，优秀的头部作品及自媒体大号也会受到影响，长此以往对"三农"自媒体的传播生态、传播格局及整个乡村经济产生无法估计的影响和伤害。

五、个体表达欲望强烈，缺乏对公共生活的关注

在自媒体时代，人人都可以成为创作者、传播者，人人都可以表达自己对社会历史、对日常生活的看法。"三农"自媒体的创作者也不例外，根据当前自媒体创作的情况来看，大多数创作者的自我表达欲望十分强烈，很多问题的呈现方式局限在个人经历与私人体验题材，个性有余，共性不足。对一些社会现象的看法过于集中在个人生活和体验之上，存在着

浅层传播的现象，缺乏对公共生活的深度思考和有力评论，责任担当不够。另外，随着网络平台的进一步发展繁荣，一批自媒体创作者转型为电商，虽然电商们主动销售土特产品，带动农家乐等旅游项目，但部分电商哄抬物价，夸大宣传，过分关注个人利益，对市场造成了负面影响，"三农"自媒体的信誉搭建造成冲击，影响"三农"自媒体及乡村产业的未来发展。

第五章 "三农"自媒体助力未来乡村
创建的路径与策略

"2022年3月，中共中央办公厅、国务院办公厅专门印发了《乡村建设行动实施方案》，对未来乡村建设建什么、怎么建、建成什么样作了具体安排作了具体安排。乡村建设的价值不仅表现在乡村的生命功能、生产功能、生活功能与生态功能上，还表现在乡村的社会和文化功能上。"[①]

随着数字媒体技术的不断发展，乡村振兴背景下"三农"自媒体的内容创作及传播效果在各视频平台迅速崛起，已成为农村经济发展建设的重要环节。"三农"自媒体创作目前已走向了产业化模式，头部账号的不断涌现，专业化、个性化的生产质量提高了"三农"领域创作者的标准门槛，单一无序内容杂乱的创作方式早已无法站稳脚跟，由"三农"自媒体创作者带动农村区域经济提高，农特产品销售渠道打开等现实作用可以看

---

① 唐任伍:《乡村建设的历史逻辑、价值内涵和未来图景》,《人民论坛·学术前沿》2022年第15期。

出，数字化乡村产业建设的成功，标志着智慧农业是新农村建设下的一条新出路。自媒体与乡村人文结合、电商平台与原始农耕结合助力城乡经济联动形成城乡产业化优势，是带动当地文旅经济发展、促进地区内容生态广泛传播、构建乡村文化健康良性发展的重要途径。

同时，针对"三农"自媒体在传播发展中面临的诸多挑战及值得警惕的倾向与隐患，研究团队从顶层设计、主体性实践到数字媒体赋能提出多维协同发展的路径与策略，期望推动"三农"自媒体发展助力未来乡村创建，以乡村文化生态、多元内容创新、结构化产业增效、数字智慧空间的四维联动建设促进未来乡村发展，使"三农"产业持续深耕发展。

第一节　顶层设计："政府引导＋服务"激发自媒体发展内生动力

一、话语引导：坚持主流价值导向

随着创作群体的壮大，"三农"自媒体目前已呈现区域性经济产业链的发展态势，垂类达人变现能力优异，在平台与科技的双重赋能下，"三农"自媒体已成为带动乡村经济、助力乡村振兴的中坚力量，因此"三农"自媒体的内容输出及话语表达不单是个人价值展现，自媒体对个人生活、乡村真实景观的记录都清晰地展现了区域现状，如何激发自媒体自身的内容价值创作走向良性健康之路，则需要政府进行话语引导，坚持主流价值导向，通过媒介产品向人们传达"三农"价值，使受众对农村生产生活风貌产生正面的媒介感知，突出乡村真实淳朴、踏实认真的文化符号特色。而政府需要在日常监管及培训的过程中，重视当地群众的情感需求及现实情况，通过实地考察、亲自求证等方式进行多方调研，明确区域内容创作观和主流价值的共通之处，采用循循善诱式的劝导方式，避免风气不正、内容低俗的主题出现，降低因关于农村刻板印象中低俗价值观所造成的社会影响，将农村的真实风貌进行正面展示，发挥以政府为主导的价值引导作用。

与此同时，政府部门在进行价值引导、纠正失范内容的过程中，需完善"三农"电商产业的规范治理，形成良性发展长效机制，精准研判不同媒介平台的话语风格，深化提高乡村电商人才培训的效果，例如：对自媒体创作人才进行平台算法、优质案例展现、当地特色发展路径解析等方向的深入培训，并进行单个账号试点，复刻成功路径。在坚持主流文化导向的路径中，不但要加强人员培训，同时各级宣传部门可组建依托于党的二十大精神指导下的乡村文化建设平台，开启对"三农"自组织的正规组织化管理。需要明确乡村文化为核心的文化发展重心，在建设新型乡村文化的同时，完善多重乡村文化建设方位，满足培养群众的精神文化需求，以线上线下结合的形式，在乡村文化发展中提供重要的文化支撑与价值观培养，除进行农村思想教育引导之外，还需树立社会主义新型乡村风貌，在提升物质文明的基础上建设精神文明，健全相应的文化传播制度，增强主流价值观的学习培养，政府应将主流价值导向作为乡村文化的情感基石，深挖乡村底蕴中隐含的人文价值，弘扬主旋律与主流价值导向，在潜移默化中规范"三农"自媒体的内容创作导向，通过自组织电商群体等多重社区开启精神文化建设活动，提高农村的精神文明与乡风建设，在政府扶持与引导下将乡村文化自信与主流文化相结合，打造符合实际的新型农村文化价值观。

二、直接扶持：汇集"乡贤"能人，将"人力"变为"财力"

乡村振兴和未来乡村战略关键在人，引进人才资源、打造人才回流渠道是乡村振兴背景下培养农村"新网红"的必由之路。但乡村地区经济条件有限，要留住人才、吸引人才，让他们扎根乡村，就必须要完善农村的基础设施建设，薪资水平、生活环境、投资方向等均要向人才适时倾斜，解决其后顾之忧，才能让他们全心全意为农村办实事。在政策和体制上要重点考虑人才引进后的安排：既要开拓汇智聚才的新道路，也要灵活变通地更新引进方法。目前各行各业各领域的人才引进工作都在逐步落实，努力将专业人才纳入真正改善解决民生实际问题的基层队伍，让他们为实施乡村振兴和未来乡村的战略部署添砖加瓦，贡献出自己的力量。

出台相应政策，支持和鼓励年轻人返乡建设，迎合乡村振兴的历史使命。本地成长的专业人才既有对本地人文风俗习惯、民俗乡约的了解和继承，也有与时代匹配的新发展理念，同时还兼顾专业性和创新性，善于将传统元素和现代思维相融合。传统乡村处于青黄不接的中间地带，农村地区存在这样的人才缺口，因此年轻人和成功人士的返乡创业投资无疑能给乡村地区增添积极活力，政府和当地电商中心合力打造的"电商＋乡村振兴＋网红"新型农村发展模式，也是在巩固脱贫攻坚的突出成果。

另外，要善于发掘乡村地区潜在的闲置劳动力，加强留守人员的技能培养，鼓励其在乡村地区实现原地就业，对于劳动力充足的地区鼓励择业再就业，在"手机成为新农具"的新技术渗透中，利用网络针对农村电商的扶持，让直播带货、网络电商这些新农活思想深入人心，群策群力，让新兴地方性突出资源尽可能实现和保证农村经济效益最大化。

三、优化职能：完善自媒体运营环境，激发市场活力

（一）完善基础设施建设和信息化设备，保障自媒体创作的平稳运行

从当前自媒体创作者的拍摄情况来看，部分创作者所拍摄的画面质量欠佳。尤其是直播带货时，网络质量的高低直接影响着产品的发布、销售，影响"三农"自媒体创作体系的形成。因此应充分利用无线网络、移动互联网技术和新媒体技术建立完备的网络体系，发挥现代科学和信息技术的强大优势，与相关技术部门通力合作，加大基础设施建设力度，特别是偏远地区乡村公路、电力设施、网络通讯等基础设施建设，为"三农"自媒体的发展保驾护航。此外，还应积极地与金融服务机构合作，帮助农民解决贷款难、资金周转等金融问题，保障自媒体创作的平稳运行。

（二）建立科学人才培养体系，实施人才振兴战略

在当前新媒体环境中，根据电商运营状况，培育符合现代网络平台的专门化人才，建立适应大数据、新媒体环境的智慧农业型人才，这是符合乡村振兴战略的关键策略。

政府部门应积极进行政策倡导，建立科学的人才培养体系，组织相应的培训，普及电商相关知识。利用多媒体平台做好"三农"政策的宣传推广，吸引专业领军人才、科技人才、具有丰富经验的应用型人才带动农民主动进入自媒体创作体系。同时借鉴其他省份的成功经验，做好资金扶持和保障，吸引外出村民返乡就业，提高农村经济水平和全面发展。此外，深化与农业研究院、相关高校的合作机制，利用高等院校的人才培养优势和科学体系，努力做好农业区域调研工作，并与相关专业机构进行科研合

作，就农产品研发、文化推广、品牌塑造、市场调研、制度完善等相关课题进行研究，科学孕育自媒体创作和电商内容。同时培养适应当地"三农"发展的创新型人才，科学合理地进行"三农"自媒体的创作与生产，同时也为农村地区大学生返乡创业提供就业思路和机会。此外还可以借助培训机构，分层次、分批对农民进行互联网信息知识和电子商务应用能力等的培训，加快提升"三农"自媒体创作者的媒介素养和推广以及售卖能力。

（三）丰富培训方式，提高创作者的创作能力

政府应和平台联手创办自媒体创作培训班，以线上、线下相结合的方式，就新媒体制作技术、传播和营销策略、政策法规等进行培训和指导，不定期邀请相关专家、学者举办讲座，积极引导受众了解国家有关"三农"的政策。同时还可邀请业界相关人士，举办线上培训，为创作者培训视频拍摄和剪辑技巧等，拍摄出能够反映"三农"风貌的高质量视频，以此提高从业者的业务能力和媒介素养，加强平台和平台、创作者和平台、创作者和创作者之间的互动交流。

（四）因地制宜，提高扶持的精准度

政府在帮扶和推广的过程中，应当充分了解当地社会经济文化的实际状况，深入具体地分析当地的优势与劣势，尽力扬长避短，避开劣势，充分发挥优势，因地制宜地提高扶持的精准度。如发挥生态优势和地域优势着力从农村自然风光、乡土特色入手，大力发展乡村旅游、乡村农特产品的直播销售，从而带动当地村民脱贫致富，获得更多受众的认同与支持。

（五）激发创作者的积极性，挖掘乡村文化的活力

"三农"自媒体人几乎都是当地村民，在农村长大，对当地富有特色的民风民俗、自然环境非常熟悉，但限于自身知识水平、认知局限，主动

性不足。因此，政府应积极拓宽渠道，搭建多元平台，挖掘当地有价值的文化资源，指导自媒体创作者的运营，激发农民的创作积极性和传播的主动性，主动将富有特色的地域文化、价值理念、风俗观念、传统礼仪以及主动挖掘当地容易被忽视的文化现象、风俗景观，将鲜明的文化特色利用新媒体技术记录并融入自媒体创作，主动承担起文化传播的责任，发挥出自媒体的正向积极作用与影响力。

（六）建立农村电商集约化中心，推动电子商务融合发展

政府应积极发挥行政、经济等职能，建立农村电商集约化中心，鼓励企业或自媒体电商积极加入该中心。该中心可提供以下服务：其一，运用现代管理理念，为电商提供政务服务，简化行政手续，优化和规范办事服务流程，营造健康的企业经营环境，积极提供项目扶持资金，打通服务、电商与受众的联系，尽力帮助入驻电商更方便更快捷地享受创业政务服务；其二，运用现代技术合理调配用户和电商资源，优化电商销售渠道，引导电商与用户充分沟通，充分考虑本地优势和劣势，做到因地制宜，合理进行资源配置。

在"三农"自媒体创作中，电商平台的发展不仅仅是简单的个体相加，而是从个体零售商转向更高阶段和高水平的深度融合，以达到1+1>2的效果。这一点需要政府部门发挥作用，推动电子商务的融合发展。例如：1. 线上线下相互融合。电商平台的便利并不意味着要完全忽略线下实体店，而是应该在线下开办具有典型体验性的实体店，通过线上线下互动联合，开拓销售渠道。2. 境内境外融合。在电商运营期间，除了做好国内销售之外，还应抓住"一带一路"的政策机遇，努力拓展海外市场，做好当地特产、旅游的推介。两种方式相互结合，不仅可以提升电商的影响力，也会促进当地经济的快速发展。

（七）加强法制教育和法律监管，建立良好的自媒体创作环境

在这个"人人都有摄影机"的时代，任何人都可以通过手中的电子设备拍摄视频。但部分农民所接受的教育程度较低，法律意识淡薄，因此，在创作视频、直播带货的过程中容易出现夸大产品效果、虚假宣传、侵权盗版、传播谣言等问题，一些创作者为了博取更多的关注度，甚至通过传播色情、暴力等违反法律规定的内容迎合低俗需求，屡屡触碰法律红线和道德底线，失去了自媒体创作者的社会责任感，不利于社会正向价值的宣传和引导。因此，在自媒体人进入平台进行创作时，政府有关部门应加强法制教育和宣传，加强创作主体的法律意识，在社会环境中树立积极正面的引导作用。

第二节　主体性实践：发挥自媒体"善治乡村"的创造力

习近平总书记在党的二十大报告中指出："全面推进乡村振兴，坚持农业农村优先发展，巩固拓展脱贫攻坚成果，加快建设农业强国，扎实推动农村产业、人才、文化、生态、组织振兴，全方位夯实粮食安全根基牢牢守住十八亿亩耕地红线，确保中国人的饭碗牢牢端在自己手中。"还指出："重力提高全要素生产率，着力提升产业链供应链韧性和安全水平，着力推进城乡融合和区域协调发展，推动经济实现质的有效提升和量的合理增长。"

对于推动农村农业人本化、田园化、生态化来说，"物联网＋区块链＋大数据"的应用无疑给农村地区带来了新的信息化技术，提高了农作物的质量和数量，更提高了生产量，在智慧助农中应用到了农作物生长的各个领域。

物联网摒弃了传统农业发展方式，加快实现了现代化农业发展趋势；区块链又赋能物联网技术对农业生产进行远程适时操控，及时掌握农作物生长信息，提升了生产效率；物联网和区块链又共同作用于大数据，并为其赋予强大的驱动力，在农作物的生产、加工、销售的各个环节都能聚合和加工海量信息，让农业问题更加精准高效，这些种种反过来又给自媒体的发展提供了充足的素材资源，使拥有数智化、共享化、现代化的新农村价值坐标深入人心。现在的受众已经不仅仅满足于线上直接观察到的经济实体，他们更愿意直接观察到农产品的生长环境与生产链条，进而实现虚拟触觉互动模式，刺激消费行为产生。例如"极客农场"在抖音平台的直播带货是非常灵活的，其网络运营模式不仅实现了农产品的飞速销售，也收获了不少口碑，主播会在直播中讲述农产品的生长和发展走势以及烹饪方法，以"一张平静的餐桌"为初心，严选高品质、安全食材，不管是广告语还是主题，都增加了一定的心理暗示，更加迎合了观众口味，把握了用户的消费心理。

"三农"自媒体的内容创作和产业带动根本在于乡村生活方式的展现，这是"三农"自媒体发展的根本，面向未来乡村的创建是"三农"自媒体依附的"活水之源"。未来乡村应"注重保持乡村的原生态、乡味、野趣，保护乡村历史文化、传统建筑和特色风貌，实现山水与乡村相融、村居与田野辉映、现代艺术气息与乡土原生态兼具"。[①] 以未来乡村建设作为高站位的目标引领，以"数字化、生态化、集成化"进行技术融合，"三农"自媒体才能以自身的宣传声量、记录方式、经济嵌入为农业农村谋发展，

---

① 唐任伍：《乡村建设的历史逻辑、价值内涵和未来图景》，《人民论坛·学术前沿》2022年第15期。

才能在自媒体的媒介景观中呈现出富有地域特色、承载田园乡愁、展现神韵之美，具有乡土味、人情味、烟火味的魅力乡村。

一、文化实践：勾起乡愁，传承乡土文化基因

中华农耕文化底蕴深厚，农村是社会结构的基础，而农民则是推动农业、乡村发展的重要力量。过去数十年间，由于缺乏对乡土文化日常生活空间的充足表达，"乡土""乡村"与高歌猛进、发展迅速的城市相比，常常处于被遗失和抛弃的边缘位置。城市化进程的加快使"故乡"变作"异乡"，人们在感知到现代性焦虑的同时总是渴望并回想曾经"美好的旧时光"，以此来疏解压力，寻求情感庇护和精神慰藉。"美丽乡村""留住乡愁"不仅是党和国家提倡的乡村振兴战略的需要，更是对当代离乡游子的情感关怀。当前，在乡村振兴战略背景下，社会经济体系面临转型，乡村传播活动也成为带动乡村发展，超越城乡二元对立的重要实践。新媒介的赋权、传播技术门槛的降低使得个人有机会成为乡村传播活动的主体，打造"个体经济"的 IP 与品牌，以李子柒、华农兄弟等博主为代表的"三农"自媒体凭借其自然清新、和谐生动的独特风格营造了乡村景观"天人合一"的"日常审美"风貌，这些"新农人"以短视频的技术实践为依托，将存在于人们记忆与想象中的"乡愁"视觉化、景观化，塑造出新时代"美丽乡村"的和谐面貌。乡村文化历史悠久，具有深厚的文化底蕴，其蕴含的无尽价值与资源有待深度的开发与挖掘，如乡村田园风光、聚落建筑、农耕文化以及少数民族地区的民风民俗、传统服饰等。乡村场域为"三农"自媒体人群提供了丰富的创作资源，是创作者灵感的源泉。"乡愁符号"是乡村文化的重要载体，最容易唤起受众的集体记忆与强烈认同感、共鸣感。乡愁符号中包含着很多内容，如景观符号，

乡村原生态自然风光，老房子、古建筑；人物符号，乡邻之间的互动，说着乡音的淳朴地道农民；饮食符号，地域美食，家乡的味道等。乡愁符号构建起乡村文化传播的重要内容，更为"三农"自媒体的创作提供了取之不竭的灵感源泉。对于长期生活在城市地区的居民来说，他们对于乡村的印象和认知全部来自书籍材料、媒体宣传，缺乏实际的身临其境之感，乡愁记忆较为淡薄。但对于身处城市但生长在乡村地区的这部分受众来说，他们对于乡村的记忆和感情是极为真挚而深厚的，虽在城市文化潜移默化的熏陶与影响下认知和行为有了一些改变，但内心深处那份乡愁是无法割舍的，乡村是游子的精神家园与慰藉港湾。"三农"自媒体以目标受众为主，充分挖掘身边的"乡愁符号"，唤起乡愁记忆，让更多的游子在短视频中找到记忆深处的美好图景与童年时光，也让乡村成为都市人遐想和栖息的田园梦乡。

随着新媒体技术和网络技术的快速迭代更新，数字化、智能化的科技元素逐渐成为未来"数字乡村"建设的标准[1]。大数据时代"三农"自媒体产业所依托的技术逻辑也随之发生改变，尤其是以"互联网+"模式为代表的新兴互联网概念的出现，预示着传统的电商带货模式正面临着新的挑战。当前，技术本身早已不是"三农"自媒体发展的壁垒，新的带货模式和农产品销售方式的突破创新才是"三农"自媒体产业面向未来的重中之重。目前，"吆喝售卖"仍是"三农"自媒体创作者的主要带货方式，这种带货方式的本质是将传统市井的售卖方式移植到新媒体媒介，它并没有充分发挥新媒体技术的使用方式，而传统电商发展至今也已面临创

---

[1] 唐任伍：《乡村建设的历史逻辑、价值内涵和未来图景》，《人民论坛·学术前沿》2022年第15期。

新瓶颈。未来,如何让"三农"自媒体焕发生机,如何从"乡愁"的视角切入,提升"三农"自媒体作品的内涵是今后一段时期的重要问题。在未来,随着区块链技术和元宇宙概念的快速普及与发展,我们有望进入一个全景式的、全媒体的"三农"自媒体融合平台,获得沉浸式的农产品购物体验,借助 VR(虚拟现实)和 AR(增强现实)技术游览乡村,感受未来丰富多彩的乡村文化。

二、创意实践:"土味"与"灵韵"结合,"反差性"思维下的产业融合

当前,部分"三农"自媒体创作者仍以"土味"为创作理念,"土味"不意味着"土气"、落后,而更应是具有意蕴和温暖感的"乡土味"。如何激发"三农"自媒体创作者的创作热情,另辟蹊径,努力将"土味"转化为包含乡土中国韵味的"乡土味",借助作品弘扬社会主义核心价值观是"三农"自媒体创作所面临的新问题。中国式现代化的本质要求涵盖"丰富人民精神世界",因此,"三农"自媒体的创作者应主动秉持"正能量"的创作导向,用好的作品回馈社会,坚持"作品—人—社会"关系的积极导向,以优秀的"三农"作品助力"三农"发展,同时引领其他产业的"自媒体"向优向好发展,带动"自媒体"产业进步。

"三农"自媒体的"土味"表达应当是"土而不俗"的乡土味,其中的低质三俗内容也再次暴露出"三农"自媒体创作者的审美不足、艺术涵养较差和教育背景空缺等制约"三农"自媒体向优向好发展的问题。因此,未来的"三农"自媒体创作者应有机会接受来自专业机构的审美教育,政府还可以定期举办优秀"三农"自媒体创作者的经验分享会,定期在当地举办"三农"自媒体的创意比赛,邀请专业评委参评,以真

诚分享、有价值的输出、充实的互动活动来哺育广大"三农"自媒体创作者。同时，高等院校的相关部门也应定期制定"产学研"联合培养项目，让具有新媒体运营等相关教育背景的学生参与"三农"自媒体的创作之中，通过以教育促发展的方式，进一步提升"三农"自媒体创作者的创作水平，使文化艺术赋能"三农"自媒体，为展现中国乡村的"灵韵"做好技术普及和技术积累，在未来让更多出身农村的"三农"自媒体创作者也能拥有一定的审美能力。

借助反差性的创意思路，将传统文化、古法秘制的"旧"与青年文化的"新"相结合，将非遗传承、手工技艺、土方制作的"土"与潮流文化、时尚文化的"新"相结合，可以进一步提升"三农"自媒体的影响力和在青年群体中的传播力。例如，将"三农"自媒体中展现的乡村文化与潮流文化相结合，通过漫画、音乐、电子竞技等青年亚文化的植入，带动乡村文化"破圈"，消弭乡村与城市之间存在的文化隔阂，打通文化传播的壁垒。"三农"自媒体创作者可以主动将非物质文化遗产和乡村手工技艺等特色乡村文化艺术活动聚集在同一平台，形成具有强大合力的农产品销售渠道，例如为电子竞技比赛提供赞助，植入广告等，借助新事物与旧事物的创新融合，带动"三农"走向更大的文化圈层，扩大"三农"自媒体的受众群体，为"三农"自媒体进一步走出舒适区建立基础，也为未来的农产品进出口贸易积累坚实的资源。

在手工技艺方面，可以借助"三农"自媒体打造自主品牌，实现"三农"自媒体的品牌建构，以"三农"自媒体作为宣传发布渠道，大力推广特色手工技艺和深加工农产品的优势所在，吸引外部投资，开拓销售路径。在家庭美食方面，可以建立美食制作爱好者的线上、线下互动社群，定期举办美食交流和分享聚会，扩大"三农"自媒体的口碑影响力，可以依托电子出版物机构制作美食菜谱，进一步以美食为中心，建立以"三农"自媒体为主阵地的爱好者协会。也可以邀请美食爱好者加入"三农"自媒体的内容创作，分享以原产地农产品为主要原材料的家庭美食菜谱，提高原产地农产品曝光率，吸引顾客订购农产品。

三、经济实践：开发特色资源，促进乡村 IP 可持续发展

我国乡村地区不仅富含自然生态资源，还蕴含着深厚的文化旅游资源。部分地区的乡村可根据自身区位优势和资源优势，将自然景观与人文环境相结合，加强深层次产品开发，利用自媒体的传播优势，加大宣传营销，以打造品牌文化为目标，利用龙头产业拉动产业链，树立品牌形象，建立起属于自身的形象符号。在对于乡村的各类资源开发与挖掘中，坚持"绿水青山就是金山银山"的发展理念，不能以牺牲和破坏乡村地区自然资源和生态平衡为代价，把生态文明建设放在首位的同时结合当地的地域文化特色、历史文化底蕴，反映新时代乡村风貌。

近年来，依托本地特色农牧产业和独特优美的乡村风光，在乡村振兴的政策与背景之下，不同地区各具特色的乡村旅游业成为农村地区一道靓丽的风景线的同时也成了新的经济增长点。"乡村旅游主要包含三个方面的内容，分别是：吸引物、旅游需求、目标市场。其中吸引物是指当地的自然风光和民俗文化等；目标市场是指平时忙于都市工作生活，热衷于近郊乡村游的城市人群；旅游需求指的是旅游者想通过乡村的各项旅游项目和活动达到放松和愉悦身心的需求。"① 农家乐作为乡村旅游开发的典型模式广受体验者欢迎，其吸引游客的亮点一方面是乡土气息氛围的营造，如

---

① 吴海燕：《乡村旅游可持续发展的困境及对策建议》，《农业经济》2019 年第 10 期。

乡间小路、农家小院、田间采摘、农家饭等；另一方面是游客的体验感与参与性，在农家乐里，游客可以亲身体验参与各类农事活动，如耕种、饲养、采摘、收获。这种乡村农家游的特色项目充分契合了当下大众返璞归真、拥抱自然的心理需求。

"三农"自媒体在各大短视频平台的曝光率与影响力不断扩大，尤其是头部的自媒体达人，在各大平台上积累了上万粉丝量，自身具备一定的号召力和示范性，并且个人品牌的建立和形象的打造也在逐步完善中。在此基础上，可将"三农"自媒体个人 IP 与本土乡村文化资源相结合，打造成为特色乡村 IP，借助自身影响力带动乡村与乡民共同致富，形成可持续发展的特色产业链。

四、社会实践：彰显人文关怀，助力社会公益

根据第 50 次中国互联网络发展状况统计报告显示，截至 2022 年 6 月，我国非网民规模为 3.62 亿，较 2021 年 12 月减少 1966 万。从地区分布来看，农村地区相较于城市地区非网民占比大为 41.2%，比我国农村人口占比高出 5.9 个百分点。从年龄分布来看，60 岁及以上老年群体是非网民的主要群体。截至 2022 年 6 月，我国 60 岁及以上非网民群体占非网民总体的比例为 41.6%，较全国 60 岁及以上人口比例高出 22.5 个百分点。① 在我国农村地区，留守儿童与空巢老人是非网民的代表性群体，在数字化生存的当下，他们由于客观与主观条件的双重制约无法接触互联网和智能手机，被遗忘在农村地区，成为"数字难民"。留守儿童与空巢老人面临

---

① 中国互联网络信息中心：《CNNIC 发布第 50 次〈中国互联网络发展状况统计报告〉》，https://www.cnnic.cn/n4/2022/0916/c38-10594.html，2022 年 8 月 31 日。

的共同性问题体现在"信息鸿沟"上,具体表现在留守儿童的"教育鸿沟"以及空巢老人的"数字鸿沟"问题。

留守儿童与空巢老人是乡村场域中两类特殊的群体,是推进乡村振兴战略下应重点帮扶的群体。随着社会治理的不断完善,国家与社会层面对于留守儿童和空巢老人的关注也在持续推进,相关治理政策和关爱行动的实施得到了全社会的一致响应与大力支持。媒体层面也在利用自身的宣传优势为留守儿童和空巢老人发声,号召社会组织爱心公益人士对这两类群体给予更多的关注与帮扶。

"三农"自媒体人对于当地的留守儿童与空巢老人的情况较为了解,这部分创作群体年少时大多也曾有过留守儿童的经历,留守儿童与空巢老人所面临的困境以及需要得到的帮助能够真正被这些自媒体人体会和"看到"。而且,近年来"三农"自媒体在各大短视频平台的曝光率与影响力不断扩大,尤其是头部的自媒体达人,在各大平台上积累了上万粉丝量,他们的行为具备一定的号召力、示范性和带动作用。基于此,对于留守儿童与空巢老人这一亟待解决的社会问题,一部分"三农"自媒体创作者做"参与者",不做"旁观者",他们有责任更有义务为边缘、困难群体发声助力。针对留守儿童问题,"三农"自媒体可结合内容创作,实景拍摄呈现当地留守儿童的真人真事,抑或通过讲故事的叙述方式引导受众给予他们关注,借助平台流量和粉丝力量在互联网上广泛宣传,吸引更多的社会公益组织和爱心人士的帮助,在学习上为他们提供更多的教育场所与师资力量的支持,在生活上给予物质扶持与精神关爱。针对空巢老人问题,"三农"自媒体人对于智能手机的操作得心应手,可以对空巢老人给予"数字反哺",传授他们关于智能手机操作与使用的方法,提高他们利用数字技术的能力,帮助空巢老人跨越"数字鸿沟",在利用智能设备提升生活质量的同时共享数字发展红利,这些内容同样可以作为自媒体创作素材。创作内容有了公益视角,不仅能引发公众和主管部门对于这些现实问题的关注,彰显人文关怀,同时自媒体创作者的行为带来的号召力、示范效应更能带动更多人投身于公益事业,对于农村留守儿童和空巢老人的困难也会有更多社会力量予以帮助,切实的推动这些现实问题的解决。

五、精神实践:讲好乡村故事,以情感力量带动创意产业发展

梁倩娟、"西北小强"等一批来自甘肃陇南市徽县的优秀的"三农"自媒体创作者用行动证明了"三农"自媒体的强大影响力,展现出令人振奋的新乡村风貌和情感力量的带动作用。未来,"三农"自媒体产业应主动讲述新乡村故事,展现新农人风采,发扬新农业势头,用催人奋进的情感共鸣来带动观众。其次,红色革命文化地区的"三农"自媒体创作者还应主动将红色文化融入作品,既讲好新乡村故事,又发扬红色文化。

未来的乡村建设将进一步显示出融合化的发展趋势,主要包括城乡发展不平衡性的融合和"城市人"与"乡村人"的融合。[1] 因此,可以在发展乡村生态产业的基础上,结合文化创意产业的运作方式,融合乡村特色文化,将当地的特色农产品、非物质文化遗产和特色景观融入文化创意产品,通过出售特色农产品与文化创意产品的运营方式,实现农村地区经济的快速增长,从而在一定程度上缩小城乡差距,打造乡村中的多元化、立体化、体系化中心,让乡村变成疏解城市高密度发展的有用之地,进一步让城市的建设理念渗透乡村建设之中。

---

[1] 唐任伍:《乡村建设的历史逻辑、价值内涵和未来图景》,《人民论坛·学术前沿》2022 年第 15 期。

第三节　数字媒体赋能：助推未来乡村建设

乡村数字经济在自媒体的加持下发展迅猛，新型的经济模式也在新媒体赋能的产业协作中大放异彩。由于自媒体的出现呈现各自发展的势头，资源没有互通和共享，各自探索也没有形成较为完备的体系，加之农村地区学习能力有限，数字化进程的推进有一定的难度。因此数字赋能应该在技术上、资源上、结构上形成双循环模式，将资源进行梳理整合后重启沉睡的多方资本，优化乡村产业结构，助推未来乡村建设。

互联网下沉使得"三农"类型的网民越来越多，在农村地区打造的专属品牌地域文化中，大数据和算法会给各种自媒体创作人一定的流量扶持，适合初试浅试网络的农村自媒体人。作为乡村文化的传播者和建设者，要懂得借用平台，在提高学习能力的基础上学会分析平台的规则和算法，有助于提高内容运营的深度和广度，有利于打造可持续化的运营理念。自媒体视频在自媒体人的价值引导下通过吸引流量并将其变现，是取得良好收益的重要举措。此外随着互联网技术在农村地区的优化升级，同样要求自媒体人由大众化向特色化扭转，打造个人 IP，电子商务也将随之向良性结构变革。

一、创新"玩法"：融媒跨界，从数字助农找到"新奇点"

"奇点，顾名思义，就是具有一系列奇异性质的奇异之点。"[1] "上世纪 50 年代，伟大的数学家、信息学家和经济学家诺依曼第一次把技术与奇

---

[1] 唐任伍：《乡村建设的历史逻辑、价值内涵和未来图景》，《人民论坛·学术前沿》2022 年第 15 期。

点联系起来，认为技术进步正朝着类似奇点的方向发展。"① "经过数 10 年的观察分析，未来学家、发明家库兹维尔发现，技术进步遵循收益加速定律，而技术奇点正是收益加速定律作用的必然结果。"② 库兹维尔认为，人工智能等数智化技术的出现加速了技术奇点的到来。

随着元宇宙概念的持续火热和智能媒体技术的发展，人工智能、大数据技术以及 VR、AR、MR 等沉浸式技术正在渗透于媒体业态的各个领域，基于区块链技术的数字藏品在 2022 年初成为各大媒体平台争相推出的文创产品。"2022 年 6 月，苏州日报报业集团策划实施'三个桃子'数字助农项目，并在苏州新闻大厦'新奇点'实验室成功举办'三个桃子'数字藏品线上预约启动仪式。"③ "策划推出'三个桃子'数字藏品，带着凤凰水蜜桃跨入'元宇宙'，传播正能量，带来大流量。"④ "文化 IP 研发授权——数字藏品文化价值挖掘——联动在地产业——赋能助农实体项目的数字助农产业全链条"，在这一过程中通过报纸、客户端、官微、"三农"自媒体等全媒体矩阵的线上线下发力联动，桃农网红化身推介官实时连线，以直播和 vlog 的形式引领用户亲身体验丰收的桃园。同时，"集遥感、体验、直播、交互、展示等功能于一体，兼具情感表达与多感官沉浸式体验"⑤ 的演播厅在数字化技术下全息"装扮"为世外桃源，受邀的"三农"自媒体以各类社交平台分享演播室盛景，桃花纷飞、美不胜收，线上用户观看时也感受到强烈的视觉冲击和身临其境的效果。

---

① 刘庆和：《人工智能技术奇点与经济奇点会来临吗》，《当代贵州》2022 年第 18 期。
② 唐任伍：《乡村建设的历史逻辑、价值内涵和未来图景》，《人民论坛·学术前沿》2022 年第 15 期。
③ 刘庆和：《人工智能技术奇点与经济奇点会来临吗》，《当代贵州》2022 年第 18 期。
④ 同上。
⑤ 同上。

苏州日报融媒整合传统媒体和"三农"自媒体资源，以数字藏品的非遗文创形成切入点，抖音"三个桃子"的创意短视频呼应着数字藏品的发行，跨媒介融屏的载体共享，形成"奇点"时代的文创生态平台，这个给"三农"自媒体与传统媒体联合共创、跨界合作带来更多想象空间。

二、数字治理：农人 IP 引入，打造"善治乡村"新路径

在农村的基层治理中引入乡村网红，既能够充分发挥"三农"自媒体的 KOL 功能意义，又可落实基层自治、破解管理难题。

乡村社会自发演化的以个体机制形成的人际关系，具有"乡村共同体"的自组织能力，以乡村网红的责任意识带动"三农"自媒体发展传播的价值理性。如陇南快手大 V、全国人大代表梁倩娟在自己的快手账号上进行"短视频问政"，通过短视频平台广泛征集农民朋友对"三农"发展的困惑难点，为"三农"建言献策，立足乡村群众需求，"上情下达""下情上达"，"三农"自媒体的流量、粉丝、用户此时都在为乡村治理贡献资源。"在这种鸡犬之声相闻、邻里乡亲气息相通的生活方式中，在正式制度和非正式制度的相互作用下，伦理和道德等社会资本支撑的榜样和楷模形成群体的社会压力，好的榜样被学习和效仿，坏的典型容易遭到谴责，这样逐渐形成了'德业相劝，过失相规，礼俗相交，患难相恤'的乡村治理文化，潜移默化地发挥'善治'作用，成为政治、德治、法治、自治、智治的有益补充。"[①] 另外，MCN 机构对于网红的培养，还可拓展延伸培养范畴，孵化乡村"代言人""话事人"，使"三农"自媒体在追求商业变

---

① 唐任伍：《乡村建设的历史逻辑、价值内涵和未来图景》，《人民论坛·学术前沿》2022 年第 15 期。

现的过程中同时注重公共利益与社会价值的统一,使基层治理融入"三农"自媒体红人经济产业链的塑造中。

第四节 乡土文化立根铸魂:民族心理的 记忆唤醒与传扬

乡村振兴,既要塑形,也要铸魂。党的二十大报告指出,文化既是凝聚力量的精神纽带、推动发展的重要支撑,又直接关系民生福祉、关系人的全面发展。我国五千年的中华文明源远流长、博大精深,承载着中华民族生生不息的基因密码,其所涵养、传承、生发的农耕文化,凝聚着中华民族最深层的思想智慧,维系着中华民族最深层的集体记忆,也镌刻着中华民族最深层的精神标识,是中华优秀传统文化的精神根脉,是维持乡村社会秩序有效运行的内在基础。可以说,乡村文化振兴,既是文明传承的必然选择,又是乡村发展的题中之义。传承和弘扬乡土文化,重建乡村文化自信是实现乡村振兴的重要内容。

在数字媒介时代,"三农"自媒体以其跨界平台、表现形式的多样,以原生态的质朴影像呈现着乡村生活、节庆民俗、劳动场景、乡风物候,这些纪实影像和内容创作对优秀传统文化、农耕文化的记忆唤醒,对乡愁和怀旧的疗愈,对丰富精神文化供给,对劳动美学和质朴乡情的书写都具有重要的文化弥合作用。

这种文化记忆的唤醒和传扬,是基于"三农"自媒体内容创作与形式对民族心理的折射与反应,体现出天人合一、万物有情、躬行践履、生命真性的价值观与艺术观。"三农"自媒体要作为"赓续农耕文明 培育乡土文化"的"传声筒"和"放大器",以创意内容来展现"三农"之美,以文明乡风引领和美乡村,成为社会美育的排头兵,立足乡村和农民主体,以文兴业、以文惠民,为产业振兴、乡村振兴激发更多的源头活水。

一、天人合一:生态和谐之美

"清江一曲抱村流,长夏江村事事幽。自去自来堂上燕,相亲相近水中鸥。"杜甫在诗《江村》中描摹的乡村之景,安逸和谐。这样的"乡村之美"正是当下"三农"自媒体的影像常常展现的身边景和事,"三农"自媒体常常呈现乡村的风物风俗、节气物候,以及人们的生活状态、生产劳动,人所呈现出的情感心理、精神面貌,这些内容创作和大自然结合最为紧密,不论是影像、图文还是直播场景中常常出现土地、天空、溪流、山川、草木、动物等自然物像,这些与农民日常生活息息相关。此类影像挖掘和涵养乡土文化,将乡村"生态和谐"之美与接地气的内容创作结合起来,突出地域和形象特色,充分发挥"新农人"的主动性和创造性,把自然美景以乡土文化之美种到用户心坎里,让那些记忆里的乡愁重新焕发生命力。

"天人合一"思想是中华传统文化对于人与自然关系的最好诠释,饱含了中国文化对于土地劳作、顺应自然的传统哲思,折射出中国人对于农耕文化的深情与依恋,体现出深刻的生态哲学。

庄子有云:"天地与我并生,而万物与我为一。"这种为世人所向往的精神境界正是我们现在努力追求的目标:共建万物和谐的家园,这一方面要保护生态之美,爱护自然、敬畏自然、尊重客观规律,令"三农"自媒体所记录和呈现的美丽乡村散发自然魅力,成为现代化植根、人与自然和谐共生的生态文化沃土。另一方面要发挥人的主观能动性,在乡村生态文明建设中，要"有取有用""取用有节"，合理利用自然，打造与实现乡村的生态宜居，实现乡村的可持续发展。

地方政府要在前期规划时科学布局，要注意生态保护，在开发时本着顺应自然，保有独特田园风光、地方风貌和乡土文化生态资源的态度，将数字技术应用于农业生态旅游开发中，充分提高企业、村民、游客的生态意识，而对于不可再生的文化遗产，如承载着浓厚历史记忆的古村落，不能因为追求旅游经济效益而破坏其完整性，也不能因为吸引大批游客而进行失真性的改造，同时不能过度开发，以超出古村落接待游客的能力而形成人为的破坏和污染。在开发过程中秉持着顺应自然、爱护环境，注重生态和谐、取用有节的农业生态理念的践行与传播。

要充分发挥"三农"自媒体的传播效力，以"三农"自媒体融入自然之景的内容创意，结合服务营销、体验营销、个性营销、事件营销等综合营销方式，形成多媒体矩阵的营销体系。因地制宜以核心资源为基础，通过"三农"自媒体的内容创意加入各种主题，如农耕体验、亲子农场、风俗文化等打造独特品牌，形成良好的内容竞争力。

"三农"自媒体的内容创作与农业生态旅游、大康养建设的结合使用户具有对"天人合一"状态拟态体验的天然优势，因而要注意在影像风格、意境营造、宣传方式和传播渠道上树立"天人合一"的核心价值观，节奏舒缓适度，遵循自然的生命节律，在宣传中切不能把农业生态旅游作为一种标签、变为一个市场营销的术语，单纯追求流量和经济利益，要结合地方特色，注重对生态旅游基本内涵的提炼与推广。

二、万物有情：生命真性之美

"万物有情"所体现的是中国传统文化中基于农耕文明的自然崇拜与

自然审美，这在哲学上的表现即"天人合一"，在美学上表现即为"中和之美"。这种"中和之美"是一种万物诞育的生命之美。这种文化心理、美学原则完全是中国农耕文明的伴生物，体现了农耕文明环境下人们企望万事万物都各得其所、和谐共生的善良、温润、平和的心理。①

这种生命真性的流露会使"三农"自媒体的人格化特质凸显，温情、温润、善良的情感使人们感到温馨与治愈，将当今工业化和城市化快速发展而带来的各种"城市病"得以缓解。这种"有情""生命真性"也体现在中国人对人伦亲和、对乡土情谊的重视。中国人的"恋土情结"是中国农耕文化中饱含的对土地的历史记忆，这形成了中国人乐天知命、安土重迁、脚踏实地、吃苦耐劳的精神品格。

乡村振兴就是要通过国家、社会、个人的力量，打造出一批村庄秀美、环境优美、生活甜美、社会和美的"美丽乡村"，让老百姓们不仅仅是在自媒体展演的影像内容中回味"乡愁"，更能在现实中找回这种久违的"乡愁"。这是对"恋土情结"的超越，更是对乡土文化和农耕文明的一种继承和复兴。

三、躬行践履：耕读劳动之美

耕读文化是中华民族历经漫长农耕时代，积淀和传承下来的优秀传统文化和精神财富。"耕"与"读"是统一于中国人的理想生活方式，耕可以使人养成勤俭的美德，保持寒士家风；读能使人增长学识，成为明理君子。实际上，耕读文化的"耕"不仅是传统意义上的农业生产劳动，还有更为深远的实践意义。"读"也不仅仅是学习传统的四书五经，更有提高

---

① 马梅：《数字媒介时代涉农纪实影像的记忆保存与文化弥合》，《现代传播》2023 年第 3 期。

个人修养、以立高德的意蕴。"耕读"进而达到"修身"，具有追求个人心性自由，远离世俗污染，以及与大自然相容、天人合一的审美追求等内涵，耕读结合就是要求人在躬行践履中做到知行合一，这正是中华优秀传统文化中最普遍的道德价值取向。[①]

在当今这个工业化、信息化时代，劳动的内涵形式早已发生变化，传统意义上的体力劳动似乎代表着前现代的低效与粗糙。曾经媒体上呈现的劳动者总是满脸皱褶、饱经风霜，对劳动的歌颂也常常聚焦于他们的"汗水与辛劳"。而今天，不论是李子柒在自媒体中呈现的躬耕劳作、自给自足的田园乌托邦，还是哔哩哔哩网上从大都市返乡的"归隐"青年，他们"自己动手、丰衣足食"，在这些自媒体呈现的田园乡土生活中既能看到他们春耕夏耘、秋收冬藏，用种植的作物蔬果来制作美食犒赏自己，也能看到他们重拾旧物、变废为宝，充满才情的技能与创造力让乡间生活变得浪漫诗意。那些繁重乏味的劳作过程和冗长的制作流程最终在镜头的裁剪压缩、精心筛选中过滤掉了琐屑无聊，留下了浸润人心且具有趣味性的美好故事。他们对劳动实践的回归充满着身心的自我愉悦，建构着一种"劳动创造美"的正向生活。这种"劳动的美学化"映射着东方式的人与自然的和谐统一、体悟与修身的内心探索，唤醒与激活了我们感官与基因中有关劳动的记忆，那是在传统劳作中来体验生命美感与身心智慧的感性活动。短视频重塑了乡村叙事与劳动美学，使我们在日常生活中充满对宁静环境与平和内心的向往，反思自我生活，体味劳动与创造带给我们的充实与诗意。

"三农"自媒体中展演的劳动美学，将物质生产活动与精神文化活动

---

① 孙欣雨：《中国传统耕读文化思想及育人价值研究》，《中国军转民》2023年第3期。

有机结合，以"新农人"或"返乡青年"躬行践履的劳动实践和精神追求，体现出务实、勤劳、刻苦的优秀品质，以及努力追求理想生活的上进姿态，这对于个人实现自我价值，发挥劳动育人和社会美育的功能都有启示意义和价值，更是能够促进与发挥其在乡村振兴中的正能量作用。

附录1 "三农"自媒体调查问卷（自媒体创作者版）

尊敬的朋友：

您好！我们是西北师范大学的科研工作者，正在进行有关"三农"自媒体发展与传播的相关研究。本课题研究中的"三农"自媒体是指基于个人或团体机构通过社交媒体、小程序、短视频平台、直播平台、电商平台等多个平台发布展示农村生活方式、农业生产状态，展现农民形象的内容传播方式。您的回答对于未来"三农"自媒体的传播发展及生态建设有重要的意义。该问卷采用不记名形式，可保证资料保密性，请您根据实际情况作答，衷心感谢您的配合与协助，祝您工作顺利、生活愉快！

一、受访者人口统计学信息

* 您的性别为

○ 男

○ 女

* 您的年龄区间是

○ 18 岁及以下

○ 19—29 岁

○ 30—39 岁

○ 40—49 岁

○ 50—60 岁

○ 60 岁以上

* 您的受教育程度为

○ 初中及以下

○ 高中

○ 本科 / 专科

○ 硕士及以上

* 您从事的职业为

○ 行政机关

○ 企业人员

○ 事业单位

○ 农民

○ 学生

○ 退休人员

○ 其他

* 您目前的月收入为

○ 无固定收入

○ 2000 元及以下

○ 2001—4000 元

○ 4001—6000 元

○ 6001—8000 元

○ 8000 元以上

＊您的常住地位于：

——请选择省份——▼

——请选择城市——▼

——请选择地区——▼

二、受访者农村电商与"三农"自媒体体验调查

1. 您开始进行自媒体创作的契机是什么?【多选题】

□ 看到身边的人从事该行业，自己也想尝试

□ 受到政府相关政策鼓舞，决心从事该行业

□ 为了实现销售、宣传等目的主动寻求机遇

□ 在网络上看到同类作品，自己很有兴趣，想模仿创作

□ 想记录个人生活，展现新乡村风貌

2. 您进行"三农"自媒体创作已持续多长时间?【单选题】

□ 半年以下

□ 半年以上

□ 1—2 年

□ 2—3 年

□ 3 年以上

3. 您经常使用哪些 App 或平台进行"三农"自媒体的内容创作?【多选题】

□ 抖音

□ 快手

☐ 腾讯微视

☐ 今日头条

☐ 西瓜视频

☐ 拼多多（多多视频）

☐ 哔哩哔哩弹幕视频网

☐ 新浪微博（微博直播）

☐ 淘宝（逛逛社区）

☐ 京东直播

☐ 其他

4. 您的自媒体创作内容涉及以下哪些领域?【多选题】

☐ 日常生活

☐ 美食野味

☐ 农业生产

☐ 技能分享

☐ 剧情段子

☐ 民俗

☐ 非遗

☐ 乡村旅游

☐ 其他

5. 您的自媒体创作采用哪些形式?【多选题】

☐ 图文展示

☐ 短视频

☐ 直播带货

☐ 公益直播

☐ 音频内容

☐ 其他

6. 您选择"三农"自媒体平台时，更注重平台的哪些特性?【多选题】

☐ 购物车、在线下单功能

☐ 在线聊天互动功能

☐ 同类型内容大数据推荐功能

☐ 一键直播、便携直播功能

☐ 快捷编辑、一键上传功能

☐ 订阅和开播提醒功能

☐ 观众属性分析功能

☐ 其他

7. 您经常使用哪种剪辑软件制作自媒体内容?

○ 剪映、爱剪辑、iMovie 等无门槛手机视频编辑 App

○ LumaFusion 等专业手机视频编辑 App

○ Adobe Premiere、Final Cut Pro 等专业视频编辑软件

○ 对接专业后期制作团队制作

○ 其他

8. 您是通过什么渠道学习视频拍摄与剪辑的相关技术的?【多选题】

☐ 通过网络平台达人分享自学

☐ 通过网络教程自学

☐ 通过线下课程自学

☐ 曾在高等学校学习相关专业

☐ 朋友或家人相互教学

☐ 在与同行交流的过程中学习

☐ 通过政府或电商局官方培训学习

☐ 其他

9. 您平均一天进行直播或短视频创作所耗费的时间为?

○ 30 分钟及以内

○ 31 分钟—1 小时

○ 1—2 小时

○ 2—3 小时

○ 3—4 小时

○ 4 小时以上

10. 您的账号内容更新频率为?

○ 每天更新

○ 一周 1—3 次

○ 每周一次

○ 半月一次

○ 每个月一次

○ 其他

11. 您在进行自媒体内容创作时是否会主动将家乡的新变化和新政策融汇其中?

○ 一定会

○ 较多情况下会

○ 偶尔会

○ 几乎不会

○ 无法确定

12. 您在进行自媒体内容创作时会不会将地方传统文化或手工技艺融

入其中?

　　○ 会，就是以此类题材为主要内容

　　○ 较多情况下会

　　○ 偶尔会

　　○ 几乎不会

　　○ 无法确定

13. 您觉得"三农"类自媒体的传播目的是什么?【多选题】

　　□ 销售本地相关农产品

　　□ 推广本地农产品品牌

　　□ 展现农产品产地宜人景色

　　□ 借用乡村题材讲故事

　　□ 记录"新农人"生活，展现乡风乡貌

　　□ 展现和传播地方传统文化和非遗技艺

　　□ 博人眼球，吸引城市受众

　　□ 其他

14. 您觉得"三农"类自媒体依靠什么吸引观众?【多选题】

　　□ 优质的农产品广告植入内容

　　□ 可靠的品牌推广效果

　　□ 农产品代言人的讲述

　　□ 生动感人的新时代乡村故事

　　□ 优美的画面、声音效果

　　□ 猎奇的乡村事物和故事

15. 您认为能够涨粉的"三农"自媒体内容类型一般是?【多选题】

☐ 知识科普类

☐ 日常分享类

☐ 田野美食类

☐ 产品展示类

☐ 剧情段子类

☐ 其他

16. 您主要是通过哪种方式进行自媒体内容变现的?【多选题】

☐ 直播带货

☐ 微信朋友圈、视频号分享产品

☐ 短视频创作广告植入

☐ 与线下购物平台合作

☐ 广告代言

☐ 其他

17. 您是否了解自己粉丝的年龄段、性别比例、所在地区等数据?

○ 很了解

○ 一般了解

○ 较少了解

○ 不了解

○ 不知道如何了解

18. 您是否会根据粉丝数据和观众评论进而调整自媒体创作内容呢?

○ 一定会

○ 基本会

○ 一般

○ 基本不会

○ 一定不会

19. 您认为利用"三农"自媒体进行农产品销售的好处有哪些?【多选题】

□ 拓宽农产品销售渠道

□ 减少中间商差价环节

□ 个性化讲解带来良好的体验感

□ 扩大店铺宣传力度

□ 其他

20. 网络平台都曾经提供过哪些方式的相关培训?【多选题】

□ 视频剪辑技术培训

□ 视频创作灵感培训

□ 剧本创意写作培训

□ 视频流量吸粉培训

□ 自媒体达人成功经验分享培训

□ 其他

21. 网络平台曾经提供过哪些方式的活动为您进行引流?【多选题】

□ 流量优惠服务

□ 免费流量赠送

□ 乡村自媒体平台宣传

□ 平台专属农人计划

□ 高流量主播的帮扶引流

□ 首页推荐

□ 广告推荐

□ 其他

22. 您参与了哪些电商产业的工作?【多选题】

□ 开网店

□ 网络直播

□ 在电商户 / 企业等打工

□ 参加电商中心

□ 参加电商培训

□ 产品包装 / 物流等平台工作

□ 申请电商专项贷款

□ 为电商户 / 企业提供产品

□ 未参与

23. 您目前的营销模式是什么?【多选题】

□ 自产自销

□ 代理农产品进行分销

□ 参与电商中心统一销售

□ 其他

24. 您是否会参加网络平台提供的培训机会或活动?

○ 经常会

○ 偶尔会

○ 可能会

○ 基本不会

○ 从来不会

25. 您曾经使用过并运用于"三农"电商或自媒体的新兴技术手段有

哪些?【多选题】

□ VR 技术（如：蚂蚁森林、芭芭农场）

☐ AR 技术场景融合（如：电商平台体验服装试穿；5G+AR 乡村游览体验）

☐ AR 文创产品

☐ 其他数字视听技术

☐ 我不了解这些新兴技术

26. 农村电商的出现使得线下销售逐渐转变为线上直播带货，您周围的村民是否受到了相应政策的影响？

○ 影响很大

○ 影响较大

○ 一般

○ 影响较小

○ 影响很小

27. 您认为"三农"自媒体存在哪些问题？【多选题】

☐ 缺乏文化内蕴，格调不高

☐ 内容缺乏创意，千篇一律

☐ 对地方传统文化传播不足

☐ 带货模式单一

☐ 广告植入生硬

☐ 缺乏售后服务意识

☐ 销售术语缺乏

☐ 故事核心俗套

☐ 声画质量较差

☐ 直播风格不突出

28. 您通过"三农"自媒体获得的利润收入占您每月总收入的百分比约为多少？

　　○ 10% 及以下

　　○ 11%—25%

　　○ 26%—50%

　　○ 51%—75%

　　○ 76%—90%

　　○ 91% 及以上

　　○ 无法估算

29. 您在"三农"自媒体内容创作与传播的过程中遇到问题时会如何解决？【多选题】

　　□ 寻求朋友、家人的帮助

　　□ 寻求同行、同事的帮助

　　□ 在网络问答社区提问

　　□ 向本地的电商中心相关部门寻求帮助

　　□ 自行查阅网上资料

　　□ 与平台工作人员沟通，寻求帮助

30. 您认为"三农"自媒体的发展还需要哪些支持才能加以完善？【多选题】

　　□ 政策引领

　　□ 技能培训

　　□ 团队建设

　　□ 媒体宣传

　　□ 平台鼓励

☐ 其他

31. 您认为"三农"自媒体的创作能带来哪些价值?【多选题】

☐ 帮助农村农民增加收入、实现经济增长

☐ 让更多人关注"三农"(农村、农业、农民)

☐ 展示新农村的美好风光,给农村发展带来机会

☐ 扩大农村电商发展的新方式

☐ 紧跟社会潮流,增加娱乐新形式

☐ 其他

32. 您认为"三农"自媒体创作的成功与地域特色的关联程度如何?

○ 关系很大

○ 关系较大

○ 关系一般

○ 关系较小

○ 没有关系

33. 您是否了解电商扶贫相关政策或措施?

○ 很熟悉

○ 知道一些

○ 听说过,不太了解

○ 不了解

○ 从没听说过

34. 您通过哪些渠道了解电商扶贫相关政策或措施?【多选题】

☐ 村干部入户宣传

☐ 村委换宣传栏或喇叭宣传

☐ 微信、QQ 等工作群通知

☐ 电商企业或合作社等宣传

☐ 亲戚朋友等交流

☐ 自己上网搜索

☐ 其他

35. 您家发展 / 参与电商曾遇到哪些问题？【请选 1—8 项】

☐ 网络服务受限

☐ 电商技能缺乏

☐ 电商创业资金缺乏

☐ 电商经营设备不全

☐ 销售产品单一

☐ 农产品销路难

☐ 包装 / 物流等服务欠缺

☐ 缺乏农产品价格信息

☐ 农产品种植品质不高

☐ 农产品无知名度

☐ 电商 / 农业等政策不了解

☐ 其他

36. 政府提供了哪些政策或帮扶措施？【多选题】

☐ 实施宽带入户

☐ 提供电商专项贷款

☐ 提供直播等设备

☐ 提供供货渠道

☐ 提供销售渠道

☐ 提供包装 / 物流等服务

☐ 提供作物种植等技术指导

☐ 开展产品特色宣传

☐ 宣传电商 / 农业新政策

☐ 其他

37. 您觉得电商扶贫政策或措施等对自家发展的帮助大吗？

○ 非常大

○ 比较大

○ 一般

○ 比较小

○ 非常小

38. 您对政府提供的电商扶贫政策或措施等帮助满意吗？

○ 非常满意

○ 比较满意

○ 一般

○ 不太满意

○ 很不满意

39. 您希望未来得到政府哪些方面的支持或帮助？【请选择 1—8 项】

☐ 加强地方品牌文化活动

☐ 与平台合作增加自媒体技术及知识培训

☐ 加强通信网络建设

☐ 加强网络技术应用普及率

☐ 增加视频制作剪辑等相关培训

☐ 进行文案创意、脚本创作等方面的培训

☐ 增加电子商务知识培训

☐ 完善现代物流体系建设

☐ 加强复合型电商人才培养

☐ 增加电商扶贫资金补助

☐ 提供作物种植等技术指导

☐ 将农产品或非遗手工融入乡村旅游发展

☐ 促进电商经营的技术创新与改革

☐ 电商发展用途及前景宣传

☐ 加强农产品品牌建设和质量监控

☐ 扩大电商政策宣传力度和普及面

☐ 提供农产品市场相关信息

☐ 其他

40. 您在进行"三农"自媒体创作时遇到的难点和阻碍是什么?【多选题】

☐ 缺乏创意,内容重复无新意

☐ 文案创作或表达能力受限

☐ 内容创作缺乏文化意蕴

☐ 传统文化或非遗手工技艺网友关注度不高

☐ 流量有限

☐ 视频制作能力和手段贫乏

☐ 缺乏个人风格与特色

☐ 同类内容竞争激烈

☐ 其他

41. 您觉得在自媒体模式全面升级的当下,"三农"类自媒体创作应该在哪些方面进行提升?【请选择1—8项】

☐ 强化文化底蕴和内涵，输出正能量

☐ 风格化内容

☐ 内容创意

☐ 发展和传播地方传统文化或非遗技艺

☐ 乡村形象打造

☐ 带货模式

☐ 农产品介绍

☐ 基于"自媒体达人—网友"信任度之上的信任电商模式

☐ 基于"自媒体达人—粉丝"信任度之上的兴趣电商模式

☐ 视频音画质量

☐ 价值观传递

☐ 其他

42. 通过创作、运营自媒体，我增加了自信，有了获得感

非常不同意   非常同意

_____

①   ②   ③   ④   ⑤

43. 通过运营自媒体增加了农产品的销量和认可度

非常不同意   非常同意

_____

①   ②   ③   ④   ⑤

44. 自媒体的运营方式拉近了我与观众或农产品消费者的距离

非常不同意   非常同意

_____

①   ②   ③   ④   ⑤

45. 地方"三农"自媒体的出现增加了我所在地区的知名度

非常不同意 　　　　　　　　　　　　　　非常同意

―――――――――――――――――――――――

① 　　　② 　　　③ 　　　④ 　　　⑤

46. "三农"自媒体的运作方式增加了我对宣传新时代农村风貌的信心

非常不同意 　　　　　　　　　　　　　　非常同意

―――――――――――――――――――――――

① 　　　② 　　　③ 　　　④ 　　　⑤

47. 自媒体的创作运营经历改变了我的生活方式

非常不同意 　　　　　　　　　　　　　　非常同意

―――――――――――――――――――――――

① 　　　② 　　　③ 　　　④ 　　　⑤

48. 您对"三农"自媒体的发展有什么看法和建议?

附录 2 "三农"自媒体调查问卷
（用户版）

尊敬的朋友：

您好！我们是西北师范大学的科研工作者，正在进行有关"三农"自媒体发展与传播的相关研究。本课题研究中的"三农"自媒体是指基于个人或团体机构通过社交媒体、小程序、短视频平台、直播平台、电商平台等多个平台发布展示农村生活方式、农业生产状态，展现农民形象的内容传播方式。您的回答对于未来"三农"自媒体的传播发展及生态建设有重要的意义。该问卷采用不记名形式，可保证资料保密性，请您根据实际情况作答，衷心感谢您的配合与协助，祝您工作顺利、生活愉快！

1. 您的性别为

○ 男

○ 女

2. 您的年龄区间是

○ 18 岁及以下

○ 19—29 岁

○ 30—39 岁

○ 40—49 岁

○ 50—60 岁

○ 60 岁以上

3. 您的受教育程度为

○ 初中及以下

○ 高中

○ 本科 / 专科

○ 硕士及以上

4. 您从事的职业为

○ 行政机关

○ 企业人员

○ 事业单位

○ 农民

○ 学生

○ 退休人员

○ 其他

5. 您目前的月收入为

○ 无固定收入

○ 2000 元及以下

○ 2001—4000 元

○ 4001—6000 元

○ 6001—8000 元

○ 8000 元以上

6. 您的常住地位于

——请选择省份——▼

——请选择城市——▼

——请选择地区——▼

7. 您的住址位于以下哪种居住划分？

○ 城市

○ 乡村

8. 您观看过"三农"自媒体的相关创作吗？

○ 比较喜爱，经常观看

○ 观看过，但谈不上喜欢

○ 知道，但没有观看过

○ 没有，不感兴趣

9. 您有在农村的生活经历吗？

○ 有

○ 没有

10. 您经常使用哪些 App 或平台观看"三农"自媒体的创作内容？

【多选题】

□ 抖音

□ 快手

□ 微信视频号

□ 微信朋友圈

□ 公众号

□ 今日头条

☐ 西瓜视频

☐ 拼多多（多多视频）

☐ 哔哩哔哩弹幕视频网

☐ 新浪微博（微博直播）

☐ 淘宝（逛逛社区）

☐ 京东直播

☐ 其他

11. 您每周用于观看"三农"自媒体的时间约为多长?

○ 0.5 小时及以下

○ 0.5 小时至 1 小时

○ 1 小时至 3 小时

○ 3 小时至 7 小时

○ 7 小时至 13 小时

○ 14 小时及以上

12. 您观看"三农"自媒体的创作内容通常出于以下哪种原因?【多选题】

☐ 直播平台大数据推送观看

☐ 主动搜索观看

☐ 朋友、亲人推荐观看

☐ 购买相关产品时推送观看

☐ 通过新闻播报等被动观看

13. 以下"三农"自媒体创作内容,您更偏爱哪类题材类型?【多选题】

☐ 原产地农产品销售

☐ 农产品种植户本人带货

☐ 现代乡村故事演绎

☐ 地方美食制作

☐ 地方传统文化

☐ 非遗或手工技艺展示

☐ 乡村风土人情展现

☐ 农产品现场试吃、评测

☐ 剧情段子

☐ 赶海或野味

☐ 其他

14. 您是否曾经因观看"三农"自媒体创作内容而下单购买过相关农产品？

○ 是

○ 否

15. 您每月用于购买"三农"类自媒体中销售的农产品的花销约为多少？

○ 100 元以下

○ 100—500 元

○ 500—1000 元

○ 1000 元以上

16. 您通常在以下哪个时段观看"三农"类自媒体的内容创作？【多选题】

☐ 工作日的午休时段（12∶00—14∶00）

☐ 工作日的下班时段（18∶00—24∶00）

☐ 公休日（周六、周日）

☐ 法定节假日

☐ 双十一购物节

☐ 双十二购物节

☐ 六一八购物节

☐ 电商促销日

☐ 二十四节气中的特定节气

☐ 其他

17. 您选择"三农"类自媒体的内容播放平台时，更注重该平台的哪些特性?【多选题】

☐ 平台口碑和近期风评

☐ 购物车、在线下单功能

☐ 售后服务、订单查询功能

☐ 在线聊天、答疑功能

☐ 同类型节目大数据推荐功能

☐ 订阅和开播提醒功能

☐ 其他

18. 您觉得"三农"类自媒体内容创作的目的是什么?【多选题】

☐ 借用乡村题材讲故事

☐ 记录"新农人"生活，展示乡风乡貌

☐ 传播和发展地方传统观念文化或非遗手工技艺

☐ 销售本地相关农产品

☐ 推广本地农产品品牌

☐ 展现农产品产地宜人景色

☐ 分享乡村和谐邻里关系

☐ 博人眼球，吸引城市受众

☐ 其他

19. 您觉得"三农"自媒体依靠什么吸引观众?【多选题】

☐ 优质的农产品广告植入内容

☐ 可靠的品牌推广效果

☐ 农产品代言人的讲述

☐ 生动感人的新时代乡村故事

☐ 优美的画面、声音效果

☐ 猎奇的乡村事物和故事

☐ 其他

20. 您觉得在自媒体模式全面升级的当下，"三农"自媒体的内容创作和传播应该在哪些方面进行提升?【多选题】

☐ 带货模式

☐ 乡村形象打造

☐ 农产品介绍

☐ "自媒体达人—网友"信任度

☐ "自媒体达人—粉丝"的情感联结与兴趣契合

☐ 视频音画质量

☐ 风格化内容

☐ 内容创意

☐ 地方传统文化或非遗传播

☐ 价值观传递

☐ 其他

21. 您是否有兴趣参与融合虚拟现实（VR）技术、增强现实（AR）

等新兴技术应用于自媒体的视听体验和消费体验有多大兴趣?

○ 非常感兴趣

○ 较大可能感兴趣

○ 较少可能感兴趣

○ 完全不感兴趣

○ 我不确定

22. 您是否参与过虚拟现实（VR）技术种植农产品的养成活动?（如:蚂蚁森林、芭芭农场等）

○ 参与过

○ 没有参与过

23. 您是否有长期关注的"三农"自媒体品牌或自媒体达人?

○ 有

○ 没有

24. 您认为"三农"类自媒体的内容创作和传播目前还存在哪些不足?【多选题】

☐ 缺乏文化内蕴,格调不高

☐ 内容缺乏创意,千篇一律

☐ 对地方传统文化传播不足

☐ 带货模式单一

☐ 广告植入生硬

☐ 缺乏售后服务意识

☐ 销售术语缺乏

☐ 故事核心俗套

☐ 声画质量较差

25. 您有多大程度会把自己喜爱的"三农"类博主推荐给身边的人?

○ 非常有可能

○ 较大可能

○ 无法确定

○ 较小可能

○ 几乎不可能

26. "三农"类自媒体有改观您对于农业、农村和农民的以往印象吗?

○ 改观非常大

○ 有改观

○ 没什么影响,因为很了解当下的农村情况

○ 没有改观

○ 我不确定

27. 您认为"三农"类自媒体的成功与否与地域特色的关联程度如何?

○ 关系很大

○ 关系较大

○ 关系一般

○ 关系较小

○ 没有关系

28. 您认为"三农"类自媒体的成功与否与内容生产者的专业程度关联程度如何?

○ 关系很大

○ 关系较大

○ 关系一般

○ 关系较小

○ 没有关系

29. 您认为我国"三农"自媒体的发展模式正处于以下哪个阶段?

○ 萌芽期

○ 发展期

○ 争议期

○ 高峰期

○ 转型期

○ 衰落期

30. 请您写出一个及以上您所关注的"三农"自媒体达人。

31. 您为什么喜欢他(她)的作品?

参考文献

中文专著：

费孝通：《乡土中国》，上海人民出版社 2013 年版。

孙宝国：《中国电视节目形态通论》，中国传媒大学出版社 2001 年版。

张华、高旭东：《生态美学及其在当代中国的建构》，中华书局 2006 年版。

刘永富：《电商扶贫看陇南》，甘肃文化出版社 2016 年版。

曾繁仁：《生态美学导论》，商务印书馆 2010 年版。

陆学艺：《"三农"续论：当代中国农业、农村、农民问题研究》，重庆出版社 2013 年版。

费孝通：《乡土中国 生育制度 乡土重建》，商务印书馆 2017 年版。

徐恒醇：《生态美学》，陕西人民教育出版社 2000 年版。

曾繁仁：《西方美学范畴讨论文集》，山东大学出版社 2019 年版。

李健：《审美乌托邦的想象：从韦伯到法兰克福学派的审美救赎之路》，社会科学文献出版社 2009 年版。

中文译著：

［法］居伊·德波：《景观社会》，张新木译，南京大学出版社 2017 年版。

［法］让·鲍德里亚：《消费社会》，刘成富、全志钢译，南京大学出版社 2014 年版。

［法］皮埃尔·布迪厄：《区分——判断力的社会批判》（上下册），刘晖译，商务印书馆 2017 年版。

［美］詹姆斯·W.凯瑞：《作为文化的传播："媒介与社会"论文集》，丁未译，华夏出版社 2005 年版。

［法］让·鲍德里亚：《符号政治经济学批判》，夏莹译，南京大学出版社 2009 年版。

中文期刊：

刘涛：《短视频、乡村空间生产与艰难的阶层流动》，《教育传媒研究》2018 年第 6 期。

曾国华：《重复性创造力与数字时代的情感结构——对短视频展演的"神经影像学"分析》，《新闻与传播研究》2020 年第 5 期。

陈思：《试论传播效果评估工具与方法的演进——AIDMA 到 SIPS 的效果评估发展阶段》，《中国报业》2013 年第 6 期。

徐敬宏、刘蓓：《中国传统文化对外传播的路径探析——以李子柒短视频为例》，《电视研究》2022 年第 4 期。

刘国强、牟柳樾：《影像化的现代桃源：论李子柒视频的文化意象与田园想象》，《新闻爱好者》2022 年第 1 期。

杜冰、王昱杰：《当代视觉文化赋予民族符号图像语言的审美嬗变》，《黑龙江民族丛刊》2021 年第 1 期。

安宁、朱竑：《他者，权力与地方建构：想象地理的研究进展与展望》，《人文地理》2013 年第 1 期。

关庆华、吴晓燕：《牵引式治理：乡村振兴背景下产业发展与农民主体性》，《华南农业大学学报》（社会科学版）2022 年第 3 期。

张中文：《乡村文化振兴的提出背景、目标指向和推进思路》，《广西社会科学》2022 年第 9 期。

张晓刚、刘芳惠:《新时代乡村文化的审视与展望:现代转型、现实挑战和振兴进路》,《宁夏社会科学》2022 年第 5 期。

孙溪晨、杨支才、周杰林、冉茂裕、刁丽霞:《文化自信视域下乡村文化振兴的路径研究》,《农村·农业·农民》2022 年第 18 期。

黄季焜:《加快农村经济转型,促进农民增收和实现共同富裕》,《农业经济问题》2022 年第 7 期。

常文涛、杜宾彬:《基于乡村振兴的"后扶贫时代"农民增收影响因素分析》,《统计与决策》2022 年第 8 期。

李肃浩:《乡村振兴战略下"三农"自媒体的破圈、困境与破局》,《农业经济》2022 年第 3 期。

赵伟:《新时期农村经济贸易转型研究》,《价格月刊》2021 年第 9 期。

刘吉平、宋涛:《汇通南北:丝绸之路陇南段非物质文化遗产传承与开发论述——陇南市物质文化遗产旅游开发及其生态保护研究报告》,《地方文化研究》2020 年第 5 期。

魏传峰、张钧:《中国梦·橄榄情——发展特色橄榄产业助力陇南扶贫工作》,《中国食品》2018 年第 17 期。

王萍、梁倩娟:《电商助力乡亲圆了脱贫梦》,《中国人大》2020 年第 24 期。

郝涵:《乡村振兴视域下"三农"自媒体的独特价值及运用之道》,《领导科学》2021 年第 10 期。

王宁:《情感消费与情感产业——消费社会学研究系列之一》,《中山大学学报》(社会科学版)2000 年第 6 期。

吴海燕：《乡村旅游可持续发展的困境及对策建议》，《农业经济》2019 年第 10 期。

郑耀星、周富广：《体验导向型景区开发模式：一种新的旅游开发思路》，《人文地理》2007 年第 6 期。

石磊、黄婷婷：《情感商品与情感流通："三农"短视频的传播机理》，《编辑之友》2020 年第 9 期。

唐任伍：《乡村建设的历史逻辑、价值内涵和未来图景》，《人民论坛·学术前沿》2022 年第 15 期。

刘琳琳：《乡村振兴视域下乡村文化发展路径选择》，《现代化农业》2022 年第 9 期。

刘庆和：《人工智能技术奇点与经济奇点会来临吗》，《当代贵州》2022 年第 18 期。

张布帆：《农业科普信息的新媒体传播——以今日头条号"付老师种植技术团队"为例》，《视听》2020 年第 2 期。

范青、何志武、高山：《媒介接触视域下农业科技传播的影响因素研究》，《华中师范大学学报》（自然科学版）2022 年第 4 期。

孙灿：《农业科技短视频传播的实践困境及治理》，《青年记者》2020 年第 17 期。

黄伊宁：《基于复杂适应性系统理论的抖音农业科技短视频传播研究》，《新媒体研究》2022 年第 7 期。

韩非非、梁滨、张浅浅：《田园生活和田园想象建构与解构："三农"自媒体传播路径研究》，《湖北经济学院学报》（人文社会科学版）2022 年第 3 期。

王红春：《今日头条"三农"短视频的传播策略》，《视听》2019 年第

3 期。

张操：《从 UGC 到 OGC 传统电视媒体能不能抓住"三农"类短视频风口？》,《新闻传播》2018 年第 13 期。

常民强、常怡明：《乡村振兴视域下农村自媒体传播的进路》,《青年记者》2020 年第 2 期。

安汝颖：《农村自媒体对"三农"发展的影响》,《青年记者》2019 年第 23 期。

韩少卿：《农村自媒体发展机遇与问题研究》,《中国广播电视学刊》2019 年第 5 期。

韩春秒：《农村自媒体传播的隐患与规范》,《青年记者》2019 年第 10 期。

王绍阳：《试析农村自媒体对"三农"发展的影响》,《山西农经》2020 年第 15 期。

王金璐、农朝幸：《"三农"短视频自媒体引领的乡村旅游开发路径探讨》,《农村经济与科技》2019 年第 21 期。

徐赛彤：《浅析"三农"自媒体的价值变现——以华农兄弟为例》,《中国报业》2022 年第 18 期。

杨睿、刘宪阁：《互动仪式链视域下"三农"自媒体传播热的特征——以网红账号"蜀中桃子姐"为例》,《新闻爱好者》2021 年第 12 期。

曾繁仁：《中国当代生态美学的产生与发展》,《中国图书评论》2006 年第 3 期。

曾繁仁：《当前生态美学研究中的几个重要问题》,《江苏社会科学》2004 年第 2 期。

袁鼎生：《生态美学的哲学观》,《玉林师范学院学报》2017 年第

4 期。

朱力、王筱卉:《乡村视听审美的生态沉思》,《湖南大学学报(社会科学版)》2019 年第 3 期。

曾一果、罗敏:《乡村乌托邦的媒介化展演——B 站"野居"青年新乡村生活的短视频实践》,《福建师范大学学报》(哲学社会科学版)2022 年第 1 期。

李萌、王新惠:《乡村振兴视域下"三农"自媒体中的乡村图景呈现——基于华农兄弟的案例分析》,《视听》2021 年第 2 期。

张震:《"三农"自媒体短视频爆红原因探究——以"华农兄弟"短视频为例》,《记者摇篮》2022 年第 4 期。

吕佩:《"三农"自媒体的"走红"路径与价值研究》,《农村经济与科技》2019 年第 9 期。

薛紫:《"乡愁符号"在美丽乡村景观中的应用实践研究》,《大众文艺》2022 年第 16 期。

匡文波、邓颖:《媒介可供性:社交平台赋权粉丝社群的情感表达》,《江西社会科学》2022 年第 7 期。

中文报纸:

金江:《2021 快手"三农"生态报告》:"三农"兴趣用户超 2.4 亿,《电商报》2021 年 12 月 26 日。

田梦迪、黎桃菲、何婉婷:《"三农"博主,用优质创作助推乡村振兴》,《中国妇女报》2022 年 9 月 9 日。

孟佩佩:《年轻人用短视频打开数字乡村建设新通道》,《中国青年报》2022 年 8 月 2 日。

柴冬冬:《以美学意识引导乡村短视频文化发展》,《中国社会科学报》

2022 年 7 月 12 日。

王璇：《短视频产业助推乡村振兴战略提质增效》,《中国社会科学报》2022 年 7 月 12 日。

郭莲纯：《短视频为新农村建设带来发展机遇》,《中国社会科学报》2022 年 7 月 12 日。

李丹琳：《短视频：记录乡村振兴的生动场景》,《金融时报》2022 年 1 月 14 日。

张海超：《乡村生活类短视频展现乡村文化魅力》,《中国社会科学报》2021 年 9 月 9 日。

金奉乾、孔庆燕、刘剑：《天祝：电商托起百姓致富梦》,《甘肃日报》2022 年 10 月 21 日。

李静：《快手组织架构再调整电商和本地生活业务提速》,《中国经营报》2022 年 9 月 26 日。

文莎：《让短视频成为乡村振兴"新农具"》,《四川日报》2021 年 8 月 4 日。

王浩、李晓晴：《数字乡村建设，让农民生活更美好》,《人民日报》2022 年 5 月 6 日。

张颐武：《"张同学"走红的意味》,《环球时报》2021 年 12 月 16 日。

罗俊锋、闫鑫：《用数字赋能乡村用电商富裕农民》,《学习时报》2021 年 11 月 22 日。

外文文献：

Bryman, A., *Why do Researchers Integrate Quantitative and Qualitative Research*, London: SAGE Publications, 2008.

Bergman, M. M., *The Straw Men of the Qualitation-quantitative*

Divide and Their Influence on Mixed Methods Research, London: SAGE Publications, 2008.

Lefebvre, H., *The Production of Space*, Oxford: Blackwell, 1991.

Kemper, T. D. & Collins, R., "Dimensions of Microinteraction," *American Journal of Sociology*, Vol.1, No.96, 1990.

后 记

　　本书的研究源于我对 2017 年甘肃省陇南市电子商务发展大会的关注。陇南市委、市政府在深入分析全国电商发展趋势的基础上，精准研判了当地农业发展面临的困境，并由此提出了深化电商发展的"1333"实施思路。该思路具体包括：以"打开思想解放一个总开关"为核心；着力推动网商规模、发展质量和扶贫效益三大提升；重点完善行政推动、网货供应和配套服务三项体系；强化电商团队、微媒助力和典型引领三轮驱动。其中提到的"微媒"，正是指当时基于微博等新兴社交媒体发展起来的"三农"自媒体，这些平台在农村电商发展中发挥了重要作用。

　　事实上，陇南市的电商实践可以追溯到更早时期。2013 年，当地就涌现出"核桃书记""苹果县长""臊子书记"等一批富有创新精神的党员干部。他们率先以微博为阵地，通过个人 IP 账号积极为本地特色农产品吆喝宣传，在展示乡村生活风貌的同时，探索出了一条农产品网络营销的新路径。2015 年中央"一号文件"首次明确提出"农村电子商务"这一概念，标志着农村电商的发展重心从单纯追求经济效益向助力农村经济社会全面转型。在这一政策引领下，伴随农村基础设施的持续改善，新媒体技术在农村地区迅速普及，催生了一大批农村草根创作者。他们借助摄像机、智能手机等设备，创作发布以农村生活为主题的短视频内容。这些充满乡土气息的短视频生动展现了乡村的秀美风光、传统村落、特色美食……勾勒出一幅安居乐业、亲近自然、质朴悠然的美丽乡村画卷。

　　同样引发我关注兴趣的还有当年在美拍上分享古风美食短视频的"李子柒",在她的镜头下,乡村生活是一首恬淡的田园诗。晨露未晞时采撷山野,炊烟袅袅间手作羹汤,四季风物在她指尖流转成画。春耕夏耘、秋收冬藏,每一帧都浸透着大地的芬芳与时光的静美。那些染布、酿酒、制酱的细致步骤与烦琐过程不仅复现了消失的技艺,更勾勒出中国人心中"采菊东篱下"的理想栖居生活——人与土地、与自然最本真的相处之道。

　　这些"三农"自媒体的创作内容不管是朴拙还是精致,视频中都充满温情的互动、真实自然的乡村环境、恬淡融洽的田园生活,这些都能勾起观者的乡愁,乡村从被凝视的客体成为让网民们欣赏和感受的情感乌托邦。

　　面对"三农"自媒体呈现的欣欣向荣之势,一系列问题始终萦绕在我心头:这些扎根乡土的创作者们,究竟是受经济利益驱动,还是源于文化表达的深层需求?他们的镜头如何重新定义乡村形象,又将给这片土地带来怎样的改变?其内容生产背后遵循着怎样的传播逻辑?这些充满泥土气息的影像,如何在城乡之间架起文化对话的桥梁,又如何实实在在地推动农产品上行和乡村振兴?当时学界对"三农"自媒体的探讨仍停留在零散、单一的层面,无论是研究数量还是研究深度,都难以匹配这一新兴领域在现实中的蓬勃态势。正是带着这样的问题意识和学术关切,2019年我成功申报了甘肃省哲学社会科学规划项目"乡村振兴战略背景下'三农'自媒体的传播发展研究"。项目获批后,我在西北师范大学传媒学院发起了"助乡村振兴,促数商兴农"调研实践活动,带领学生们走出书斋、走出校园,深入田间地头,与这些新时代的"乡村记录者"们面对面交流。通过沉浸式的田野调查亲身感受他们镜头下的乡村脉动,以期揭开这些源自乡野的影像叙事背后的创作动机与传播机制。

陇南作为全国农村电商发展的先行者,在贫困山区电商扶贫领域走出了一条独具特色的创新之路。2013年,随着"核桃书记""苹果县长"等基层干部的率先垂范,一场由党员干部身先士卒的"电商革命"在这片红色热土上悄然兴起。他们以自媒体为媒,为乡土特产开辟新销路,为乡村发展搭建新平台。"谁把陇南产品卖上网、卖出好价钱,谁就是英雄"的号召,点燃了全民电商创业的热情,催生出一批批扎根乡土的"新农人"创作者。2015年,陇南电商模式经新华社等媒体报道后,迅速成为西部"互联网+扶贫"的标杆案例。"陇南模式"不仅获得中央和省委、省政府的高度肯定,其创新经验更被收入中央政治局集体学习资料,得到时任总理李克强、时任副总理汪洋的批示,并由国务院督察组作为典型向全国推广。正是这些耀眼的成绩,使陇南成为我们研究"三农"自媒体发展机制的首选田野。

在实地调研中,我们真切感受到:在今天的陇南,"开账号、拍视频、做直播"已成为"新农人"的日常写照,"手机是新农具、直播是新农活、数据是新农资、网络是新基建"的理念深入人心。与东部沿海地区聚焦城市工业品的电商模式不同,陇南另辟蹊径,在群山环绕、交通不便却物产丰饶的独特环境中,以"三农"自媒体为支点,撬动了整个产业经济的发展。这种"以小博大"的兴趣电商模式,不仅开创了"农产品上行"的新路径,更在农业经济转型、传统文化传承、非遗技艺保护、基层社会治理等多个维度展现出惊人活力。作为中西部地区电商发展的探路者,陇南的实践无疑具有开创性和示范性意义。在研究期间,我们的调研团队多次深入陇南田间地头,与这些充满活力的"新农人"同吃同住同拍摄。他们眼中闪烁的创业热情深深感染着我们,他们用手机镜头记录乡愁、用直播带货改变命运的创新实践,更让我们真切感受到数字经济浪潮给农村带来的翻天覆地的变化——昔日的闭塞山村如今成了网红打卡地,传统的农副产品变身爆款网货,面朝黄土背朝天的老农人成长为镜头前侃侃而谈的新主播。这种由内而外的蜕变,不仅改变了农村的物质面貌,更重塑着农民的精神世界。

这段调研经历对我们来说不仅是一次学术探索,更是一次心智的成长。当课堂的小教室延伸至社会大舞台时,我们才真正体会到知行合一的深刻意义。在陇南的田野调查中,我们的实践团成员们收获的远不止访谈材料和统计数据,眼界在广袤乡村中变得开阔,思想在与新农人的对话中得以提升,专业能力在实战中得到锤炼。我们不仅采集了200多小时的一手访谈材料、相关数据,更是亲身参与到对新农人创作的记录和拍摄中去,制作了相关内容的纪录片和短视频24部,先后荣获10余个国家级奖项,实践团队也连续两年获得共青团中央表彰的"镜头中的三下乡""优秀摄影团队""优秀视频团队"。2023年我们更荣膺共青团服务乡村振兴"'笃行计划'全国优秀实践团队"称号,我本人也获评"全国优秀实践个人"。特别值得一提的是,我们创作的纪录片《直播间的新农人》不仅获得甘肃省广播电视局2022年度影视剧精品、剧本征集扶持和孵化项目,更入选"弘扬社会主义核心价值观 共筑中国梦"主题原创网络视听节目优秀作品,推送至国家广电总局参加展播,作品作为视频资料在中央电视台电影频道《今日影评》两会特别节目中播出。依托调研内容完成的资政报告《重视"三农"自媒体发展 以新媒体力量助力乡村振兴的对策建议》被省政协采纳,调研报告获中国高校影视学会第十六届"学会奖"调研报告类二等奖。

调研的顺利开展、荣誉获得的背后离不开默默支持我们的各位领导、同仁、一起合作的小伙伴和热情的陇南"新农人"。感谢西北示范大学传媒学院的各位领导和老师对于我们调研活动的支持,学院倡导"实践育人"的办学理念，一直以来都很重视教师和学生的实践活动，为我们调研活动的顺利开展提供了坚实的后盾。感谢同事李莉老师、何鹏老师协助整理访谈材料，讨论调研报告的结构内容。感谢西北师范大学传媒学院 2021 级研究生高干、王佳欣、白智丽、闫瑾、李喆同学在案例搜集和数据爬梳方面所做出的努力与贡献。感谢调研团队的小伙伴：2019 级研究生尹英博、王若涛、刘欣语、边放，2020 级研究生魏雪儿、吴珊萍、张泽荣，2022 级研究生陈慧娟、唐钟煜、王维韬、丁赛、杨铭茹，2023 级研究生吕子怡以及 2022 级本科生刘智成。各位同学在调研活动中用脚步丈量陇南大地，用镜头记录乡村振兴，和自媒体达人们一起设计账号选题、复盘数据，进入直播间去亲身体验如何推广农产品，怎样才能更好为农户"带货"、为乡村代言。白天调研团队和达人们一起策划拍摄、访谈记录，晚上又讨论商议、整理访谈内容、发布新闻，积极调整修改第二天的访谈内容和提纲。作为指导教师的我从一开始要事事督促安排、件件落实到位，到后来欣慰地看到大家劲头儿越来越足，点子越来越多，越来越能自发、自主地安排设计调研活动，短暂的磨合期过后，研究团队分工明确、配合默契，调研以及拍摄效率越来越高，从最初的生涩到后来的独当一面，我们共同完成了成长的蜕变。感谢甘肃省陇南市纪委副书记张雷雨、两当县副县长吕海平、陇南市电商发展局干部崔守刚……感谢陇南市各级领导的热心牵线，他们是连接学界与田野的桥梁，更是乡村振兴事业的引路人与践行者。感谢我们的受访对象：全国人大代表"嗨，梁掌柜"的主理人梁倩娟，"西北小强"周岁强、"鸡司令"尚玉康、61 岁的"银龄主播"张加成、两当县"竹林小院"博主庞香、两当县隆兴生态养殖合作社的负责人刘刚……他们既是自媒体实践的排头兵，又是内容创新的引领者，正是得益于像他们这样积极进取、开放包容的"新农人"，我们才能见证数字经济赋能乡村振兴的鲜活样本。另外，还要特别感谢上海人民出版社，使本书得以顺利出版。

需要说明的是，限于研究团队的视野与地域限制，本书的研究还存在以下不足：一是未来乡村建设内涵价值是丰富的，本研究只是针对"三农"自媒体对未来乡村的助力，涉及不过冰山一角。乡村振兴是一个复杂命题，对于"三农"自媒体带动农村经济发展、参与基层治理方面研究还不够深入；二是调研样本虽典型但也有一定局限，"三农"自媒体创作者数量巨大，本研究以甘肃陇南市为主要调研地域和案例，固然是因为陇南当地政府对于"三农"自媒体扶持力度大，当地政府专门成立电商发展局以促进产业经济为目的，为"三农"自媒体的创作发展提供便利，并因势利导尽可能实现内容的经济动能转化，陇南地区取得的成绩已成为"衣领子"工程，具有一定代表性，但陇南的"三农"自媒体多处于短视频及社交平台腰部位置，无法代表全部"三农"自媒体的具体情况，还要考虑地域、观念、流量影响力等多种因素；三是本研究采用了混合式研究方法，主要以问卷调查、小组访谈、网络民族志、参与式观察、深度访谈等为主，混合式研究方法虽有利于从全局角度去调研"三农"自媒体的系统性发展，但也为调研工作增加了难度，部分研究因问卷发放及访谈地域所限，难免存在偏差。在今后的研究中还要进一步探索优化，只是期待本书的研究能抛砖引玉，某些结论能助益于"三农"自媒体发展与未来乡村建设。

"开轩面场圃，把酒话桑麻"，让我们期待理想中未来乡村"富春山居"般的惬意生活早点到来！

朱怡璇

图书在版编目(CIP)数据

聚势创变：乡村振兴战略背景下"三农"自媒体的
传播发展研究 / 朱怡璇著. -- 上海：上海人民出版社，
2025. -- ISBN 978-7-208-19418-2

Ⅰ. G206.2

中国国家版本馆 CIP 数据核字第 20254SW871 号

责任编辑　陈佳妮
封面设计　零创意文化

聚势创变

——乡村振兴战略背景下"三农"自媒体的传播发展研究

朱怡璇　著

出　　版	上海人民出版社	
	（201101　上海市闵行区号景路 159 弄 C 座）	
发　　行	上海人民出版社发行中心	
印　　刷	上海商务联西印刷有限公司	
开　　本	720×1000　1/16	
印　　张	20.25	
插　　页	2	
字　　数	242,000	
版　　次	2025 年 4 月第 1 版	
印　　次	2025 年 4 月第 1 次印刷	

ISBN 978 - 7 - 208 - 19418 - 2/G · 2213

　定　　价　　80.00 元